도서출판 대장간은
쇠를 달구어 연장을 만들듯이
생각을 다듬어 기독교 가치관을
바르게 세우는 곳입니다.

대장간이란 이름에는
사라져가는 복음의 능력을 되살리고,
낡은 것을 새롭게 풀무질하며, 잘못된 것을
바로 세우겠다는 의지가 담겨져 있습니다.

www.daejanggan.org

윌라드 스와틀리는 『안식, 노예, 전쟁 그리고 여성』이라는 이전의 책에서처럼 경쟁적인 의견들과 해석들을 살펴봄으로써 찬성·반대로 양극화되기 쉬운 논쟁을 대하는 새로운 길을 열어주었다.

〈로이스 바렛, 아나뱁티스트 성서신학대학원, 『하나님의 전쟁』 저자〉

이 책은 스와틀리가 동성애 관련 이슈들을 다루는 가족과 친구, 그리고 그리스도인으로서 동성애적 성향과 싸우고 있는 사람들을 위해 쓴 것이다. 쉽지 않은 이슈를 진지하게 다룬 그의 노력과 수고에 감사를 드린다.

〈헨리 클리버, 캐나다 브리티시 콜럼비아 메노나이트 교회 지방회 목사〉

이 책은 성서적 토대 위에 우리 교회가 견지하는 동성애에 대한 입장이 어떠해야 하는지를 알기 쉽게 설명한다. 학문적이면서도 이해하기 쉽게 기록된 신뢰할만한 책이다. 〈미리암 마틴, 대서양연안 메노나이트 교회 목사〉

『안식, 노예, 전쟁 그리고 여성』이라는 책을 통해, 스와틀리는 특별히 성서의 어려운 주제들을 연구하는데 매우 세심하고, 공정하며, 분별력 있는 성서해석가로 알려졌다. 우리는 이 책을 통해 그의 성서해석에 대한 헌신과 능력이 얼마나 탁월한지 다시 확인 하였다. 스와틀리는 또 다시 동성애라는 어려운 주제를 피하지 않고 기꺼이 씨름하였다. 그는 우리를 돕기 위해 자신이 가진 은사를 십분 활용하였을 뿐 아니라, 뜨거운 논쟁 주제를 회피하지 않고 교회에 엄청난 생명력을 불어넣어 주었다.

〈마크 티센 네이션, 동부 메노나이트 신학대학원 교수〉

동성애에 대해 메노나이트의 성서적인 관점이 무엇인지 고민하던 우리 지방회 사람들은 이 책을 통해 엄청난 유익을 얻었다.

〈켄 뉴먼, 미국 동남지역 지방회 목사〉

이 책은 그 내용과 표현 방식에 있어서 토론과 논쟁에 폭넓은 관점을 갖도록 도와주고 있다. 〈헨리 피카우, 콘라드 그레벨 대학장〉

윌라드 스와틀리는 담대한 필체로 이 책을 저술하였다. 모두에게 용기를 줌과 동시에 매우 도움이 되는 책이다.
〈키스 위버, 랑케스터 메노나이트 지방회 의장〉

저명한 성서학자로서 윌라드 스와틀리는 누구도 다루기 쉽지 않은 동성애라는 주제에 대해 책 쓰기를 주저하지 않았다. 이 책은 학문적이면서도 목회적인 시각을 견지하고 있으며, 문화적으로 민감하면서도 성서적으로 정통한 책이다. 무엇보다도 이 책은 정직하면서 평화주의적이다. 그의 분석은 문화적인 요소들을 견지하면서도 성서적인 정보가 충분히 들어있으며, 예리하면서도 본받아야 할 것이 많다. 그는 임시방편의 해결책을 피하면서 동성애, 성서, 문화, 교회와 관련된 보다 중요한 토론으로 사람들의 관심을 이동시키고 있다. 이전의 시답지 않은 진부한 대화방식에서 볼 수 없는 열린 자세와 정교한 방식을 통해 새롭고 더 나은 이해를 증진시키고 있다.
〈마리온 소어드, 루이빌 장로교 신학대학원 신약학 교수〉

윌라드 스와틀리의 진지하면서도 사려 깊은 이 책은 동성애 관련 논쟁에 지대한 공헌을 하였다. 그는 이 책에서 다른 기독교 전통과 연관시켜 메노나이트 관점이 무엇인지 제시하면서 상당한 분량의 최신문서들을 소개하고 있다. 이 책은 잘 알려진 그의 모습 그대로 기도하는 학자로서의 겸손, 정직, 관대의 정신을 잘 반영하고 있다.
〈캐서린 그리브, 버지니아 신학대학원〉

윌라드 스와틀리의 글들은 동성애에 대한 교회의 입장이 어떠해야 하는지 분명한 이론적 근거들을 제시하고 있다. 그가 견지하는 성서의 수준 높은 관점, 도움이 될 만한 최근 학계의 비평, 현재 문화를 꿰뚫는 분석은 격해지기 쉬운 동성애 주제에 대한 대화에 지대한 공헌을 하게 될 것이다.
〈존 로스, 고센 대학 교수, 『맛보아 알지어다』 저자〉

윌라드 스와틀리의 책은 결코 독자를 낙담키지 않는다. 그는 독자를 성서 본문으로 데려가 전문가의 능숙 능란한 기술과 목회자의 심정을 더해 성서에 따라 책임감 있는 믿음의 삶을 살도록 도와준다.
〈제프 라이트, 로스앤젤레스의 아나뱁티스트 리더십 센터 사무장〉

동성애
성서적 해석과 윤리적 고찰

윌라드 스와틀리

김복기 옮김

Copyright ⓒ 2003 by Willard M. Swartley

Original published in English under the title ;
    Homosexuality : Biblical Interpretation and Moral Discernment
    by Herald Press, 616 Walnut Avenue, Scottdale PA 15683, U.S.A.
All rights reserved.

Used and translated by the permission of Herald Press
Korean Edition Copyright ⓒ 2014 Daejanggan Publisher. in Daejeon, South Korea.

동성애-성서적 해석과 윤리적 고찰

지은이	윌라드 스와틀리
옮긴이	김복기
초판발행	2014년 12월 22일
펴낸이	배용하
책임편집	배용하
등록	제364-2008-000013호
펴낸곳	도서출판 대장간
	www.daejanggan.org
등록한곳	대전광역시 동구 삼성동 285-16
편집부	전화 (042) 673-7424
영업부	전화 (042) 673-7424 전송 (042) 623-1424
ISBN	978-89-7071-336-6 03230

이 책은 저작권법에 의해 보호를 받는 출판물입니다.
기록된 형태의 허락 없이는 무단 전재와 복제를 금합니다.

 값 15,000원

헌 사

믿음으로 나를 양육하여 주신 겸손한 농사꾼 부부:
나의 아버지 헨리 스와틀리Henry Wm. Swartley,
나의 어머니 아이다Ida Swartley,

네 명의 가장 절친한 친구:
내가 십대 때, 여러 가지 게임과 재미있는 이야기로
나에게 선교에 대한 열정을 심어주고
내 삶에 영향을 준 형 헨리 스와틀리Henry Swartley,
동부 메노나이트대학에서 일할 때 동료였고 네덜란드 친구로서
나와 함께 시간을 보냈던 영적인 아버지이자
신학적 멘토였던 제이콥 제이콥스준Jacob P. Jacobszoon,
지혜자요 섬기는 리더십으로 내 인생에 깊이 영향을 준
메노나이트 연합성서대학원AMBS의 동료였던
말린 밀러Marlin E. Miller,
25년 동안 내 인생과 참살이를 위한 영적 친구
윌라드 로스Willard E. Roth

그리고 45년 동안 성실과 사랑으로 함께 해준
나의 아내 메리 스와틀리Mary Swartley에게
충심으로 감사를 드리며 이 책을 바칩니다.

| 차례 |

한국 독자들에게 … 11
서문 … 17
1. 동성애에 대한 내 인생의 여정 … 23
2. 구약과 초기 유대주의 … 39
3. 예수와 복음서 … 60
4. 동성애 풍습에 대한 바울의 이해 … 77
5. 서구문화 분석 … 113
6. 성서해석학적 분석과 고찰 … 143
7. 교회의 신념과 이에 대한 반응 … 174
8. 회중의 분변을 위한 모델 … 188
9. 끝맺는 말: 우리가 가야할 길 … 202

부록

1. 창세기 19장 해석 … 213
2. "동성애"라는 용어의 명확한 사용 … 215
3. 어두운 시대: 사랑에 죽다 … 221
4. 성, 결혼과 독신, 그리고 가족과 공동체 … 230
5. 스테판 바르톤의 『함께 사는 삶』 *Life Together* 비평 … 236
6. 메노나이트 교회를 위한 성서 신학적 틀 … 240
7. 성서의 폭넓은 사용: 모델로서 에베소서 연구 … 246

참고문헌 … 251 / 색인 … 271

한국 독자들에게

2003년에 출간된 『동성애: 성서적 해석과 윤리적 고찰』의 한국어판 서문을 써달라는 부탁을 받게 되어 영광입니다. 이 책은 1983년 『안식, 노예, 전쟁 그리고 여성』을 출간하고 나서, 20년 뒤에 쓴 책입니다. 저는 이 두 책에서 해석이 몹시 어려운 성경의 주제들을 다루었습니다. 1983년 책에서 이미 이러한 주제들에 대해 성경이 서로 다른 의미의 신호를 보내는 것 같다고 말했듯이, 동성애와 관련한 최소한 일곱 개의 명확한 입장의 모든 성서본문들은 이방인에게 해당하는 것으로써 유대-기독교인의 도덕적 행위로 간주하지 않았습니다.

현재 북미에서 동성애를 옹호하거나 인정하는 사람들, 특히 동성 결혼을 지지하는 북미 그리스도인들은 성경의 중요한 두 가지 원리 즉 정의와 포용력이라는 가르침을 강조하는 말씀을 근거로 교회가 모든 사람을 포용할 수 있어야 한다고 주장합니다. 정의와 포용력이라는 이 두 가지 관점에 근거하여 제가 쓴 이 책이 게이·레즈비언을 옹호하며 리더십은 물론 교회에 주류를 만들고 있다고 말합니다. 이 책이 주장하는 것처럼 실제로 정의는 반드시 실천해야 하는 성경의 기본 도덕 명령입니다.

더 나아가 신자들의 몸인 교회는 인종이나 성에 관계없이 모든 사람을 환영해야 합니다. 그러나 이렇게 말한다고 해서 곧 성경이 도덕적인 원칙이 금하는 것까지 교회가 축복해야 한다는 의미는 아닙니다.

이 책이 출판되었던 2003년 당시, 동성애를 옹호하는 태도는 미국 문화와 교회에서 아주 소수에 불과했습니다. 메노나이트 교회 내에서도 마찬가지였습니다. 그러나 12년이 지난 지금 북미와 서구 유럽 문화에서는 남성과 여성 즉 이성 간의 결혼과 동성 간의 결혼에 아무런 구분이 없다고 보는 어마어마한 지각변동이 일어났습니다. 미국 문화에서 일어난 이러한 엄청난 변화는 동성애를 반대하는 분명한 성서적 가르침을 존중하는 교회를 당혹스럽게 만들고 있습니다. 교회 내에서는 온갖 종류의 불일치와 분열의 목소리가 발생하였고, 많은 사람이 아버지와 나는 하나라고 하시며, 내 안에 거하면 하나가 될 것이라고 했던 예수의 기도요17:20~23를 비웃게 되었습니다. 이러한 분열의 상황에서 다음과 같은 질문이 생겨났습니다. 과연 교회는 이러한 변화를 요청하는 지배문화를 받아들여야 할까요? 아니면 주류문화적 관점에 대해 비순응으로 반응해야 해야 할까요?

이러한 진퇴양난에 빠진 교회의 상황은 곧 복음—선교에도 영향을 미쳤습니다. 동성애 관계, 더 나아가 결혼에 이르는 동성애 관계가 복음을 전해야 하는 영역에 해당하는가? 아니면 많은 사람의 관심거리가 되는 이 주제를 진정한 복음갈1:6~9과 상관없는 것으로 왜곡하여 가르치고, 세계 선교의 사명을 가로막게 할 것인가 고민해야 했습니다. 이 책이 출간된 바로 다음 해인 2004년, 미국 IVP에서 메이크피어스MeicPearse의 책『왜 나머지 사람들은 서구사회를 증오하는가?: 세계 분노의 원인에 대한 이해』*Why the Rest Hates the West: Understanding the Roots of Global Rage*가 출간되었습니다. 이 책은 소셜 미디어를 통해 전 세계 구석구석에 침투

하는 서구사회의 성 윤리가 변하고 있다고 보고하였습니다. "나머지 세계 사회"가 서구 사회에 대해 분노하는 중요한 이유, 더 나아가 이슬람과 기독교 사이의 관계가 점점 더 악화하는 중요한 한가지 이유를 더 설명했습니다. 어떤 분석가들은 지금 미국이 전 세계에 영향을 끼치는 성적 편향된 소셜미디어를 언급하며 이를 새로운 식민통치의 형태로 보기도 합니다.

사랑이라는 이름 아래 동성애와 동성결혼에 대한 권리를 정당화할 때, 우리는 이러한 주장이 그리스도인 대부분이 정당하다고 여기며 사람들을 죽이는 어거스틴이 시작한 "정당한 전쟁" 이론을 받아들이는 모습과 똑같다는 사실을 기억해야 합니다. 이는 마치 "정당한 동성애"를 받아들여 동성 행위를 옹호하도록 타협하는 것과 마찬가지입니다.

제가 이 책의 4장에 기록한 것처럼, 동성 행위를 반대하는 성서적 가르침을 온전히 설명해 낸 해설은 아직 없습니다. 때때로 성경 본문들은 사람들이 말해서는 안 되는 것들을 의미하는 것으로 왜곡되었고 때때로 이 성경 본문들은 요즘 우리가 다루는 것과는 완전히 다른 방식의 문화적 터부부정, 우상숭배 예식 등로 여겨져 침묵하는 모습으로 이어지기도 했습니다. 성경 본문에 대한 이러한 설명들은 설득력이 없습니다. 그리스도인들은 이러한 본문들을 무시함으로써 우리 문화를 위험에 처하게 하고 있습니다. 특히 최고의 신학자들이 말하고자 했던 것에 비추어 보면 이러한 본문들에 대해 침묵하려는 시도들은 실패한 것이나 다름없습니다. 레즈비언인 버나데터 부루텐BernadetterBrooten, 하버드대학 교수는 바울 당시의 문화에서 남자 대 남자의 동성 관계가 오랫동안 존속된 증거를 인용하였습니다. 그러나 그러한 것조차 동성애관계가 우상숭배와 함께 이루어진 사실롬1:18~28을 바꿀 수는 없습니다. 로마서 1:18~3:20 말씀에 모든 사람을 죄의 영향력 아래에 가두어 놓는 기능이 있으며 그 결과 모든 사람이 예수 그리스도 안에서롬3:21~36 하나님의 구원의 선물을 기뻐하게 되었다는 사실은 매우 중요합니다. 톰 라이트N.T. Wright도 이와 비슷한 말로 다음과 같이 결론짓습니다. "우리가 할 수 없는 일을 로마서 1:24~27 본문이 방관하고 있습니다. 이것은 기독교 윤리 본문으로 부적절하거나 아니면 그 본문이 말하는 것 이상 뭔가 다른 의미가 있을 것이다."1 그러므로 동성 행위에 반대하는 성서의 금지조항들에 침묵하는 것이 신뢰한 만한 유일한 방식이 되게 하는 것은 구약과 신약이 모두 유대인예수, 바울, 요한, 베드로, 그리고 야고보의 의견을 표현하려는 것이며 그 결과 현재 대부분 이방인으로 구성된 교회를 위해서는 기준이 될 수 없다는 설명입니다. 사도행전 10장과 15장은 이방 사람들을 편견 없이 받아들이게 한 중대한 변화에 대한 설명입니다. 이 논쟁에 언급되지 않은 것이 있는데, 그것은 아주 큰 위험을 빚어내는 반유대주의 입장입니다. 그러나 저는 현재 유대주의에 근거한 도덕적 자유주의 분파들이 동성애 결혼을 원하는 사람들을 포함하여 여러 사람을 후원하고 있다는 사실을 익히 알고 있습니다. 그러나 마치 독일에서 나치운동을 다시 일으키는 모습처럼 이러한 혐오감을 증진시키는 행위는 결코 작은 일이 아닙니다. 하나님께서는 자신의 뜻을 메시아닉 유대 그리스도인들의 신앙과 행동을 통해 드러내셨습니다. 사도행전 15장은 육체의 죄행15:20,29를 거스르는 도덕적 가르침을 무효로 만들려고 주신 것이 아닙니다. 포르네이아Porneia는 종종 인간의 죄성을 설명하는 목록예, 갈5:19의 첫 부분에 등장하거나 목록에 항상 따라나옵니다. 고린도전서 5:1에서는 특별한 단어 없이 근친상간을 위한 단어로 포르네이아가 사용되었습니다. 예수님도 이 부분에 대해 침묵하지 않으셨습니다.막7:20~23, 이 책 3장 참고

북미의 상황에서 이러한 주제에 대한 문화적 태도에 본질적인 변화를

시도하려면, 교회는 지배문화와 관련하여 성서적 해석에 대한 접근 방식을 다시 생각해 봐야 합니다. 한국 사회에 대한 문화 분석은 이 책에서 언급한 서양의 문화와는 다를 수 있습니다. 그러기에 한국의 독자들은 이 책의 5장부터 읽는 것도 좋을 것입니다. 구원에 대한 지식과 삶 전체를 변화시키는 복음에 온전히 반응하려면고전6:9-11 사람들과 함께 부르심의 비전에 교회가 어떻게 증거할 것인가를 고민하면서 책을 읽어야 할 것입니다. 이 주제에 대한 회중이 함께 하나님의 뜻을 분변하는 일은 중요합니다. 8장 캐나다 메노나이트 다니엘 엡 프리즌Dan Epp-Friesen은 이 책의 서평에서 "스와틀리는 이 책을 통해 다루기 어려운 주제를 논쟁하거나 갈등을 겪거나 압도되지 말고 회중과 교단에 주어진 사명과 에너지를 잘 사용하도록 주의를 주고 있다. 우리 또한 그의 책을 읽으며 그가 주는 조언을 주의 깊게 들어야 한다"라고 했습니다.

동성애 주제에 직면해 있는 교회를 위해 두 가지 염두에 두어야 할 내용이 있습니다. 첫 번째로 고린도전서 7장 6,7절에서 바울이 우리에게 준 훈계로서 가족에 묶이지 않고 하나님을 더 잘 섬길 수 있는 가치 있는 선물 즉 독신으로 사는 모습에 대해 보다 더 많은 관심을 둘 필요가 있습니다. 두 번째로 우리는 게이·레즈비언을 포함한 모든 사람이 예수 그리스도를 그들의 구세주이자 주로 고백하고 따르고자 원한다면, 그리고 제자로서 영적 여정을 걷기 원하며 성생활을 포함하여 인생 전반에서 진정한 모습으로 생각과 마음의 변화를 추구하기 위해 성경을 진지하게 받아들인다면, 교회가 이들을 긍휼히 여기는 마음으로 환영해야 할 것입니다.

끝으로 이 책을 번역하는데 열정을 갖고 수고를 아끼지 않은 역자 김복기 형제에게 고마움을 표합니다. 한국에 있는 예수 그리스도의 교회가 이 어려운 주제를 놓고 하나님의 말씀에 신실한 모습으로 반응하기 원합니다. 이 주제뿐만 아니라, 여러 다른 부분의 어려운 모든 주제에 대해서도 "이 세상을 본받지 마라."라는 하나님의 부르심과 음성을 분명히 기억하시기 원합니다.

---

1) N. T. Wright, *Romans*, The New Interpreter's Bible, Vol. X (Nashvile: Abingdon, 2002), p. 432, col. 1.

윌라드 스와틀리

미국, 아나뱁티스트 메노나이트 성서신학대학원 신약학 명예교수

서 문

> 위에서 오는 지혜는 우선 순결하고, 다음으로 평화스럽고,
> 친절하고, 온순하고, 자비와 선한 열매가 풍성하고,
> 편견과 위선이 없습니다. 야고보서 3:17, 새번역

교회로서 우리는 동성애에 대한 윤리적 통찰력과 분별력을 가진 위로부터 오는 이러한 지혜를 얼마나 간절히 바래왔던가. 만약, 이러한 지혜가 갖는 놀라운 특징들과 행동의 표현들을 동성애 이슈에 대해 우리가 내리는 결정과 고찰에 깃들게 하려면, 해결책을 찾기위해 아주 머나먼 길을 가야할 것이다. 아마도 우리 앞에 놓인 가장 큰 도전은 이러한 판단기준들을 거스르고자 하는 우리 자신의 모습을 지속적으로 점검하는 일이며, 우리가 위로부터 오는 이러한 지혜를 정말로 원하는지 분명하게 표현하는지 바라보는 일일 것이다.

몇몇 형제자매들은 2001년 7월 자신이 속한 교단 교회의 회원들을 위해 마련된 지침서를 적극적으로 지지하면서, 위로부터 오는 하늘의 지혜를 소유하려고 진지하게 노력하였다. 아내 메리는 교회를 위한 동성애 토론 지침서를 마련하면서 하나의 원탁에 둘러앉은 두 남자가 이 주제에 대해 얼마나 다른 정반대의 생각을 갖고 토론하는지 보고하였다. 한 사람은 동성애 관련 조항을 완전히 없애기를 원했고, 다른 사람은 지침서에 기록된 동성애 관련 조항이 너무 약하다고 하였다. 일련의 토론과 분변의 과정을 통해, 양쪽은 자신들의 관점을 어느 정도 조정하였고, 각자가 긍정적인 모습으로 투표하였다. 무엇보다 이 토론에서 중요한

것은 이 두 사람이 형제로서 서로를 인정하고 신뢰하며 자신의 교회로 무엇을 가져가야 할지 알게 되었다는 점이다. 이러한 이야기들은 미래의 교회에 희망을 가져다주었다.

나는 야고보서의 이 구절을 껄끄럽고, 불화를 일으키기 쉬운 주제를 토론할 때, 특히 이 서문을 쓰는 동안 매일 묵상하는 성서의 중심본문으로 삼았다. 이러한 하나님의 지혜를 실천하는 것은 껄끄러운 주제를 사용하여 하나님의 백성들을 이간질하고 정복하려는 악한 이의 책략을 봉쇄한다. 이는 윤리적인 삶을 위해 하나님의 방법을 알기 원하는 하나님의 순전한 백성들에 대한 최고의 그림이다.

동성애는 이 책을 구상하고 발전시키기 위한 적합한 단어이다. 지난 나는 여러 해 동안 이 주제를 가지고 여러 논문지에 글을 실었다. 가장 중요한 논문 제목이 "동성애: 성서적, 신학적, 문화적 조망과 교회의 반응Homosexuality: Biblical, Theological, Cultural Perspectives and the Church's Response"이었는데, 이 논문은 여러 학회에서 소그룹 연구 자료로 자주 사용되었다. 이 논문에 대한 폭넓은 관심이 일자 이 책을 출판한 미국의 헤럴드 출판사Herald Press가 이 주제에 대한 논문 사본을 보내달라고 요청해왔다. 수많은 사람들의 조언을 받아들이면서, 나는 이 논문을 앞으로도 계속 분변의 자료로 사용할 수 있게 발전시키자는 제안을 받아들였다.

그러나 이러한 요청 저편에, 그리고 작고 큰 여러 가지 프로젝트들을 수행해야 하는 상황에서 한 가지 질문이 떠올랐다. 그토록 어렵다는 이 주제에 대한 책임 있는 글쓰기를 떠맡아야할 또 다른 동기들은 과연 무엇일까? 하는 질문이었다. 가슴과 머리가 모두 동의하는 가운데 이러한 글을 쓰게 한 추진력은 근본적으로 두 가지 경험과 관련이 있다. 첫 번째 경험은 지난 30년이 넘도록 나는 사람들을 깊이 알아왔다. 그들 중,

자신의 성적 정체성과 씨름하고 있는 매우 명석하고, 훌륭한 사람들이 있었다. 그들은 성서, 교회, 자신을 어떻게 이해하고 어떻게 살아가야 하는지 알고 싶다는 질문을 들고 찾아와 상담을 요청하였다. 이 질문에 대해 나는 쉽게 답할 수 없었다. 그러나 그들과 우정을 유지하면서 가능한 상담을 계속 해왔다.

두 번째 이유는 동성애라는 주제에 관해 이 시대에 정말 필요한 통찰력이 무엇인지 침묵하는 모습이 실망스러웠기 때문이다. 성서 본문에 대한 적절한 설명도 하지 않고 성서를 너무 쉽게 벙어리로 만드는 모습에 실망했기 때문이다. 끊임없이 반복해서 설명되는 다양한 글들을 읽으면서 나는 동성애에 대한 성서해석학적 차원hermeneutical dimension의 설명과 관련 성서의 본문들을 세밀히 주해exegetical할 필요성을 느꼈다. 더욱이 지난 몇 년 동안 내가 갖고 있던 이러한 불편함과 똑같은 불편함을 수많은 사람들이 함께 느끼고 있다는 사실을 분명히 알게 되었다. 그래서인지 지금은 내가 이 책에서 간략하게 다룬 것보다 훨씬 다양한 동성애에 대한 여러 관점의 석의학적 문서들이 풍부하게 존재한다. 이 두 가지 경험적 요소와 더불어, 나의 바람이 있다면 변변찮은 헌신의 결과물이지만, 이 책이 동성애에 대해 더욱더 풍부한 이해로 독자들을 인도할 수 있기 바란다. 동성애 문제로 고민하고 있는 사람들은 물론 교회에서 이 문제로 상담을 요청하는 사람들에게 도움이 되길 바란다.

처음부터 분명히 할 것은 이 과제에 대한 나의 이해에 있어서 중요한 요소가 석의학적 작업exegetical work과 해석학적 과제hermeneutical task사이의 차이를 구분할 필요가 있다는 점이다. 또한 일반적인 성 담론에서 간과되고 있으며, 현재 세상 속의 성의 역할을 적절하게 이해하기 위해 반드시 필요한 서구 문화와 서구 전통이 어떤지 분석할 필요를 느꼈다. 1960년대 일어난 "성의 혁명"이 끼친 가공할만한 영향력은 신중하게 고찰해 보고 평가해야 한다. 서구 문화를 강력하게 반대하는 이슬람 근본주의자들의 열정은 서구 문화가 미디어에서 너무 성을 부각시키며 전 세계 문화로 침입해서 끼친 부정적인 영향을 제대로 평가할 때까지 그 진가를 제대로 인정받지 못할 것이다. 그런 까닭에 성해방과 관련된 지금의 서구 문화를 형성하는 요소들을 다시 평가해보아야 한다는 나의 주장은 성서신학적이며, 선교적이며, 정치경제적 취지를 갖고 있다. 이 과제를 수행하면서 나는 우리 앞에 펼쳐지는 문화 충돌 및 문화의 위기를 다룰 것이다.

나의 연구가 독자들을 샬롬shalom으로 인도해 주길 바란다. 이 어려운 주제를 이야기 할 때, 나는 내가 이해하고 있는 것을 사랑 안에서 진리가 되도록 말하고자 심혈을 기울였다. 교회 안에서 서로 다른 의견으로 충돌할 때, 이 연구작업이 평화를 추구하는 모습에 도움이 되길 기도하였다. 동성애에 대한 나의 개인적인 입장이 이 책에 분명히 표현되었지만, 독자들은 지속적으로 분변의 과정을 밟아나갈 필요가 있다. "대화"라는 단어는 필요가 무엇인지 표현하기 위한 적절한 단어는 아니다. 왜냐하면 이 단어는 이미 자신이 갖고 있는 입장을 더욱 더 공고히 하기 위할 때 사용되는 느낌을 주기 때문이다. 뭔지는 모르지만 더 중요한 과정 즉 성서의 권위에 대한 이해, 동성애에 대한 해석 및 주해에 대한 평가, 그리고 서구 문화에 대한 윤리적 평가 등에 분변의 과정이 필요하다. 나 또한 사람들이 동성애 논쟁이라는 어렵고 중요한 주제를 어떻게 인식하는지 듣고 알려고 이 분변을 위한 토론장에 앉아 있다. 이러한 문제들을 다룰 때 꼭 필요한 것은 다른 사람들을 존중하면서 지속적으로 토론에 임해야 한다는 것이다.

내 생각을 분명하게 정리하도록 도와주고, 여러 단계를 거치는 동안 부족한 점을 고쳐 나의 작업을 향상시켜준 많은 사람들의 도움에 감사한다. 이 작업은 사실 1980년대와 1990년대 초 내가 메노나이트 연합성서대학원에서 성서해석학을 가르칠 때 이미 시작되었다. 수업시간에 있었던 토론은 교수인 나에게 많은 도움과 통찰력을 가져다주었다. 헤럴드 출판사가 그동안 발표했던 나의 논문을 엮어서 출판해보자고 요청하였을 때, 나는 분변의 과정과 결정을 위한 반응을 듣기 위해 글의 초고를 교단리더들에게 보냈다. 과연 나의 이러한 수고와 헌신이 교회와 교단이 앞으로 펼쳐나갈 토론에 긍정적으로 기여할 수 있는지 미리 알고 싶어서이기도 했다. 이러한 분변의 과정과 결정적 평가를 위해 레비 밀러Levi Miller는 여섯 명의 리더들을 선별해 주었고 나의 수고를 긍정적으로 보아주었다. 뿐만 아니라, 날카로운 비평을 통해 캐나다 및 미국의 여러 리더들에이 도움을 주었다. 이 글을 쓰는 마지막 과정에서 가족, 멀고 가까운 친구, 목회자 및 동료로 구성된 열 두 명의 리더들이 다시금 건설적인 조언을 건네주었다. 항상 그렇듯이 사람들은 자신과 아주 다른 관점을 갖고 있는 사람들로부터 가장 많은 것을 배운다. 나와는 다른 관점을 갖고 있으면서 함께 시간을 보내며 원고를 읽어주고, 이 책을 추천해 준 사람들에게 감사를 표하고 싶다. 또한 나에게 소중한 시간과 생각을 나누어준 모든 이들에게 깊은 감사를 드린다. 특별히 나의 글이 이렇게 책으로 나올 수 있도록 수고를 아끼지 않은 헤럴드 출판사의 편집장 사라 케르버그Sarah Kehrberg와 이 프로젝트의 책임을 떠맡고 끝마칠 수 있도록 꾸준히 도와주고 꾸준히 격려해준 레비 밀러에게 감사를 표한다.

  마지막으로 길을 가는 동안 항상 함께 하며 셀 수 없는 조언을 아끼지 않은 아내 메리Mary에게 진심으로 감사를 표한다. 수 천 명의 고등학교 학생들에게 타이핑을 가르치는 실업계 교사인 메리는 잘못된 철자를 바로 잡아주었다. 무엇보다 짧은 시간에 색인을 마련해준 것에 대해 고마움을 표하고 싶다. 이에 더하여 교회를 향한 아내의 비전, 희망, 인내, 도움과 동성애라는 이슈로부터 일어난 갈등을 중재하려고 기울인 끊임없는 수고는 이 연구 작업 내내 나에게 큰 감동을 주었고, 이 책에 지대한 영향을 끼쳤다. 이러한 아내의 지혜 덕에 이 책은 원래 계획보다 훌륭한 모습이 되었다.

이 책의 어려운 주제를 다루기 전에 꼭 필요한 크로아티아 신학자인 미로슬라브 볼프Miroslav Volf의 말을 소개하고자 한다.

> 다른 사람들, 특히 우리와 갈등 상황에 있는 사람들의 목소리와 견해가 우리 안에서 잘 울려 퍼지도록 할 때, 우리 인식의 지평이 넓어진다. 그들의 관점으로 우리가 우리 자신의 모습뿐만 아니라 우리에게 말하는 그들의 모습을 볼 수 있을 때, 우리 인식의 지평이 넓어진다. 그리고 필요하다면 그들의 관점으로 우리 자신의 생각을 재조정할 때, 우리 인식의 지평이 넓어진다.[1]

그리고 신약성서의 편지에 기록된 축복이다:

> 평화의 주님께서 친히 언제나 어느 방식으로든지, 여러분에게 평화를 주시기를 빕니다. 주님께서 여러분 모두와 함께 하시기를 빕니다. 데살로니가후서 3:16 새번역

---

1) Miroslav Volf, *Exclusion and Embrace: A Theological Explanation of Identity, Otherness, and Reconciliation* (Nashville: Abingdon, 1996), 213.

1장
동성애에 대한 내 인생의 여정

1970년대 말, 나는 「크리스천 리빙」1이라는 기독교 잡지에 동성애에 관한 글을 써달라는 부탁을 받았다. 이 부탁을 받은 것은 내가 『안식, 노예, 전쟁 그리고 여성』*Sabbath, Slavery, War and Women*이라는 책이 출간되기 바로 전의 일이었지만, 내가 콘라드 그레벨 대학에서 열린 강연회를 준비하는 일과 동시에 진행된 것으로 이 책의 근간이 되었다. 당시 이미 강연회의 자문위원 중 한 사람이 다섯 번째 주제인 동성애에 대한 글을 쓰도록 나를 추천하였고, 동성애에 대한 세간의 모든 흐름을 교회가 늘 지지할 수 없다는 사실을 보여주기 원했다. 이 자문위원회는 성서가 동성애 성향은 인정하는 반면 실제 동성행위는 반대한다는 교회의 입장에 부합하도록, 사람들이 동성애 성향을 가진 것과 실제 동성애자 사이의 차이를 구분할 수 있어야만 한다고 믿고 있었다.2

그 책의 분량이 꽤 많다고 여겼으므로 나는 이 부분에 대한 내용을 다루는데 별도의 장을 할애하지 않았다. 그리고 「크리스천 리빙」이라는 잡지를 위한 글도 쓰지 않기로 결정했다. 토론 초기에 나는 교회의 생각, 즉 동성애 주제에 있어서 성향orientation과 실행practice에 차이가 있다는 생각을 보다 의미 있게 하려고 노력하였다. 메노나이트 연합성서대학원의 강좌였던 하워드 찰스Howard Charles의 로마서 과목을 위해 행했던 로마서 1장 18~32절에 대한 초기의 주해 작업1961으로부터, 나는 그 본문이 "바르지 못한unnatural" 성적인 행동으로 표현된 동성애적 욕망들이 우상숭배의 결과라고 본문을 이해했다. 즉 창조주 대신 창조물들을 숭배의 대상으로 대치한 사람들[여기에서 바울은 어떤 특정한 개인을 생각하고 글을 쓴 것이 아니라 그룹을 생각하였다]이 "바르지 못한" 성적인 욕정에 자신을 내어준 것이라 이해하였다. 그런 까닭에 나는 이 본문을 이해하는데 있어서 성향과 실행의 차이를 놓고 씨름했던 것이다.

그 이후로부터 나는 여러 해 동안 동성애에 관련된 이슈에서 성향과 실행의 차이를 구분하려는 기능적인 가치를 염두에 두었고, 그렇게 믿으며 토론에 참여하였다. 그러나 당시에도 그렇지만 지금도 나는 과연 이 동성애 성향이 전혀 변하지 않는 고정적인 것인지 의심스럽다는 점을 지적하고 싶다. 게이와 레즈비언들을 옹호하고 받아들이는 교회는 성향과 실행의 차이를 거의 구분하지 않는다. 그리고 진보적이고, 선구 역할을 하는 대학의 저술가들도 이 입장을 취하지 않는다. 그러므로 나는 현재 상황을 만들어낸 지난 40여 년 동안 문화적 환경과 사상적 기류가 어떻게 형성되었는지 알아보기 위해 현대 문화를 보다 더 세밀하게 관찰하고자 했다.[5장 "서구 문화 분석"을 보라]

또한 내가 선정한 "안식, 노예, 전쟁, 여성"이라는 네 가지 범주에는 동성애의 찬성이나 반대의 논쟁을 지지하는 성서본문을 적용하지 않았다. 나는 동성 문제를 대할 때, 사람들이 단지 금지조항들이나 강한 규제들만을 다루는 본문의 "일반적인 감각"[여러 세기 동안 유대주의와 그리스도인들이 이러한 본문들에 부여했던 의미 3의 수준에 머물고 있다는 사실을 너무나 잘 알고 있다. 그러므로 그 글을 기록했던 문화에서 본문이 의미했던 것과 우리가 속해 있는 문화 속에서 그 본문이 어떤 의미가 있는지 관계성을 제대로 알아보는 성서해석학적 작업이 반드시 수행되어야 한다. 그러한 연구조사는 성서의 가르침을 올바로 이해하기 위한 시도이자, 현재 우리가 말하고 있는 동성애가 본질적으로 성서의 본문이 말하는 것과 다른 것은 아닌지 알아보는 시도이기도 하다.

유사성과 차이를 알아내기

마땅히 비난 받아야 할 잘못된 행위이며 비난받는 불의와 압제로서의 노예제도 폐지를 주장하는 사람들과 게이 레즈비언의 성을 인정해야 한다고 주장하는 사람들 모두 "인권"에 호소하고 있다.4 노예제도에서, 노예들의 권리란 아예 의미 자체가 도매급으로 부정된다. 부분적이지만 여성해방에 대한 논쟁을 다룰 때에도 권리와 정의라는 주제에 호소한다. 그렇지만, 여성해방 논쟁에는 그나마 다양한 역할로 목회 리더십에 참여하는 여성들의 권위를 인정하는 성서본문들이 동원된다. 동성애 이슈와 여성해방의 이슈 사이에 존재하는 유사성은 동성애자와 여성이라는 존재 자체가 특정한 고용환경에서 불리하게 작용한다는 것이다.5

두 번째로 여성해방론자와 게이 레즈비언 운동가들 사이에 존재하는 유사성은 그들이 20세기에 일어난 성의 혁명에 그 뿌리를 두고 있다는 점이다. 이 운동의 뿌리에 대한 내용은 앞으로 논의 할 것이다. 제대로 준비되지 않았음에도 서구 문화를 상당히 자유롭게 풀어준 이 거대한 운동은 아주 대단한 운동이 되었다. 그 결과 성서를 포함한 다른 문화들에서 빌려온 여러 자료들을 통해 아주 색다르고 재미있는 모습으로 성적 자유를 현재 문화 속에 깃들게 했다.

그러나 이러한 노예 폐지론자들, 여성해방 운동가들, 게이 레즈비언 운동가들은 해방이라는 문화적 충격을 불러왔다는 점에서는 매우 유사하다. 그러나 기독교 및 성서적 관점에서 볼 때는 여러 차이점이 있다. 처음의 두 가지 이슈와 동성애, 즉 노예폐지운동 및 여성해방운동과 동성애 관련 질문 사이에 있는 근본 차이점은 다음과 같다.

1. 표면적으로 분석해 볼 때, 사람들은 노예제 및 여성의 역할을 다루고 있는 성서본문 사이에 어떤 암호가 뒤섞여 있다. 이는 안식일과 주일 논쟁을 대할 때나, 전쟁에 대한 기독교인의 참전 여부를 토론할 때도 나타나는 현상이다. 어떤 본문들은 찬성 입장을 지지하고 다른 본문은 반대 입장을 지지하고 있는 것처럼 보인다. 즉 성서 안에서조차 앞뒤가 맞지 않는 모순이 너무나도 명백해 보이기 때문이다. 이와는 반대로, 동성애에 대해 말하는 모든 성서 본문들은 모두 다 한가지로 일치한다. 동성애에 대한 노골적인 성서의 설명들 즉 동성 성교는 항상 잘못되었다고 말한다.

2. 현 상태를 유지하려는 것이 잘못되었음을 고발함으로써 스스로 진보를 이루려는 사람들은 노예, 전쟁, 여성의 역할이라는 세 가지 주제를 다룰 때 "성서보다 자신들이 더 우위의 법을 갖고 있다"고 생각한다. 폐지론자, 평화주의자, 여성해방론자들이 주장하는 새로운 방식은 하나님의 구속적인 행위, 은혜, 하나님나라의 정의에서 출현한다. 그것은 노예, 전쟁, 성적위계질서가 만연되어 있는 실제 문화의 풍습과는 극명한 대조를 이룬다. 하나님의 방식은 세속 문화의 풍습과는 근본적으로 다르다. 하나님의 방식은 해방시키고, 사랑하고, 지배능력과 자기 방어능력을 상호 신뢰관계로 대치시킨다. 이와 대조적으로 동성애 행위는 성서의 그 어느 곳 하나라도 은혜가 이끄는 행동과 전혀 관련이 없다. 동성애 행위는 윤리적인 측면에서 복음적이라고 증명할만한 아무런 병행 구절도 없고 이를 제대로 규정해내지도 못한다. 예를 들어 남편-아내라는 위계질서는 에베소서 5:21~33에서 기독론적인 남편의 자기희생적 사랑에 뿌리를 두고, 실제로 상호 복종이라는 기독교 윤리로 그 방식이

바뀌고 있다.6

좀 더 설명하자면, 성서 본문들이 표면적으로 드러내고 있는 동성애 행위는 당시 그것이 어떤 의미였든 현재 어떤 사람들이 거기에 해당되는지와 아무런 상관없이 항상 금지라는 용어로 기록되어 있다. 그것은 하나님의 공동체에 적합한 삶의 모델에서 일탈한 것이다. 노예를 해방하고, 전쟁을 거부하고, 남녀의 완전한 독립과 온전한 연합을 추구하고 기뻐하는 것은 세상의 문화적 양식을 따르지 않고 비순응적 가치를 추구하는 은혜의 모습으로 여겨진다. 이처럼 성서는 히브리 문화라든가 초기 기독교 환경과 비교해 볼 때, 이러한 주제들을 다룸에 있어서도 구속적redemption인 궤적을 따라 움직인다. 그러나 동성애에 있어서 성서는 부정적인 관점을 갖고 강경한 입장을 고수하며, 주변 환경이나 문화들이 취하는 것보다도 더 강경한 입장을 끊임없이 고수한다.7

이러한 두 가지 차이점은 나름대로 중요한 가치가 있고, 지금도 중요한 의미가 있다. 그러나 폐지론자, 평화주의자, 해방론자8가 사용하는 성서 해석의 원리 중 어떤 것은 요즈음 게이와 레즈비언 그리스도인들이 경험하는 동성애를 성서가 정죄하고 있지 않다고 주장하는 작가들이 사용하는 성서 해석의 원리들과 매우 흡사하다. 구약성서가나 바울서신보다 복음서와 예수의 말씀에 더 우선권을 두는 수많은 동성애 지지자들은 복음서와 예수의 말씀에 동성애에 관한 말씀이 한 구절도 없다고 주장한다. 그러므로 동성애 이슈 그 자체가 중요한 것이 아니라고 주장한다.3장을 볼 것 오히려 예수는 사회 통념과 편견에 사로잡혀있는 사람들을 용납하고 자비를 보여 주셨다. 게이 레즈비언 옹호자들은, 어떤 특별한 본문에서 특별한 가르침을 주시기보다는 윤리적인 원칙들에 보다 더 무게를 두셨다고 하면서, 억압받는 성적 소수자들을 위한 정의를 실천함에 있어서 여기저기 산발적으로 나타나는 일곱 개의 동성애 반대 성서 본문에 지나치게 집착하는 성서적 편견에 사로잡혀 있다고 주장한다. 더 나아가 동성애 지지자들은 성서를 역사적 문화적 맥락 안에서 이해해야 한다는 성서해석의 또 다른 중요한 원리를 사용하여, 반항적인 아들은 사형에 처하라는 식의 말씀처럼 동성애에 대한 구약의 추방령이나 인권을 말살하는 식의 구절은 더 이상 표준이 될 수 없다고 주장한다. 마찬가지로 신약성서의 동성애에 대한 언급도 성관계를 문란하게 하는 것이거나 사이비 종파적 의식을 언급하는 것으로 현시대의 자유로운 동성애의 유형과는 다르다고 말한다.

1984년 고센 대학에서 개최된 회의에서, 나는 교회가 동성애 성향orientation과 행위practice를 받아들여야 하는 상황이 어떤 것인지 주장하기 위해 여러 가지 증거를 들어 기본적인 성서적 원리들과 강조점이 무엇인지 발표하였다. 그때 나는 동성애 행위에 대해 교회가 반대해야 한다는 주장을 위해 몇 가지 원칙들을 제시하였다.이러한 성서해석학적 분석을 위해서는 이 책의 6장을 참고하라

게이·레즈비언을 적극적으로 지지하는 예일대학 신학교에서 안식년을 보냈던 1988~89년에, 나는 1989년 6월 토론토에서 열린 국제 AIDS 컨퍼런스 관련 기사에 대해 상당한 지면을 할애한 「뉴 헤이븐 레지스터」 *New Haven Register*라는 신문기사에 많은 관심을 갖게 되었다. 앞으로 10년 동안 AIDS에 감염될 인구 증가를 예측한 내용은 가히 충격적이었다. 이 기사는 내 마음에 동요를 일으켰고, 비록 받아들여지지는 않았지만, 이를 기반으로 메노나이트 주간지에 기고할 글을 썼다. 당시에 쓴 글은 보완하여 이 책의 부록에 실어 놓았다.9 부록 3 참고

1993년부터 1995년까지 나는 미국 인디아나 주의 고센과 엘크하트에 있는 두 개의 교회로부터 동성애에 대한 나의 신학적 이해와 성서적 가

르침을 발표해 달라는 요청을 받았다. 이 두 교회는 동성애에 대한 이슈를 진지하게 연구하였고 일단 게이·레즈비언들을 교회의 멤버로 받아들이려면 어떻게 해야 하는지 진지하게 고민하였다. 1995년 이 두 교회의 모임과 연관되어 논문을 준비하였으며, 그후 5년 동안 매년 그 논문을 개정하였다. "동성애: 성서적, 신학적, 문화적 관점과 교회의 반응 *Homosexuality: Biblical, Theological, Cultural Perspectives and the Church's Response*"이란 이 논문은 여러 메노나이트 지방회에 보내져 목회자들의 연구 자료가 되었다. 그 논문에 실렸던 내용들은 다시 수정·보완하여 이 책의 2장과 4, 5, 6장에 실었다.

2000년에 나는 클린턴 프레임 메노나이트 교회(Clinton Frame Mennonite Church)에서 연설해달라는 요청을 받았다. 미국 여러 지역의 메노나이트 기관들이 주최한 회의였다. 이 모임을 위해 나는 "동성애에 대한 예수와 바울: 과연 그들은 서로를 반대하는가?Jesus and Paul on Homosexuality: Do They Contradict Each Other?"라는 제목의 새로운 논문을 준비하였다. 이 논문의 반을 수정·보완하여 이 책의 3장에 실었다. 이 논문에서 언급한 바울서신의 부분은 4장과 연관되어 있다. 이전에 수행한 작업들을 다시 이용하고, 수정하고, 보완하면서; 나는 나의 생각을 좀 더 확장시키고 있으며, 분변의 폭도 넓혀가고 있다. 동성애에 대한 주제를 연구하고 자료를 찾기 원하는 여러 목회자들과 평신도 리더들에게 나의 이러한 논문이 조금이나마 도움이 되었으면 하는 것이 나의 바람이다.

이 책을 읽는 독자들을 생각할 때 두 가지 우려가 있는데, 한 가지는 "서문"이고 또 한 가지는 내가 "원치 않는 부작용"에 대한 염려다. 서문에서 나는 이 책의 대부분을 서구의 문화 분석을 포함한 성서 해석과 관련된 주해적인 관심사에 초점을 맞추었다. 많은 사람들에게는 주요한 이슈보다 소위 말하는 성서적인 권위가 더 중요하다. 그래서 나는 이 부분에 대한 내용을 간략하게 정리하였고, 보다 더 많은 자료를 원하는 사람들을 위해 얼마간의 자료들을 여기에 명시했다.

마리온 소아즈Marion Soards는 이러한 주제를 그의 짧은 책 『성서와 동성애: 성서적 권위와 현재의 교회』Scripture and Homosexuality: Biblical Authority and the Church Today에 잘 정리해 놓았다. 그는 개혁교회와 장로교회 배경의 여러 신앙고백서들을 인용하면서 이 문제에 대한 교회의 역사적 배경이 어떠한지 보여주었다. 그리고 왜 성서가 사람들의 인생을 형성하고 바꾸는 능력을 갖고 있고, 왜 그렇게 권위주의적인지 네 가지로 이유들을 정리하였다. 그가 밝히고 있는 네 가지 특징은 다음과 같다.

생생한Vivid **자료**: 성서는 교회를 형성하는 독창적인 사건들을 있는 그대로 묘사하고 있다. 성서는 이스라엘 중에 드러난 하나님의 사역 특별히 예수 그리스도의 삶, 죽음, 부활, 승천을 증거 한다. 성서는 이스라엘 백성들과 초기 기독교인들 중에 하나님께서 행하신 활동에 대한 증언들을 기록한 책이다.

분변하는Discerning **자료**: 이스라엘과 초기 기독교의 신념과 실행을 분명하게 표현하면서, 성서는 하나님의 계시에 대한 유대인과 기독교인들이 갖고 있는 심오한 개념과 성찰의 모습을 입증하고 있다.

신뢰할만한Trustworthy **자료**: 성서는 안내를 받기 위한 지침서로서 경험, 신념 및 실천사항에 대한 정보이다. 그러기에 성경에는 새로운 세대들이 지속적으로 반복해서 사용할 만한 유용한 내용이 기록되어 있다.

규범적인Normative **자료**: 무엇보다 성서는 우리에게 기준 혹은 영적인 판단을 가능하도록 해준다. 성서는 우리가 신실하게 결정하기 원한다면 교회의 삶 속에서 일어나는 여러 가지 일들에 알맞은 지침을 제공해 준다. 어떤 유사성이 없어도 그 자체로 "증거"가 된다. 1967년 장로교 신앙고백, 9.27. 10

구약 학자인 월터 모벌리Walter Moberly는 자신의 짧지만 멋진 논문에서 동성애 주제를 다루는 양측이 숙고해야 할 대부분의 핵심주제들을 공정하게 다루었다. 그는 동성애라는 어려운 주제에 대해 보다 비종교적 태도로 질문하였다.

사람들은 도대체 왜 성서를 갖고 끙끙대는가? 전통적인 권위를 받아들이지 않는 문화에서, 왜 그리스도인들은 성서 해석을 하면서 그렇게 횡설수설 하는가? "만약 당신이 케케묵은 비상식적인 내용을 믿을 거라면, 도대체 당신은 무엇을 기대하는가?" 왜 성서를 포기하고 자유를 선택하지 않는가? 이러한 경종을 울리는 질문들에 대해 그리스도인들의 반응은 본질적으로 아주 간단하다. 당신이 찾던 아주 값비싼 진주를 발견했을 때, 그것을 그냥 놓치는 것은 정말 어리석은 일이 될 것이다. 하나님께서는 그리스도 안에 모든 것을 드러내셨다. 예수 그리스도는 모든 것을 붙들만한 가치로서 실재이자 사랑이자 진리이다. 위험에 처한 것은 그저 우리 시대의 성에 관한 시시껄렁한 법칙이나 금지사항이나 수수께끼가 아니라, 삶과 죽음에 관한 전체적인 이해다.11

모벌리는 성서가 묘사하는 것처럼 사람들이 하나님 믿기를 중단할 때, 결국 사람들은 인간이 하나님의 형상으로 만들어졌다는 사실을 더 이상 믿지 않을 것이라고 밝히고 있다. 그러면 이미 서구 문화에서 발견되는 것처럼 인간의 존재란 무엇인가 라는 이해 또한 변하게 될 것이다.

성서의 권위에 대한 나의 연구는 내가 쓴 책12과 『메노나이트 신앙고백서』Confession of Faith in a Mennonite Perspective의 네 번째 조항인 성서에 잘 표현되어 있다.13

우리는 성서의 모든 말씀이 구원의 가르침과 의의 훈련을 위해 하나님께서 성령을 통해 감동을 주셨기 때문에 기록된 것임을 믿는다. 우리는 성서를 그리스도인의 신앙생활을 위해 온전히 믿고 신뢰할 수 있는 하나님의 말씀으로 받아들인다. 우리가 교회 안에서 성령에 의해 인도될 때 우리는 예수 그리스도와 함께 성서를 이해하고 해석한다.

우리는 하나님께서 감동을 주셔서 기록하게 하신 신구약 성서가 쓰여질 당시의 수세기 동안에도 하나님께서 역사하고 계셨음을 믿는다.14 하나님은 성령을 통해 증인들로 하여금 구원과 신앙생활의 지도, 하나님께 대한 헌신을 위해 필요한 것이 무엇인지 기록하셨다.15

우리는 성서를 하나님께서 기록하신 하나님의 말씀으로 받아들인다. 하나님께서는 선지자들과 사도들을 통해 다양한 많은 방법으로 말씀하셨다.16 하나님께서는 무엇보다도 말씀이 육신이 되신 그 살아 있는 성서말씀을 통해, 진리를 현혹함 없이 충실하게 드러내셨다.17 우리는 또한 성서가 인간의 언어로 기록된 온전히 믿고 신뢰할 수 있는 하나님의 말씀인 것을 인정한다.18 우리는 하나님께서 성서에 기록된 살아있는 말씀을 통해 계속해서 말씀하심을 믿는다.19 예수 그리스도는 육신이 되신 말씀이기 때문에, 성서는 전체적으로 예수 안에서 그 핵심과 완성을 이룬다.20

우리는 성서가 바른 신앙생활을 위한 설교와 가르침을 제공해 주는 책으로서 진실을 분변하고 선악을 구별하며 올바른 예배와 기도를 위해 필요한 권위 있는 자료와 규범인 것을 인정한다. 그리스도인의 신앙과 삶에 대해 다르게 주장하는 것들은 그것이 어떤 전통이나 문화, 경험, 동기, 또는 정치적 권력이든 거룩하신 하나님의 빛의 말씀에 의해 검증되고 수정되어야 할 필요가 있다.21

성서는 교회에서 가장 본질적이고 필요한 책이다. 성령께서 성서를 통하여 예수 그리스도를 믿고 순종하도록 양육하고, 가르치며, 증거하고, 예배의 모습을 갖추는 교회로 지도한다. 우리는 스스로 성서를 읽고, 연구하고, 묵상하는 일을 기뻐하며 지속하는 일에 헌신한다.22 우리는 성서로 모든 것을 조명하고, 검토함으로써 우리 시대에 하나님께서 무엇을 말씀하시는지를 분변하며 교회가 성서를 해석하는 일에 참여한다.23 말씀의 해석을 위해 우리가 갖는 통찰과 이해는 믿음의 공동체 안에서 검증되어야만 한다.

나의 두 번째 염려는 내가 "원치 않는 부작용"에 대한 우려이다. 동성애라든가 이와 비슷한 현시대의 민감한 사항에 대해 깊이 연구를 마치면, 어떤 사람들은 성서공부에 대한 왜곡된 시각을 갖게 될 수 있다. 그러나 성서를 왜곡되게 사용하는 것은 성서의 주된 사용 목적도 아니고 더 나아가 정상적인 모습일 수 없다. 성서를 더 폭넓게 사용하도록 하기 위하여, 그리고 성서가 그리스도인들의 인생을 제대로 형성해나가도록 하기 위하여, 나는『안식, 노예, 전쟁 그리고 여성』이라는 책 끝에 어떻게 성서가 우리의 사상과 삶을 다양한 모습으로 유지시켜주는지 에베소서의 본문을 통해 살펴본 "성서의 폭넓은 사용:모델로서 에베소서 연구"를 부록에 실었다. 그렇다, 성서는 윤리형성에 분명하게 기여하고 있지만 그것은 어떤 특정한 사회 이슈들을 다루는 것이라기보다는 보다 폭넓은 개념을 담고 있다.24 성서는 하나님의 말씀이자 하나님의 조언으로써 인생 전반에 대해 말하고 있다. 에베소서 연구를 통해 이러한 사실을 부록 7에 실었다. 이 책을 읽는 동안 중간 중간 책읽기를 멈추고 부록 7에 실려 있는 내용으로 돌아가서 성서가 당신에게 제시하는 보다 더 큰 목적들이 무엇인지 살피고 늘 새롭게 할 것을 추천한다.

이 주제에 대해 되새김질을 하는 것에서 출발함으로써 나는 20세기 서구의 문화적 영향력을 분석하는 것이 현 시대의 윤리적 곤경을 이해하는데 도움이 될 것이라 판단했다. 높은 이혼과 재혼의 현상을 초래하는 사회적 영향력과 비슷하게 많은 문화적 요인들이 현재 동성해 행위는 물론 어쩌면 동성애적 욕구까지 부추기는 원인이 되고 있다.25 5장에서 보게 될 것이지만, 최근 몇 십 년까지 프로이트의 이론을 비롯하여 동성에 대한 성적 매력의 원인이 무엇인지 설명하려는 수많은 이론들이 제기되었다. 이러한 이론들 중 1960년대에 일어난 성의 혁명sexual revolution은 가장 중요한 변화라 할 수 있는데 이는 성에 대한 사회의 관행을 새로이 규정하였다. 결국 성과 밀착한 문화가 종종 가정과 학교에서 성적 폐해를 양산함에도 불구하고, 서구 사회는 성적 특성을 부각하는 문화로 발전하였다. 그러한 성적 오용은 성적인 표현의 발전과 수용능력에 영향을 미치는 주요한 요소로 자리하게 되었다. 우리 사회 속의 문화가 이미 결정된 것이 사실이라면 동성애자들게이와 레즈비언을 대할 때, 최소한 그들이 선택하지 않은 사회·문화적인 영향력의 산물로써 그들을 바라볼 수 있어야 할 것이다. 이것은 문화적 영향력에 모든 것을 내어주자는 말이 아니라, 우리가 단지 개인적인 이슈에 국한하여 동성애를 다룰 것이 아니라, 인생을 향한 하나님의 모범을 거스르는 문화적 체제를 다루어야 할 필요를 인정하자는 말이다. 그리고 작든 크든 이러한 영향력이 우리의 아들, 딸, 그들의 절친들과 우리 자신에게 미치고 있다는 사실을 인정하자는 말이다.

이러한 문화적 맥락을 인정할 때, 동성애자들과 관련된 문제를 보다 건설적으로 토론할 수 있을 것이며 희망과 더불어 참된 해방을 추구할 수 있을 것이다.

기도

주 하나님, 현재 우리는 인생 속에서 우리 선조들이 전혀 생각조차 하지 못했던 질문, 적어도 대중화하거나 공적으로 분변하지 못했던 여러 어려운 질문들을 마주하고 있습니다. 인간의 성에서 사랑의 본보기를 추구하고자 할 때, 우리에게 지혜를 주시고, 당신의 거룩한 형상을 올바로 묵상할 수 있도록 우리에게 능력을 베풀어 주십시오. 너무나 쉽게 사람을 판단하는 우리를 용서해 주십시오. 너무나 쉽게 문화의 영향력에 편승하는 우리를 용서해 주십시오. 너무나 쉽게 이쪽 아니면 저쪽 편에 서는 우리를 용서해 주십시오. 바라건대 이 세상에서 사는 당신의 신실한 사람들로 살아갈 수 있도록 도우시고, 우리에게 당신의 사랑과 통찰력을 따라 분변할 수 있는 능력을 주십시오. 우리의 구세주이시며, 주님이신 예수 그리스도의 이름으로 기도합니다. 아멘.

후주

1) Mennonite Publishing House가 최근까지 출판하였던 월간 잡지
2) 이는 메노나이트 태스크 포스 팀에 의해 발표된 동성애에 대한 입장으로써 메노나이트 총회교단(General Conference Mennonite Church, Saskatoon, 1986)과 메노나이트 교회(Mennonite Church, Purdue, 1987)에 의해 채택된 성명서와 똑같은 입장을 표바하고 있다. *Human Sexuality in the Christian Life: A Working Document for Study and Dialogue* (Newton, Kansas, and Scottdale, Pa.: General Conference Mennonite Church and Mennonite Church 1985)를 보라.
3) David L. Balch가 편집한 *Homosexuality, Science, and the "Plain Sense" of Scripture* (Grand Rapids: Eerdmans, 2000) 177-96에 실린 Christopher Seitz의 "Sexuality and Scripture's Plane Sense: The Christian Community and the Law of God"를 보라. Seitz의 글이 가장 빛을 발하고 있다. 이 논문은 지난 몇 십 년 동안 진행된 성서주해는 전통적이며 일반적인 의미를 벗어난 주해로써 구약과 신약이 신학의 한 단위로 서로 연결되어 있다는 관점을 떠나 본문을 따로 떼어 놓았고, 역사 비평적인 조사를 통해 하나로 된 신구약의 증언을 경감시키고 일반적인 의미에 이의를 제기함으로써 본문정황의 의미를 추구하는 성서주해를 해왔음을 보여준다. 그러나 이 역사-비평은 많은 학자들이 오랫동안 전제 자체에 대해 회의적인 입장을 견지해왔던 주해방법이다. 그래서 포스트모던 해체주의자들은 본문은 아무 객관적인 의미를 갖고 있지 않고, 단지 해석가들이 부여하는 것들만 의미를 갖는다고 주장한다(180). 이러한 입장은 논쟁의 양편에 서있는 사람들의 노력을 당혹스럽게 한다. 게다가 동성 결혼을 찬성하는 성서적 지지근거를 찾는 사람들은 "역사-비평적 노력이 제거할 수 없었던 방화벽으로 돌진하는 것"이다. 본문의 평범한 의미는 원저자의 의향이나 분명한 사회역사적 상황들을 발견하려는 노력에 의해 크게 영향을 받지 않은 장소들 중 하나다. 최소한 성서에는 그것이 일시적이든, 평생 헌신된 관계는 동성 결혼을 지지하는 긍정적인 설명은 존재하지 않는다(p.179). 그런 까닭에 교회 내에서 동성결혼을 옹호하는 사람들은 현재 양분된 견해를 갖고 있다. 즉 "1) 동성애 이슈와 관련된 성서의 일반적인 의미를 인정하거나, 성서가 무슨 말을 하든지 신경을 쓰지 않거나, 아니면 2) 성서에 일반적으로 혹은 직접적으로 그러한 말[동성에 대해 추방한다든지 하는 내용-]을 하는 곳이 없다고 주장"하는 것이다(p.182). 성서에 대한 이러한 다양한 입장과 함께, 효과적으로 대화하려는 노력들은 결국 오지도가지도 못하는 상황이 되고, 대개 동성애 이슈는 하나님의 최종심판에 의해 해결되어야 하는 문제로 넘겨진다(p.181). 캐서린 그린-맥크라이트(Kathryn Greene-McCreight)도 성서의 일반적인 의미에 대해 동일한 주장을 하며, 동성행위 관계에 대해 도대체 성서가 말하는 것이 무엇인지 전통적인 방식의 성서읽기 시각을 바꾸고자 시도한 역사-비평적 해석의 관점으로 성서를 읽는 것보다 일반적인 의미의 성서읽기가 왜, 어떻게 "믿음의 규칙"과 "사랑의 법"에 보다 적합한지 상술하였다. 또한 캐서린은 "일반적인 의미"의 성서읽기와 관련된 논문들을 참고문헌으로 간단하게 정리해 놓았다. Balch가 편

집한 *Homosexuality, Science*에 실린 "성윤리에 성서해석의 논리와 교회의 논쟁 (The Logic of the Interpretation of Scripture and the Church's Debate over Sexual Ethics)" 248~52의 주석 11번을 보라.
4) 내 책에서 다룬 두 가지 다른 주제 안식일과 주의 날에 대한 관찰 및 그리스도인의 전쟁 참여 혹은 불참 는 동성애에 대한 호소를 이끌어내기 위한 동일한 유형으로 사용할 수 없다. 그렇지만 논점들은 주해학적으로나 성서해석학적으로나 그 중요성이 잘 묘사되어 있다. 이 책의 궁극적인 목적은 이러한 주제들에 대해 문제 해결을 이끌어내기 위함이라기보다는 토론과 분변의 과정을 위한 성서적 해석을 제시하기 위함이다. 이러한 주제들에 대한 해석의 입장이라든가 도출되는 결과에 관한 특정한 가설들은 서론에 기록되어 있다. 노예, 안식일, 전쟁 그리고 여성들에 대한 이슈들을 집중적으로 다룬 각 장은 논쟁의 반대편 입장에 서서 대화하는 법을 배울 수 있도록 성서해석학적 배움으로 끝난다. 이런한 연구를 통해 배울 것은 이 책의 여러 곳에서도 잘 나타나 있다.
5) 이것은 이 두 경우에 있어서 차별이 도덕적인 관점에서 볼 때 똑같이 나쁘다는 점을 말하기 위함이 아니다. 마치 정치적 신념과 도덕기준들이 그런 것처럼, 제도적 종교의 믿음과 도덕기준들도 도덕적 판단에 영향을 미친다.
6) Willard M. Sawartley, *Slavery, Sabbath, War, and Women* (Scottdale, Pa.: Herald Press, 1983), 201~02, 258~69).
7) Donand J. Wold, *Out of Order: Homosexuality in the Bible and the Ancient Near East* (Grand Rapids: Baker Books, 1998); Martti Nissinen, *Homoeroticism in the Biblical Word: A Historical Perspective, Kirsi Sterna* (Minneapolis: Fortress, 1998) 번역; Robert A. Gagnon, *The Bible and Homosexual Practice* (Nashville: Abingdon Press, 2001)을 보라.
8) Swartley, *Slavery, Sabbath, War, and Women*, 201.
9) Gospel Herald 편집자는 내가 보다 정확한 통계학적 예측 자료를 제공해야만 한다고 생각한 것 같다. 나 또한 그 논문에 대해 깜짝 놀란 그의 반응을 보았다. 그러나 우리가 지금 아는 바와 같이 그러한 예견은 실제상황의 좋지 않은 면일 뿐이다.
10) Marion Soards, *Scripture and Homosexuality: Biblical Authority and the Church Today* (Louisville: Westminster/John Knox Press, 1994), 26.
11) Walter Moberly, "동성에 관한 현 논쟁에 있어서 성서의 사용 The Use of Scripture in Contemporary Debate about Homosexuality," *Theology* 103 (July-Aug. 2000): 253.
12) Willard M. Swartley, *Slavery, Sabbath, War, and Women*, 215~24.
13) *Confession of Faith in a Mennonite Perspective* (Scottdale, Pa.: Herald Press, 1995), 23~24. 다른 자료들은 Willard M. Swartley, *Slavery, Sabbath, War, and Women*의 235~49 부록 1에 실려 있다. Paul Achtemeier, *Inspiration and Authority:Nature and Function of Christian Scripture* (Peabody, Mass.: Henrickson, 1999); 다양한 모델에 대한 설명은 Robert Gnuse, *The Authority of the Bible: Theories of Inspiration, Revelation and the Canon of Scripture* (Mahwah, N.J.: Paulist Press, 1985)를 보라.
14) 예레미야 30:2, 예레미야 36장, 데모데후서 3:16.

15) 베드로후서 1:21.
16) 출애굽기 20:1, 예레미야 1:9~10, 갈라디아서 1:11~12, 히브리서 1:1~4.
17) 요한복음 1:14, 18, 요한계시록 19:13.
18) 잠언 30:5, 요한복음 10:35.
19) 이사야 55:10~11, 요한복음 20:31.
20) 마태복음 5:17, 누가복음 24:27, 사도행전 4:11.
21) 마가복음 7:13, 사도행전 5:29~32, 골로새서 2:6~23
22) 시편 1:2, 디모데전서 4:13, 디모데후서 3:15~17.
23) 사도행전 15:13~20, 히브리서 4:2~8, 12장.
24) 도덕형성을 위해 성서를 이용한 훌륭한 자료들은 현재 많이 있다. Kenneth Boa, *Conformed to His Image: Biblical and Practical Approaches to Spiritual Formation* (Grand Rapids: Zondervan, 2001); Stephen E. Foul and L. Gregory Jones, *Reading in Communion: Scripture and Ethics in Christian Life* (Grand Rapids: Eerdmans, 1991); M. Robert Mulholland Jr., Shaped by the *Word: The Power of Scripture in Spiritual Formation* (Nashville, Tenn.: The Upper Room, 1985)을 추천한다. 리차드 포스터와 달라스 윌라드의 *The Divine Conspiracy: Rediscovering Our Hidden Life in God* (San Francisco: HarperSanFrancisco, 1998)는 널리 읽혀지는 책으로서 영적인 양육을 위해 아주 중요한 책이다. 도덕적 관점에서 성서 전체를 극화시켜 개관한 책인 Alan Kreider의 *Journey Toward Holiness* (Scottdale, Pa.: Herald Press, 1987)을 보라. 핵심적인 성서의 가르침들을 순례라는 장르로 고찰한 J. Nelson Kraybill의 *On the Pilgrim's Way* (Scottdale, Pa.: Herald Press, 1999)를 보라. 동일한 주제로 학자들의 논문을 모아 놓은 책으로 William P. Brown이 편집한 *Character and Scripture: Moral Formation, Community, and Biblical Interpretation* (Grand Rapids: Eerdmans, 2002)을 보라. 직접이면서 지속적인 성서 공부를 위해서는 신자들의 교회 성서주석 시리즈 *Believers' Church Bible Commentary* (Scottdale, Pa.: Herald Press)와 *The NIV Application Commentary* (Grand Rapids: Zondervan)시리즈를 추천한다. 이 두 주석 시리즈는 본문 해석, 성서 전체에서 책이 차지하는 의미, 본문이 역사적으로 어떻게 이해되고 있는지에 대한 설명, 그리고 현 교회 목회를 위한 적절한 설명이라는 비슷한 틀을 따라 구성되어 있다.
25) 마지막으로 일반적인 미국 사회와 별반 다르지 않게 복음주의 교회들의 이혼율이 왜 그렇게 높은지에 대해 풀러신학대학원 교수들과 함께 한 연합통신의 인터뷰 내용에서 데이빗 옥스버거(David Augsburger)는 (*The Elkhart Truth*, 8 December 2002) 개인주의, 자기 도취주의 및 소비주의라는 세 가지 요소가 주된 책임을 져야 한다고 말하였다. 다른 교단들뿐만 아니라, 복음주의자들도 이 세 가지 요소들에 쉽게 굴복하였다.

2장
구약과 초기 유대주의

    2장과 3, 4장은 성서적 해석에 초점을 맞추었다. 우선 나는 창조 이야기에 근거한 성에 대한 신학을 먼저 살펴보고자 했는데 이는 동성 행위에 대한 구약 성서의 추방에 대한 이론적인 근거를 분명하게 하는 맥락으로 유일하기 때문이다. 마우저Mauser가 이야기 한 것처럼, 실제로 "성서에 들어있는 인간의 성에 대한 긍정적이며 윤리적인 가치는 내버려둔 채, 동성애에 관해 성서가 어떻게 말하고 있는지 무조건 열심히 토론하는 것은 근본적으로 잘못된 것이다."[1]

    이번 장의 두 번째 부분에서 나는 동성애 논쟁에서 가장 자주 등장하는 대표적인 구약 성서본문을 다루었다. 나는 현재 문화적 실재에 적합한 것으로써 동성애에 관련된 성서 본문으로 이해되고 있는 내용들과 1세기 현실일 뿐이라며 내버려 두었던 내용들을 모두 포함시켰다.

구약과 유대주의에 나타난 성의 신학

    유대 전통이나 기독교 전통 모두에게 창세기 1,2장은 성 도덕 가치를 형성하는 기본적인 역할을 한다. 그러기에 이러한 가치를 형성하는 본문들을 이해하는 것은 아주 중요하다. 왜냐하면 이러한 본문 이해가 성에 관한 예수 시대의 구약과 유대주의에 뿐만 아니라, 신약과 기독교 사상의 역사에 전체적으로 영향을 끼쳤기 때문이다. "인간의 성은 이러한 본문들과 함께 하나님의 선하신 창조의 근본적이면서 영속적인 선상에서 보아야 한다."2

창세기 1장 26~27절이 드러내는 것처럼 하나님의 계획에 따라, 인간들은 남자와 여자로 창조되었다. 이 본문은 인간들이 하나님의 형상을 따라 창조되었다고 말한다. 이것이 의미하는 바는 무엇일까? 신학자들은 이 본문에 대해 현재에 이르기까지 수십 세기 동안 논쟁을 벌여왔다. 어떤 신학자들은 이성 그 자체가 동물로부터 인간을 구별하는 그 무엇이며 우리를 하나님 같은 존재로 만들었다고 주장한다. 또 어떤 신학자들은 인간의 감정적 능력들, 특히 다른 사람들을 사랑하고 돌보는 능력들이 인간을 다른 동물들과 다른 독특한 존재로 만든다고 제안한다. 또 다른 신학자들은 언어를 사용하여 의사소통하는 능력, 즉 서술능력이 우리를 동물 세계와 다르게 만들며 하나님 같은 존재로 만들어 준다는 입장을 고수한다. 하나님을 말씀하시는 분으로 더 나아가 말씀으로 세상을 창조하신 분으로 묘사한다.

이러한 모든 주장들에는 진리의 요소들이 존재하지만, 성서 본문은 이러한 모든 제안 밑바탕에 깔려있는 두 가지 사실을 밝히고 있다. 그것은 관계와 공동체를 만들어가는 능력, 그리고 다음 그림이 드러내는 창조적 질서에서 통치권을 행사하는 능력이다.

27절에서 우리는 "남자와 여자"를 "하나님의 형상"과 동일 선상에 두는 시적인 표현을 발견한다. 더 나아가, 그 본문은 복수 주어에 단수동사로 시작되는데, "자, 우리가Let us복수 우리의 형상 안에서 인간들을 만들자create단수" 이것은 복수 신격으로3 후에 신약과 초대 기독교 신학의 관점에서 삼위의 하나님으로 이해한다. 전능하신 하나님은 단수가 아니다. 하나님은 하나이시지만 공동체를 이루시는 하나님이시다. 하나님

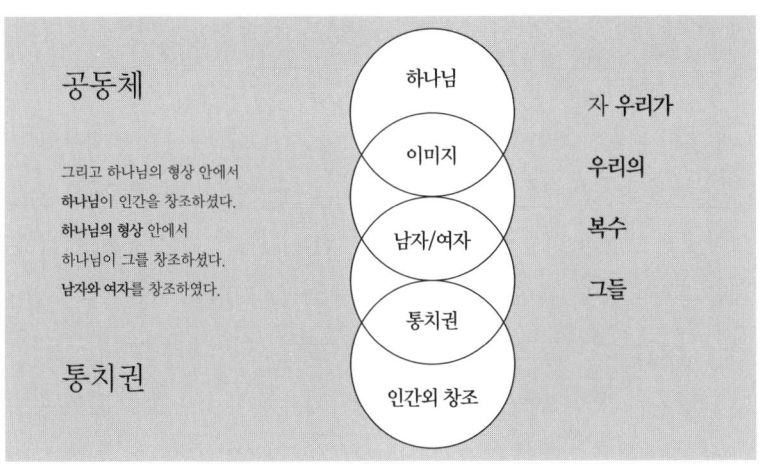

자신을 관계로 특징짓는 것과 같이, 우리 인간들도 하나님의 형상을 따라 관계적인 존재로 만드셨다. 창세기 1장과 2장은 우리 인간이 공동체의 기본 형태인 남자와 여자로서 존재한다는 사실을 지지하고 있다. 유아로부터 우리가 죽는 그 순간 까지 우리는 남자로 혹은 여자로 존재하면서 남자 혹은 여자인 인간으로서 다른 사람과 관계하며 산다.4 칼 바르트Karl Barth가 밝힌 바와 같이, "인류는 인간 남자와 인간 여자로서 항상 존재하고 그 외의 존재로 결코 있을 수 없다. 그런 까닭에 인간에 있어서 동료 인간들에게, 모든 다른 관계를 위해 결정적이고 근본적이며 전형적인 질문은 이러한 구분에 있어서 관계의 인간인가 하는 것 즉 모든 다른 관계성을 위해 표준이 되냐는 것이다."5

이러한 방식과 관련된 수용력은 이 세상에서 우리가 하나님의 형상을 갖고 있다는 것, 특히 우리가 돌보고, 돕고, 존중하고, 신뢰하는 행동을 할 때 하나님의 형상을 갖고 있음을 드러내는 하나의 주요한 특질이다. 그러나 이것조차 우리가 말하려고 하는 복음을 구분해 주는 분명한 경계선은 아니다. 만약 진실로 남성성과 여성성 안에서 우리가 하나님의 존재와 연결되려면, 우리는 관계 안에 있는 거룩한 신성과 접촉해야 하며, 우리 각자가 갖고 있는 남성성과 여성성에 존재하는 거룩한 차원을 존중해야 한다.

성서적 관점에 있어서 하나님의 귀한 선물인 성은 하나님의 선하신 창조의 부분으로 은혜롭고 고상한 모습으로 주어졌다. 하나님께서 모든 사람에게 햇살과 비를 내려주시는 것처럼 이 선물은 모든 사람에게 은혜롭게 주어졌다. 하나님과 언약의 관계로 부름 받은 사람들에게 있어서, 성은 거룩한 청지기 영역에 속한 것이다. 우리가 아는 바 인생을 향한 하나님의 계획 안에서, 우리는 하나님께서 주신 성을 통해 삶에 존재하는 아주 깊은 의미들을 표현하며, 인간을 창조하신 하나님께서 관계를 증진시키려는 의도를 갖고 계셨다는 사실을 배워야 한다. 인간은 남성이나 여성으로 존재하기 때문에, 성은 인생의 모든 것을 품는다. 진실로 "성은 해부학적 인체 기능이나, 심리적 성적 반응 체계 그 이상이다. 무엇보다도 성은 소통, 관계, 헌신의 문제다."6 인간의 성에 관한 어느 교단의 연구 결과에 다음과 같은 문장이 들어있다. "성은 인간됨, 즉 여성성과 남성성의 기본적인 특질을 드러낸다. 성은 우리의 인격을 성숙시키며, 우리의 사상과 행동에 영향을 미친다. 성은 우리가 어떤 일을 할 것인지, 어떤 삶의 방식을 살 것인지, 어떻게 아이들을 양육할 것인지 결정하도록 돕는다."7 그렇다. 우리의 성은 인체의 해부학적 구성요소를 모아 놓은 것 이상이다. 성은 우리가 인간으로 사는 방식이며, 다른 사람과 관계하는 방식으로 정의된다. 성은 하나님과의 관계를 포함하여 우리들이 살아가는 방식이다. 성은 특별한 존엄과 목적을 부여해 준다. 그러나 만약 성이 잘못 사용되면 슬픔과 고통의 원인이 되며 어떤 상황에서는 수치심과 죄의식을 느끼게 할 뿐만 아니라, 그것을 잘못 사용한 사람들을 향해 엄청난 분노를 표출하도록 만든다.

창세기 1장 26~28절에 따르면, 인간이 곧 이 세상에 존재하는 "하나님의 형상"이다. 28절 이하의 구절은 인간이 모든 창조물들을 다스리도록 되어 있다는 내용을 강조하고 있다. 이것은 구약 성서에 드러나 있는 왕의 역할 즉 정의로 세상을 통치하고, 가난한 사람들과 억압받는 사람들을 돌보는 왕의 역할을 유추하는 내용으로 볼 수 있다.시편 72, 82 땅, 동물, 그리고 식물들과의 창조 질서 및 관계에 있어서 우리 모두는 인간으로서 창조세계를 잘 다스리기 위해 정의와 돌봄의 청지기가 되어야 한다.

여기에서 중요한 것은 남자가 여성을 다스리는 존재로서 언급되어 있지 않다는 사실을 분명히 할 필요가 있다. 우리가 말하는 문화 명령 즉 창조 질서를 다스리라는 청지기적 책임은 여성과 남성 모두에게 주어졌다. 우리에게 주어진 청지기적 책임에 관련하여 가장 큰 도전은 이러한 능력들 즉 공동체와 다스림의 능력을 제대로 소유해야만 한다는 것이다. 남자들이 여성 위에 군림할 때, 혹은 여자들이 남성 위에 군림할 때, 그들은 공동체의 법을 어기는 것이며, 하나님의 선하신 계획을 더럽히는 것이다. 그렇게 되면 이미 우리가 잘 아는 것처럼 성적 괴롭힘, 성적 착취, 성적 타락, 강간, 폭력 등 세상에 불법들이 성행하고 사람들이 억압을 받게 된다. 하나님의 계획은 무시되고, 성은 불경스러운 것이 되고, 신성한 것으로써 음미되어야 할 인간의 성의 본래 모습을 잃게 된다. 인간은 끊임없이 내리막길의 소용돌이에 빠지게 된다. 종종 살인과 관련된 성폭력에 관한 매우 불쾌한 사건보고들은 인간들이 하나님의 신성을 잃어버렸을 때 얼마나 저속하게 되는가를 표현해 주고 있다. 그러나 만약 우리가 공동체만을 중요한 존재라고 강조하며 주권을 행사함으로써 개인 내면에 존재하는 본질적인 능력을 억제하면, 우리는 또 다른 편에 위치한 인간의 능력을 해치게 된다. 즉 개인에게 주어진 창조성이 질식되고, 모든 종류의 생산성이 저하되고, 공동체가 고립되고, 관계에 있어 어마어마한 긴장이 생겨나게 된다. 창조이야기의 강조점에서 우리가 배워야 할 것은 우리 인간에게 이러한 두 가지 특질들이 분명하게 공존함을 인정하고, 존중하고, 양육해야 할 필요가 있다는 사실이다. 이 두 가지 특질은 서로를 필요로 하고 함께 함으로 서로의 질을 높여준다.

창세기 1장에 기록된 첫 번째 창조 이야기가 안식일에 절정을 이뤘던 것처럼, 창세기 2장에 기록된 창조 이야기는 결혼에서 절정을 이룬다. 유대 공동체에서, 안식일과 결혼은 사회의 근간이 되는 두 기둥이다. 그러나 내가 믿기로는 바로 이 점에서 기독교가 유대교와 다른 점이 발견된다. 기독교는 유대교의 안식일을 재정의 할 뿐만 아니라, 인생이 하나님과 그 나라의 일을 위해 완전히 헌신할 때, 결혼만큼이나 좋거나 더 나아가 결혼하는 것보다 낫다고 할 만큼 독신을 하나의 선택으로 소개한다는 점이다. 이 부분에 대한 설명을 위해 부록 4를 보라.

동성애 관련 금지 및 추방령

많은 논문이 이 주제에 관해 반대되는 해석을 시도해왔다. 최소한 내가 아는 동료들 중 몇몇 학자들이 이러한 해석들에 대한 개요를 정리하는데 지대한 공헌을 했다. 이러한 개요들은 동성애 관련 논쟁을 다루는 여러 책들에 그 모습을 드러낸다. 이 책 끝에 있는 참고문헌에 약 10개의 책을 별표와 함께 실어놓았다. 동성애 논쟁에 있어서 양측을 대변하는 사람들은 자신들이 예수 그리스도께 신실하다는 증거를 보여주기 위해 성서에 그 정당성을 호소한다.8

우선, 나는 새로운 해석들이 가능한 "수정주의자revisionist"9들의 영향력 있는 자료들을 소개하여 지난 여러 세기 동안 교회가 주장해 온 전통적인 해석과 그 의미상 다르게 본문을 읽는 방식을 제안하려 한다.10 또한 지난 15년 동안 이러한 해석의 약점과 문제들을 지적했던 저자들이 누구인지 분명히 밝혀 놓았다. 나는 지금은 명백하게 잘못된 것가장 대표적인 예로 노예제도 지지를 들 수 있다이라 여겨지는 관점들을 방어하려고 교회가 성서를 잘못 인용해 왔다는 사실을 잘 알고 있다. 그러나 이 주제에 대해 다루는 성서 본문은 일관성이 있으며 이 관점이 전체적으로 성에 대한 성서적 관점에 더 부합하기 때문에 나는 전통적인 성서읽기를 보다 신뢰할만하다고 믿는다. 인간과 사회 건강에 끼치는 영향에 관하여, 나는 이들의 입장이 보다 더 인간적이라고 믿으며, 동성애를 반대하는 관점을 가진 사람들과 죄라고 간주되는 성적 행동을 하는 사람들을 끊임없이 사랑하는 입장을 견지해야 한다고 믿는다.

동성애에 관련하여 수많은 교인들의 사고방식에 영향을 끼치며 성서를 새롭게 해석하는 주해분야에 선구적 역할을 감당했던 세 권의 영향력 있는 책이 있다.11 이러한 연구들은 성서 본문들이 동성애에 대해 말하는 것 예를 들어 신약성서에 나오는 남색꾼 혹은 이교 매춘과 현재 교회들이 다루고 있는사랑하며 서로를 돌보기 원하는 동성 관계에 대해 성서가 뭐라고 말하는 지 서로 거리를 두면서 동성 행위나 이와 유사한 행위를 금지하거나 정죄하는 본문들을 다루고 있다. 그들의 해석에 따르면 어떤 성서 본문은 이 점에 있어서 모호하다고 말한다. 실제로 우리는 성서에 기록된 그리스어의 정확한 의미가 무엇인지, 창세기 19장과 사사기 19장의 이야기에 나오는 동성애 행위가 자신들을 환대하지 않은 것을 저주하기 위한 것인지 좀 더 시간을 두고 깊이 생각해 보아야 한다. 그러므로 대략 보스웰Boswell 과 스크로그스Scroggs의 논쟁에 드러나 있듯이 어떤 사람들은 동성 행위에 대해 아주 분명하게 말하고 있는 일곱 개의 성서 본문창세기 19장, 사사기 19장, 레위기 18:22, 20:12, 로마서 1:24~27, 고린도전서 6:9, 디모데전서 1:10이 사랑에 기초한 동성관계를 언급하는 것이 아니라고 결론지었다. 그러므로 소수자들을 위한 정의라든가 깊은 연민으로 이 본문들을 고려하는 편이 교회가 반응할 때 보다 더 중요한 요소들이 되게 해야 할 것이다.

그러나 정말로 이러한 것이 사실일까? 많은 학자들의 논문들이 도출해낸 주해연구를 진지하게 받아들여야 한다는 것을 알지만, 우리는 그 논문들의 오류를 보면서 그들이 그다지 설득력이 없다는 점을 발견하고 있다.12

약 12명 정도 되는 저자들은 기독교적으로 연대해 나가며 보수주의적 도끼날을 가는 행위를 중단하지 않았다. 오히려 이 본문들을 주의 깊게 연구한 논문들은 현재 동성애 관련 주제에 부적절하게 보인다해도 성서의 본문들을 간단하게 처리해서는 안 된다고 하였다. 이러한 본문에 대한 아주 간단하면서도 쉽게 토론한 내용이 『소저너스*Sojourners*』July 1991에 실린 리차드 헤이스Richard B. Hays의 글이다.13 이러한 주제를 어떻게 다루고 있는지 보려면 그의 탁월한 식견을 기록한 『신약의 윤리적 비전』 *The Moral Vision of the New Testament*을 보라.14

다음 세 가지로 정리한 요점들은 내가 어떻게 주해 자료를 분석했는지 간략히 정리한 것이다. 첫째, 동성애라고 명확히 번역된 단어가 원래 본문에는 하나도 등장하지 않는다는 사실이다. 번역본에 있어서 흠정역King James Version과 개역성서Revised Standard Version 이전의 번역들은 이 용어를 사용하지 않았다. 그 이유는 단순히 그 당시에 어휘가 존재하지 않았기 때문이다. 동성애라는 단어는 1869년 독일 라이프찌그에서 출판된 팜플렛에 homosexualität라는 용어를 사용한 것이 최초라고 알려져 있다.15 영문판 표준개역성서Revised Standard Version, 1946년, 1952년에 첫판이 나왔음이 고린도전서 6:9절에 동성애라는 용어를 사용하였으나 동성애에 대한 미국의 분위기를 반영하여 1972년 두 번째 판에서 이를 사용하지 않았다. 일곱 개의 성서 본문들이 분명히 동성행위에 대해 분명하게 말하고 있다. "성적 성향/정체성"이란 개념이 생겨난 것은 단지 현대에 와서야 생겨난 것이기 때문에,16 우리가 꼭 기억해야 할 것은 성서의 가르침이 동성애라는 구체적인 행위에 대해 말하고 있다는 사실이다. 동성애 성향orientation이라는 개념은 선호나 관심의 정도를 의미하며 성서 그 어느 곳에서도 감지되지 않는다. 로마서 1장에 사용된 욕망desireepithymia이라는 용어 또한 동성애 관계로 이끄는 것을 암시하고 있다. 그러나 이 용어는 이성간이라 할지라도 도덕적으로 용인된 행위 밖의 타락한 성적행위에도 폭넓게 사용되었다. 바울 서신 중 여러 곳에서 구습, 옛것에 속한 욕망을 언급할 때에도 똑같은 용어가 사용되었다. 이 용어는 종종 열정passion으로 번역되었다.로마서 6:12, 에베소서 2:3, 골로새서 3:5 종종 이 용어는 긍정적인 의미로 사용되기도 했다데살로니가전서 2:17 성서의 사상에 있어서, 이성간의 성적 욕망열정이 결혼관계 밖에서 행위로 드러났을 때는 신약 성서에 폭넓게 사용되고 있는 포르네이아*porneia*라는 부정적인 의미의 단어를 썼다.

둘째로 창세기 19장의 이야기와 사사기 19장의 두 이야기는 동성강간과 환대하지 않은 행위에 대한 하나님의 심판을 들려주기 위한 이야기로써 사랑하는 동성 간의 관계를 언급하는 것이 아니다. 따라서 이 본문을 예로 들어서 이들을 동성애라 정죄할 수 없다. 그럼에도 이 두 본문에 동성애 행위의 주제에 대한 언급이 없다는 의미는 아니다. 창세기 19장의 본문은 정확하게 동성적 욕정lust으로써 환대를 베풀 수 없도록 만들었다. 그런 까닭에 이 이야기는 단순히 소돔의 냉대에 대해서뿐만 아니라, 동성애적 욕정까지 심판하고 있다. 왜냐하면 이러한 마을 사람들의 욕정이 진정으로 환대를 받아야 하는 두 남자 이방인들을 환영할 가능성을 아예 배제하고 있기 때문이다.17

이러한 자료들 중 어떤 것들은 창세기 19장 5절에서 "알다to know"라는 단어가 의미하는 것이 성적인 교합을 의미하는 것이 아니라, 구약에서 등장하는 이 단어의 주된 사용이 더 폭 넓은 의미를 전달하는 것처럼 일반적인 관계의 용어로서 '아는 것'을 말한다고 단언한다. 그러나 어떤 학자들은 창세기 19장 5절에 사용된 히브리 단어 야다yadha알다라는 어휘는 창세기 4장 25절과 비교하면서 두말할 필요 없이 육체적성적 앎을 지칭하는 것이라고 설득력 있게 주장한다. 동일한 단어가 "나에게 남자를 알지yadha 못하는 두 딸이 있다"는 창세기 19장 8절에도 사용되고 있기 때문에 이는 너무나도 분명하다.18 제럴드 코울맨Gerald D. Coleman이 말하듯이 창세기 19장은 성적인 관심사를 보여주지 않는다는 존 보스웰John Boswell의 견해는 "해석이 잘못된 것이며 전혀 신뢰할만한 근거가 없다."19

게다가 후에 기록된 글 중 열두 곳 정도, 특히 신구약 중간시대의 글에서는 소돔의 죄를 당연히 성적인 죄로 언급하고 있다. 또 다른 열두 개 정도의 글이 특별히 성적인 측면을 언급하지 않고 소돔의 죄를 언급하고 있는데, 어떤 것들은 소돔의 부와 반역을 죄로 규정하고 있다.부록 1을 보라 구약 자체 내, 특히 이사야 1장 10절과 3장 9절은 소돔의 죄를 구체적으로 명시하지 않고 있으며 하나님의 방식과 행위로부터 떠나 있는 사람들에 대한 상징으로 사용하였다. 예레미야는 하나님께 대해 소돔처럼 되었다23:14면서 간음하고 거짓을 일삼는 예루살렘의 예언자들을 고발하였다. 에스겔은 교만, 지나친 음식과 번영, 가난한 사람을 돕지 않은 것 등 구체적으로 소돔의 죄목을 명시했다.16:49 그러나 유다서 7절은 소돔의 죄를 성적인 타락과 자연스럽지 못한 욕정이라고 자세히 기록하였다.20

셋째로, 몇몇 구약과 신약 본문들은 동성 성교에 대해 반대하고 있다.

거룩한 법으로써 레위기서 18장 22절과 20장 13절, 바울서신인 고린도전서 6장 9절과 디모데전서 1장 10절은 남자와 남자가 잠자리를 같이 하는 행위성교를 정죄하고 있다. 신약 본문들은 제4장에서 보다 구체적으로 다룰 것이다.

구약 성서의 레위기 본문은 동성 관계를 가증한 것, 혐오스러운 것히브리어 토에바<*toevah*>:신명기 22:5에 기록된 복장도착 즉 남자가 여자 옷을 입고, 여자가 남자 옷을 입는 내용과 신명기 23:18에 기록된 남창과 여창의 내용을 비교해 보라이라 기록하고 있다. 다른 토에바 유형은 우상숭배와 유아 희생제물로써 역겨운 일이라 기록하고 있다.민수기 12:31, 20:18 음식물 즉 식사규례에 대한 소소한 위반도 영어표현으로는 가증스러운 일이라고 기록되어 있으나, 이에 대한 히브리어*shequts/sheqats/ shiqquts*는 불결하거나 부정한 것을 지칭하는 말로 그 의미가 다르다.레위기 11:11 보우톤Boughton은 토에바를 사람의 진정한 정체성과 위반되는 모습으로 단순한 식사규례의 위반보다 훨씬 심각한 것으로 간주한다.21

그러나 세우Seow는 모세오경에서 토에바*toevah*가 사용된 보다 더 많은 본문들을 열거하였다. 그의 주장에 따르면, 부정한 음식신명기 14:3, 우상숭배 행위신명기 12:31, 13:15, 주술신명기 18:12, 이혼한 여인과 다시 결혼하는 것신명기 24:4, 우상열왕기 23:13, 이사야 44:19 등의 금지 사항들은 역사적인 맥락에서 의무는 아니었다.22 그러나 이러한 본문들 중 우상숭배 행위, 주술, 어린이 희생제물 등은 사형에 처할 정도로 엄중한 위반으로 설명하고 있다.

정하고 부정한 음식에 관련된 최근의 연구는 새로운 이해의 창구를 제공하고 있다. 지리 모스카라Jir Moskala는 그의 박사학위 논문에서 왜 어떤 동물들은 정淨하고 어떤 동물들은 부정한지를 설명하기 위해 열 네 가지 서로 다른 이론을 개관해 놓았다. 그의 이론은 1〉 부정한 동물들은 이방 신전에 제물로 드려졌던 것, 2〉 하나님께서 사람들이 먹기에 적합한 제물로 받아들인 동물들, 3〉 정하고 부정한 것의 차이는 도덕/윤리적 목적에 뿌리를 두고 있으며 특별히 생명이 소중하다는 사실을 가르치기 위함이었다.23 이러한 주제와 관련하여 메리 더글라스Mary Douglas의 인류학적 이론이 최근 문학계를 점유하고 있다. 이러한 관점은 "그 종이 속해있는 완전한 표본"을 정한 동물이라고 규정하였고, 이러한 범주에 들지 않은 순수하지 않은 동물을 부정한 동물이라고 했다.24

구약 신학자이자 구약 석의학자인 모스카라는 이러한 모든 이론의 장점들과 단점들을 제시하였다. 그의 결론에 따르면, 최고의 설명은 처벌 및 금지사항들이 창조신학에 부합하는 모습이어야 한다는 것이다. 이러한 견해는 몇 가지 이론으로부터 부적합성을 따진 후 여러 가지 요소들을 종합하여 이끌어낸 것이다. 이러한 요소들로는 "거룩성, 자연적 불쾌성, 생명 존엄성, 이교주의에 대한 방어성"등이 있다. 모스카라는 "이러한 것들은 성서주해라는 관점에서 볼 때 레위기 11장과 창조가 매우 밀접한 관계를 갖고 있다는 것을 보여주며, 신학적·해석학적으로 창조-타락-새창조라는 패턴을 그대로 보여주며 모세오경의 음식법 뒤에 존재하는 생명-죽음의 기본 원리를 강조함으로써 성서적 자료를 충분히 제공하였다.25

학자들이 여전히 시험하고 있는 것으로써, 레위기 법에 나오는 모든 토에바toevah에 대한 일반적인 특징들을 이러한 이론에 근거하여 살펴보는 것은 얼마든지 가능하다.26 위에 인용한 모든 경우는 자연법이나 자연신학과 다른 창조신학과 관련 있다. 계시를 근거로 볼 때 불법이란 바로 창조 질서를 통해 하나님께서 의도하신 것을 깨뜨리는 것이다. 우상은 창조주를 예배하기를 거절하는 것이며 하나님을 소유하기를 거부하는 것이다. 주술은 하나님을 거절한 표현이다. 재혼 금지신명기 24:4는 두 번째 남편에 의해 여인이 이미 몸을 더럽힌 것이므로, 이 아내를 첫 번째 남편이 다시 찾을 수 없게 해놓은 것이다. 이는 창세기 2장 24절의 육체적 연합을 위협하는 것이기 때문에 토에바가 되는 것이다. 다시 말해 두 번째 연합이 첫 번째 연합을 더럽히는 것이기 때문이다. 근친상간이나 동물과 사람이 성교하는 수간과 동성애는 이러한 창조신학이 선언하는 남녀의 연합을 침해하는 것이다.

레위기 18장을 문학적으로 분석한 윌리엄 웹William J. Webb은 몰렉에게 자식을 희생 제물로 바치는 행위를 정죄하는 21절의 내용을 주시하면서 이것이 성적인 범죄들의 내용과 무관하지 않음을 소개하였다.

- 근친상간 6~18절
- 월경 19절
- 간통 20절
- 몰렉에게 자식을 희생 제물로 바침 21절
- 동성관계 22절
- 짐승과의 교합 23절

웹의 주석에 따르면 어떤 해석자들은 레위기 18장 21절을 문맥상 동성애가 실행된 것, 즉 이방 남성에 의한 우상 숭배 행위를 나타내고 있다고 간주한다. 신명기 23:17~18, 열왕기상 14:24, 15:12, 22:46, 열왕기하 23:7 참조 그래서 이러한 해석자들은 이 동성애 금지가 문화적으로 특별한 것이며 따라서 이 구절에 근거하여 헌신된 관계 안에 있는 동성애자들을 괴롭혀서는 안 된다고 강력히 주장했다. 웹은 이러한 설명에 이의를 제기하며, 몰렉 금지는 자손들과 관련된 성적 범죄에서 자녀들을 미리 보호하기 위한 문학적인 장치라고 주장했다. 몰렉에게 자식을 바치는 행위는 다른 것보다 심각한데 중요한 것은 모든 성적 범죄 행동이 스스로의 권리를 위반하고 있다는 점이다. 22절은 단순히 제사를 위한 남창뿐 아니라 모든 남자 대 남자의 성관계를 금지한다. 이러한 추방내용과 관련된 설명에서 "언약 관계의 겹핍과 동등한 파트너의 지위 결핍은 그리 간단한 문제가 아니다."27

웹이 그의 분석을 통해 중요한 것처럼 문화적 맥락에서 몰렉 숭배를 금지했기 때문에 이 본문을 보다 넓은 의미의 동성애에 적용하는 것은 적절하지 않다. 어떤 특별한 맥락에서 보편적 도덕제제가 적용 가능한데, 바로 예수의 십자가 사건이 몰렉 숭배의 맥락에서 빚어진 최대의 사건이다!28 남성 동성 관계와 자녀를 희생시키는 것과 관련된 몰렉 숭배가 서로 연결되어 있을 거라는 사실은 아마도 동성 범죄의 심각성이 얼마나 큰 지 "말하는" 것과 같다. 이러한 연결은 또한 우상숭배를 동성행위와 연결시키는 로마서 1장 18절의 사상과 유사하다.

로버트 가그논Robert A. Gagnon은 동성애에 관한 방대하고 중요한 최근 연구를 통해서, 창세기 19장과 사사기 19장 그리고 두 곳의 레위기적 금지조항18:22, 20:13을 철저하게 분석하였다. 동성애에 관한 근동 지방 배경을 다룬 본문들과 병행하여 연구를 실시한 후에, 그는 이스라엘의 신전에서 행해진 동성애 매춘 실상 여부를 철저히 조사하였다. 그는 레위기서에서 동성애를 금지한 것은 기본적으로 이성 간 짝을 짓게 하기 위해 독특한 성으로 만드신 하나님의 창조 계획을 거스르기 때문이라고 말했다. 가그논은 창세기 1,2장에 관한 연구에서, 해부학적으로나 성적으로나 그리고 생리적으로나 남녀가 서로 보완적인 성으로 존재하도록 한 하나님의 계획을 보았다. 동성애가 우상숭배와 연결되어있고, 자녀 생산의 막장으로 치닫게 하고, 배설된 정자에 접촉되고, 남녀 보완이라는 성적 지위를 전도시키는 이유 때문이든 아니든, 가그논은 동성애 금지 규범이라는 가치를 의심하는 학자들에 대해 반대 입장을 고수하였다. 니시넨(Nissinen)과 브루텐(Brooten)의 연구를 보라 금지 조항을 위해 위의 내용들이 다소간 중요하게 작용하였지만, 가그논은 만약 그게 진정한 이유라면, 논리적으로 다른 금지조항들도 포함시켜야 한다고 보았다.29 그러므로 바울이 로마서와 고린도전서에서 레위기의 금지조항을 언급한 것은 실제로 중요하다. 이것은 이스라엘의 거룩한 법을 위한 신학적인 토대이자, 1세기 유대주의 특히 필로와 요세푸스의 규범적 이해와 일치한다.

필로Philo와 요세푸스는 성에 관한 1세기의 유대주의 관점을 대표하며 예수이 책의 3장에서 더 설명하게 될 것임에게 영향을 끼친 성적인 관습의 세상적 맥락을 제공해 주고 있다. 필로는 소돔의 멸망이 하나님의 동성애 성교를 증오한 것과 연관시키고 있다. 그는 그러한 연합을 "이상하고 불법적"이라고 말했다. 그러므로 하나님께서 "그들을 전멸시키셨다."30 레위기 20장 13절에 대해 언급할 때에도, 필로는 그가 살던 로마시대의 남색과 이러한 처벌을 연결시켰다. 이러한 교합은 사랑하는 사람이 "본성 *para physin*을 거슬러 쾌락을 추구"한 것이기에 혹독한 비난을 받았다. 그는 이러한 것을 창세기 1장 27~28절의 모습을 드러내는 가운데 이 땅에 번성하고 번식하는 연합의 실패라 여겼다.31

요세푸스는 "우리유대인결혼, 즉 법은 단지 본성*kata physin*에 부합하는 성교를 언급하면서, 자녀를 생산하는 남자와 여자와의 성교"만을 인정한다고 기록했다.32 후에 요세푸스는 그리스인들이 남성끼리 교합하는 자신들의 동성애적 욕망을 신 탓으로 돌리고 "본성*kata physin*에 반대되고 역겨운 것으로서 쾌락을 고안한" 신들을 고발하였다.33

당시 또 다른 기록들도 이들과 비슷한 관점을 보여주고 있다. 부록 1의 인용을 보라. Sibylline Oracle 5.430과 저속한 이방인의 풍습을 특징짓는 죄들 가운데 남색이 목록으로 들어있는 Testament of Levi 17:11을 참조하라 1~2세기에 대해 광범위한 연구를 시행한 가그논은 신구약 중간시대의 유대주의에 왜 이러한 동성애에 대한 부정적인 관점이 존재했었는지 그 이유들을 정리하였다. 만연해있던 "본성을 거스르는" 논쟁이 보다 이론적 근거로 기능하였다. 이러한 이론적 근거는 ⟨1⟩ 그러한 "성교는 자녀 출생과 상관없고" ⟨2⟩ 그것은 "상호보완적이지 않은 두 성적 존재가 교합함으로써, 특히 마치 남자를 여자처럼 여김으로써 타고난 남성을 욕보이는 것을 강조하면서, 하나님께서 정해 놓으신 남성과 여성이라는 유형을 대놓고 모욕하는 것이다 ⟨3⟩ 동성 간의 성적 욕망은 지나친 연정이며 ⟨4⟩ 동성 교합은 동물들도 행하지 않는 것"이기 때문이다.34

유대주의와 구약이 이러한 동성 관계를 부정적인 것으로 여겼다는 사실은 의심의 여지가 없다. 이러한 증거는 모두 같은 방향을 가리키고 있다. 물론 사람들은 출산과 엄격한 정결법에 대한 강조가 이러한 금지조항을 완화시키는 수단으로 사용될 수 있다고 논박할 지 모른다. 그러나 우리가 앞으로 살펴보겠지만, 비록 사람이 자녀 출산을 우선으로 두지 않고 독신으로 살다고 할지라도 신약성서 역시 동성 관계를 금지하는 이러한 도덕적 관점을 재차 인정하고 있다. 정결법에 있어서 신약성서는 그다지 강경한 입장을 취하지 않으나, 동성 관계 금지 조항에 대해서는 단호하다.35

이번 장을 정리하면서 나는 하나님의 온전하신 창조 안에 위치한 인간 이해에 초점을 맞추고자 시편 8편을 인용한다. 인간 창조의 놀라움을 기록하고 있는 시편 8편은 위대한 창조주 하나님께 바치는 기쁨의 노래다.

시편 8편

여호와 우리 주여
주의 이름이 온 땅에 어찌 그리 아름다운지요!
주의 영광이 하늘을 덮었나이다.
주의 대적으로 말미암아 어린 아이들과 젖먹이들의 입으로 권능을 세우심이여 이는 원수들과 보복자들을 잠잠하게 하려 하심이니이다.

주의 손가락으로 만드신 주의 하늘과
주께서 베풀어 두신 달과 별들을 내가 보오니
사람이 무엇이기에 주께서 그를 생각하시며
인자가 무엇이기에 주께서 그를 돌보시나이까?

그를 하나님보다 조금 못하게 하시고
영화와 존귀로 관을 씌우셨나이다.
주의 손으로 만드신 것을 다스리게 하시고
만물을 그의 발 아래 두셨으니
곧 모든 소와 양과 들짐승이며
공중의 새와 바다의 물고기와 바닷길에 다니는 것이니이다.

여호와 우리 주여
주의 이름이 온 땅에 어찌 그리 아름다운지요!

후주

1) Ulrich W. Mauser, "Creation, Sexuality, and Homosexuality in the New Testament," in *Homosexuality and Christian Community*, Choon-Leong Seow 편집 (Louisville: Westminster/John Knox Press, 1996), 48.
2) *Ibid.*, 47.
3) 창세기 1:1과 1:26은 모두 아주 분명하게 복수 명사로서 하나님(엘로힘 *Elohim*)과 단수 동사 (*bara*)를 사용하고 있다.
4) 드문 경우지만 나는 성이 분명하지 않거나 양성을 다 갖고 있는 아이들이 태어난다는 사실을 알고 있다. (이런 경우 어떤 성이 더 우세한지 의사가 결정하기도 한다). 그러나 이것은 법칙이 어떠한지를 더욱 강조하는 일이다.
5) Helmut Gollwitzer이 선정하고 G. W. Bromiley이 번역한 Karl Barth의 *Church Dogmatics: A Selection*(New York: Harper and Bro., 1961), 194.
6) Anne Hershberger and Willard Kraybill, eds., *Sexuality: God's Gift* (Scottdale, Pa.: Herald Press, 2000), 26. 성의 건설적인 관점에 대해 쓴 다섯 개의 "기초석"(17~31)에 대한 글을 참고하라.
7) *Human Sexuality in the Christian Life: A Working Document for Study and Dialogue* (Newton, Kan., and Scottdale, Pa.: General Conference Mennonite Church and Mennonite Church, 1985), 37.
8) 노먼 크라우스(C. Norman Kraus)가 편집한 *To Continue the Dialogue: Biblical Interpretation and Homosexuality*(Telford, Pa.: Pandora Press U.S., 2001), 187~208이라는 책에서 테드 그림스루드(Ted Grimsrud)는 "동성애 논쟁에 대한 여섯 가지 관점"이라는 자신의 논문을 통해 여섯 명의 학자들이 견지하고 있는 해석을 소개하였다. 그림스루드는 이들 중 세 개를 "제한적restrictive" 입장(Grenz, Schmidt, Hays)으로 분류하였고, 또 다른 세 개를 "포괄적inclusive" 입장(Helminiak, Nissinen, Scanzoni and Mollenkot)으로 분류하였다. 그러나 예를 들어 게이와 레즈비언들을 위한 목회를 시행한 미시간 주의 그랜드 래피즈에 있는 어떤 교회처럼 몇몇 제한적 입장을 견지하는 교회들 중 포괄적인 모습을 보이는 교회도 있었다. 같은 책 (121~147)에 들어있는 돈 브로서(Don Blosser)의 "Why Does the Scripture Divide Us? A Conversation on Same-sex Attraction, 왜 성서는 우리를 둘로 갈라놓았는가? 동성애 관심에 대한 대화"라는 논문 또한 타당성을 보여준다. 이 두 개의 논문들은 일정 부분이 겹치기는 하나 여러 면에서 도움이 되는 글이다. 브로서는 슈미츠(Schmidt)의 글을 장황하게 인용하면서 이러한 본문들이 정말로 무엇을 말하며 무엇을 뜻하는지 심도 있게 탐구하는 수고를 아끼지 않았다. 니씨넨(Nissinen)은 성서의 저자들이 왜 동성애 관계를 반대하는지에 대해 문화적 해석을 제공하고 있다. 가부장적인 상황에서 여성이 남성에 비해 열등하다는 식의 성 장벽이 현 문화에서 무너진 것을 예로 들 수 있다. 이처럼 우리의 상황에 대해 성서본문은 아무런 말을 하고 있지 않다는 사실을 제안하며, 더 나아가 우리가 사는 현재 세계와 상이한 이유들 때문에 성서가 동성애 관계를 정죄하는 것은 아닌지 질문하고 있다.

9) Thomas E. Schmidt, *Straight and Narrow: Compassion and Clarity in the Homosexuality Debate* (Downers Grove, Ill.: Inter-Varsity, 1995), 29ff.
10) 나는 이 책의 2~4장에 걸쳐 새로운 해석들을 살펴보며 나름대로 반대되는 견해들을 제시하였다.
11) 이러한 것들로 John NcNeill, *The Church and the Homosexual* (Kansas City, Mo.: Sheed, Andrews, & HcMeel, 1976); Hohn Boswell, *Christianity, Social Tolerance, and Homosexuality* (Chicago, University of Chicago Press, 1980); Robin Scorggs, *The New Testament and Homosexuality* (Philadelphia: Fortress, 1983), 네 번째 자료로써 James B. Nelson의 책 *Embodiment: An Approach to Sexuality and Christian Theology* (Minneapolis: Augsburg, 1978)에 실린 "Gayness and Homosexuality: Issues for the Church"라는 장 또한 신학대학원 서클들에 영향력을 끼친 글이다.
12) 이 부문에 지대한 공헌을 한 자료들을 출판순서로 정리해보면 다음과 같다.
J. Robbert Wright, "A Case Undemonstrated," *Anglican Theological Review* 66 (1984): 79~94; David F. Wright, "Homosexuals or Prostitutes? The Meaning of ARSENOKOITAI (1 Cor. 6:9, 1 Tim. 1:10)," *Vigiliae Christianae* 38 (1984): 125~53; Richard B. Hays, "Relations Natural and Unatural: A Response to John Boswell's Exegesis of Romans 1," *Journal of Religious Ethics* 14 (1986): 184~215; David F. Wright, "Early Christian Attitudes to Homosexuality," Studia Patristica 18:2(1989): 329~34[이 글은 Bernadette Brooten의 *Studia Partristica* 18:1(1985): 287~91과 관련되어 있다]; Lynne C. Boughton, "Biblical Texts and Homosexuality: A Response to John Boswell," I*rish Theological Quarterly* 58:2 (1992): 141~153; David F. Malick, "The Condemnation of Homosexuality in Romans 1:26~27" 그리고 "The Condemnation of Homosexuality in 1 Cor. 6:9," *Bibliotheca Sacra* 151 (1993): 327~40, 479~92; Marion Soards, *Scripture and Homosexuality: Biblical Authority and the Church Today* (Louisville: Westminster/John Knox Press, 1994); J. Glen Taylor, "The Bible and Homosexuality," *Themelios* 21 (Oct. 1995): 4~9; Gerald D. Coleman, *Homosexuality: Catholic Teaching and Pastoral Practice* (Mahwah, N.J.: Paulist Press 1995), 56~72; Thomas E. Schmidt, Straight and Narrow; Stanley Grenz, *Welcoming But Not Affirming* (Louisville: Westminster/John Knox Press, 1998). Robert Gagnon, *The Bible and Homosexual Practice: Texts and Hermeneutics* (Nashville: Abingdon Press, 2001). 맨 마지막 저술은 520페이지에 달하는 당시에 가장 방대한 자료로 현재 상황에 대해 성서본문의 권위적인 적절성을 배제시킨 학자들의 저술들을 포괄적으로 다룬 비평서이다. 이 외에도 많은 논문들이 포함되어야 하기에 (책 뒤의 참고문헌을 보라) 이 목록은 완전한 것이라 할수 없다.
13) Richard B. Hays, "Awaiting the Redemption of Our Bodies: The Witness of Scripture Concerning Homosexuality," *Sojourners* 20 (July 1991), 17~21.
14) Richard B. Hays, *The Moral Vision of the New Testament: Cross, Community, New Creation* (San Francisco: HarperCollins, 1996) 379~406.
15) C. Burr는 Jeffrey S. Siker 가 편집한 David Halpern의 *One Hundred Years of Homosexuality, in Homosexuality in the Church: Both Sdes of the Debate* (Louisville, Westminster/John Knox Press 1994), 117의 글을 인용함. Herman C. Waetjen은 Robert L. Brawley이 편집한 "Same-Sex Sexual Relations in Antiquity and Sexuality and Sexual Identity in Contemporary American Society," *Biblical*

Ethics and Homosexuality: Listening to Scripture (Louisville: Westminster/John Knox Press, 1996) 113에서 1892년 옥스퍼드 영어 사전에 처음으로 동성애를 사용하게 되었다는 글을 소개해 주었다.

16) 일반적으로 이러한 관점을 견지하고 있지만, Bernadette J. Brooten 과 Robert A Gagnon은 이 주제에 대해 서로 반대되는 입장에 서서 그리스 저술들로부터 비슷한 개념들이 이미 고대에도 존재했었다는 증거자료를 제공하고 있다(6장의 우리의 상황은 다른가? 를 볼 것).

17) 창세기 19장이 환대에 대한 설명이라는 Bailey의 입장에 대해 주의 깊게 연구한 후, Peter Coleman은 전통적인 이해, 즉 동성애 욕정이 자극적인 요인이라는 이해가 얼마든지 가능하다는 결론을 내렸다. *Christian Attitudes to Homosexuality* (London: SPCK 1980), 34.

18) Lynne C. Boughton, "Biblical Texts and Homosexuality," 142: Grenz, *Welcoming But Not Affirming*, 36. 이러한 일반적인 이해에 처음 의문을 제기한 것은 1955년 Derrick Sherwin Bailey의 *Homosexuality and the Western Tradition* (London: Longmans, Green & Co., 1955), 5이다. Christianity, Social Tolerance에서 John Boswell은 "이러한 사건들에 어떤 성적인 흥미로운 점도 존재하지 않는다."(p.95)는 진정한 사실을 제안하였다.

19) Coleman, *Homosexuality: Catholic Teaching*, 61.

20) *Homosexuality and Christian Community*, 15~16에서 Seow는 유다서 6절이 밝히듯이 동성애가 아니라 신적인 존재와의 영적교통을 의미하는 것이라고 밝혔다 (Brawley이 편집한 *Biblical Ethics*, 22도 참고하라). 그러나 이것은 견지할 만한 입장이 아니다. 천사들의 타락을 말하고 있는 6절이 창세기 6:1~4이라든가 "신화 연구가들"의 언급과 아무런 연결고리가 없기 때문이다. 6절과 7절 사이에 존재하는 평행선은 하나님의 질서를 정면으로 배반한 유사한 형태의 사건으로 구성되어 있기 때문이다. 이에 대해 Daryl Charles, 1-2 Peter, Jude, *Believers Church Bible Commentary* (Scottdale, Pa.: Herald Press, 1999), 296~97을 보라. 유다서 5~7절에 대한 이 세 가지 예들은 자연에 어긋난 것이거나 질서에 반하는 것들이다.

21) Boughton, "Biblical Texts," 144~145. 환경주의를 표방하는 어떤 한국 "전도사"가 내가 가르치고 있던 AMBS 사무실로 찾아와서 나에게 레위기 11장의 법들을 꼭 가르쳐야 한다며 도전적인 질문을 던졌다. 만약 우리가 그렇게 하지 않는다면, 우리는 생태학적 재앙을 맞이하게 될 것이라는 것이 그의 주장이었다. 바다에서 나는 잘못된 음식들을 섭취하는 것은 "청정 시스템"을 유지하는 바다를 강탈하는 것이며 결국 물을 오염시키는 것이 된다. 오히려 비늘과 지느러미를 모두 가진 청결한 생선들로 분류되어 있는 먹을 수 있는 생선들만 먹어야 한다는 것이 그의 주장이었다.

22) Seow, Choon-Leong 이 편집한 *Homosexuality and Christian Community*, 14의 "A Heterotextual Perspective"

23) Moskala, Jiri, "Categorization and Evaluation of Different Kinds of Interpretation of the Laws of Clean and Unclean Animals in Leviticus 1,: *Biblical Research* 46 (2001): 5~41.

24) Mary Douglas, *Purity and Danger: An Analysis of the Concepts of Pollution and Taboo*, rev. ed. (London: Routledge & Kegan Paul, 1966), 55. "파괴적이고 위험한 권력들로부터 사회를 보호하기 위해 어떤 특정한 자연의 영역을 규정하는 사회적 상징 체계"에 대한 이러한 관점의 변용은 레위기 11장에 대한 설명에 드러나 있다. *The Access Bible: New Revised Standard Version* (New York: Oxford University Press, 1999), 136.

25) Moskala, "Categorization," 40~41.

26) 이러한 관점은 이 영역을 벗어나 있는 구약의 부분에 적용할 수 없다. 예를 들어 Toevah는 잠언에서 자주 사용되었지만, 그러한 특별한 의미를 함축하지는 않는다.
27) William J. Webb, Slaves, *Women, and Homosexuals: Exploring the Hermeneutics of Cultural Analysis* (Downers Grove, Ill.: InterVarsity Press, 2001), 197~99.
28) 웹(Webb)은 문화와 문화변용 사이에 존재하는 관계에 대해 아주 간략하게 언급하였는데(ibid., 24~25), 문화변용적인 가치 요소들이 보편적인 중요성을 가진 원칙들로 추론되며 그래서 모든 문화에 적용가능하다고 전제한 것처럼 보인다. 특별한 문화적 관습 혹은 역사적 사건과 보편적인 적절성 사이의 관계에 대해서는 더 많은 설명이 필요하다. 이 점에 있어서 나는 모든 신의 계시는 역사적 문화적 특이성과 뒤엉켜 있으며, 그 자체에 권위를 부여할 수 없다고 강조하였다: Willard M. Swartley, *Slavery, Sabbath, War, and Women* (Scottdale, Pa.: Herald Press, 1983), 233. 전체적으로 예수와 성서적 주장의 특이성은 John H. Yoder와 Stanley Hauerwas의 윤리-신학적 저작들에 깊이 스며들어있다. 이것이 바로 복음의 관점과 어긋나있는 부분이다. 도덕 기준들이 권위를 얻기 위해서 "보편화"되어야만 한다는 생각은 이 세상을 변화시키기 위해 힘을 가져야 한다는 성서적 현실주의가 표방하는 추론이 아니다: John H. Yoder, 『교회, 그 몸의 정치』 *Body Politics: Five Practices of the Church before the Waiting World* (대장간 역간, 2011). Stanley Hauerwas, The Peceable Kingdom: A Primer in Christian Ethics (Nortre Dame: Iniv. Press, 1983), xxiv, 28 과 여러 곳을 살펴보라. 나는 웹이 동의했다고 생각한다. 왜냐하면 특히 성서적인 도덕성을 가르치는 데 있어서 특수성과 보편성이 어떻게 서로 관련이 있는지 분명히 해야 할 필요가 있기 때문이다.
29) Gagnon, *The Bible and Homosexual Practice*, 128~141.
30) *De Abrahamo* 136~37.
31) *On the Special Laws* 3.39; On the Contemplative Life 62 참조.
32) *Against Apion* 2. 199.
33) *Ibid.*, 2.273~75.
34) Gagnon, *The Bible and Homosexual Practice*, 163. 내가 *The Mennonite Quarterly Review* 76:2 (April 2002): 221~22에서 가그논의 책을 서평하면서 지적한 바와 같이, 이 마지막 논점의 정확성은 논쟁의 여지가 많아 보인다. Kraus가 편집한 *To Continue the Dialogue* 166~73에 실린 Carl S. Keener와 Douglas E. Swartzendruber의 논문 "The Biological Basis of Homosexuality"는 이와 관련된 몇 가지 주제들에 대해 폭넓은 근거들을 제공하였으며, 가그논의 네 번째 논점은 질문의 여지가 많을 뿐 아니라, 지지를 받지 못할 것이다. 동물의 행위들이 인간의 도덕적 관습을 위한 주장의 근거가 될 수 있는가 없는가는 여전히 또 다른 주제이다. 위에서 시도한 창세기 1~2장에 관한 나의 설명은 이 점에 관련되어 주의를 주었다. 왜냐하면 동물들은 옳고 그름을 분별할 만한 도덕적 능력이나 사람들이 상호간에 존재하는 독특한 관계 속에서 언약을 세울만한 능력이 없기 때문이다. 이것은 또한 동성애 관계가 옳은지, 그른지 혹은 또 다른 영역이 존재하는지 궁극적으로 분석함에 있어서 본성이 아닌 계시나 도덕적 분변함이 필요하다는 것을 의미하기 때문이다맨 마지막 선택사항을 위해 Elizabeth Moberly, *Homosexuality: A New Christian Ethic?* (Cambridge: James Clark & Co. Ltd., 1983)의 글도 참조하라.
35) 이 장에서는 구약 성서 전체에 걸쳐있는 고귀한 것이든 파괴적인 것이든 성적 실행과 관련된 보다 긴 안건들을 다루지 않았다. Keith Graber Miller가 *Sexuality: God's Gift, ed. Hershberger*, 35~38에서 "Guidelines from the Gift-Giver: Sexuality and Scripture"라는 글을 통해 이를 잘 다루었다.

3장
예수와 복음서

어떤 사람이 빈정대며 "예수께서 동성애를 주제로 무어라 말씀하셨는지 아세요?"라는 질문을 던졌다.

"당신이 예수와 동성애라는 책을 보신 적이 있으신가요?"
"아니요, 뭐라고 기록되어 있는데요?"
"아마, 당신이 그 책을 열어보면, 백지만 있을 겁니다!"

그러나 정말 이건 사실이 아닌가? 만약 예수께서 동성애에 대해 아무 말씀도 하지 않으셨다면, 그것은 그가 이 부분에 대해 아무런 도덕적 지침을 주지 않았다는 의미가 아닌가? 나의 판단에 따르면, 예수는 전쟁에 참여하는 그의 제자들에게게는 마태복음 8:5~12에서 백부장의 믿음을 칭찬하셨다. 마가복음 15:39도 참고할 것 직접적으로는 아무 말씀도 하지 않으셨다. 그리고 그가 사셨던 로마 시대에 만연해 있던 노예 제도에 대해서도 직접적으로 반대한다는 말씀을 전혀 하지 않으셨다. 그렇다고 이것이 예수가 전쟁과 노예관련 주제에 대해 이렇다 할 가르침을 주지 않았다는 의미일까? 1983년 내가 쓴 『성, 안식일, 전쟁, 그리고 여성』이라는 책은 이러한 해석학적 어리석음으로부터 나를 벗어날 수 있게 해주었다. 예수는 성에 대해서 가르치셨고, 결국 "원수를 사랑하라"는 말씀과 "정의와 해방"에 대해 그가 어떻게 말씀하셨는지를 통해 노예와 전쟁에 대해 각각 말씀하신 것처럼 동성애에 대해서도 말씀하셨다는 결론을 얻을 수 있다.

나는 복음서에 들어있는 예수의 여덟 가지 가르침을 동성애에 관한 윤리적인 분변을 위한 내용이라고 생각한다. 나는 이 여덟 가지 가르침이 하나님을 사랑하고, 이웃을 사랑하라는 명령을 강화하는 것이라 믿는다.

1. 욕정에 대한 예수의 강하고 분명한 가르침 마5:26~28.

도덕적 함정은 이성애나 동성애 모두에 적용된다. 성행위가 관계를 시작하는 방법이 되고 있는 우리 시대에 욕정에 대한 예수의 가르침은 성관계에 도사리고 있는 위험을 알려준다. 2000년 9월 국가 공영 라디오 방송 뉴스에서 미국 청소년들의 50%이상이 15세 이전에 성 경험이 있다고 보고하였다. 우리 문화는 성과 욕정으로 편향되어있다. 그러나 감사하게도, 새로운 바람이 불고 있다. 2002년 12월 9일자 「뉴스위크」지에 따르면 고등학교 학생들 중 이전의 10년에 비해 성서험을 하지 않은 비율이 10% 증가하였다.1

마찬가지로 포르네이아porneia 종종 간음 혹은 음행으로 번역됨에 대하여 예수께서 정죄하셨는데마태복음 5:32, 19:9, 특히 마가복음 7:21 이는 이성간의 결혼 밖에서 이루어지는 모든 성적인 관계를 의미하는 것이기 때문이다. 포르네이아에 있어서 성적인 욕망은 건강하고 온전해야 할 인간관계를 앞지른다. 내 생각에 결혼 외의 섹스나 혼전 성관계라는 문화적인 현상을 말하지 않으면서 동성애 주제에 대해 올바로 말하는 것은 불가능하다. 그러나 분명한 것은 1세기 유대주의에 있어서 동성애 성교는 성적 간음*porneia* 위법 중 최악으로 여겨진 것 같다.

2. 예수와 예수를 함정에 빠뜨리려는 이혼관련 질문막10장, 마19장도 함께 볼 것

합법적인 이혼으로 여겨지는 상황 해석을 통해 자유주의 진영과 보수주의 진영 중 어느 편에 속하는지 자신의 입장을 분명히 드러내야하는 질문을 받았다. 예수는 그 어느 편에도 자신이 속하지 않는다고 말씀하시면서, 결혼을 위한 하나님의 본래 계획하신 뜻이 무엇인지 도전하셨다. 그는 하나님께서 독창적인 창조를 통해 당신의 뜻을 선언하신 반면, 사람들의 마음이 완악하기 때문에 모세가 조건적으로 이혼을 허락한 것이라고 말씀하셨다. 이 말씀을 하시면서 예수께서는 창세기 1:27과 2:24의 말씀을 인용하셨다: "사람을 창조하신 분이 처음부터 그들을 남자와 여자로 지으셨으며, '그러므로 남자는 아버지와 어머니를 떠나서, 자기 아내와 합하여서 둘이 한 몸이 될 것이다.'" 유대 문화에서는 생각할 수 없는 것이겠지만, 나에게 이 답변은 궤변에 연루되지 않으셨던 전형적인 예수님의 모습을 보여주는 동시에, 예수께 던져진 언약에 근거한 동성결혼과 관련된 질문에 대한 답변처럼 보인다.

대부분의 학자들은 마태복음 19장의 "예외 구절"정조를 위한 예외조항이 하나님의 뜻에 대한 예수의 무조건적 선언을 후대교회가 받아들인 것이라 믿고 있다. 그러나 수많은 해석자들은 이 구절을 죄에 대한 예외 조항으로써 예수 자신이 하신 말씀이라고 설명한다. 즉 유대 문화에서 남자만이 이혼을 제기할 수 있기 때문에, 아내가 이미 음행하지 않은 경우를 제외한다면 남자가 아내를 음행하도록 만드는 것이라는 설명이다. 비록 예수께 예외조항을 부여하였다는 해석과 문화적 필요에 대해 후대교회가 조정한 것이라는 해석이 서로 다르다고 할지라도 어떤 경우든지 간에 이 '예외'는 그 조항 자체가 궤변이라는 말이다. 이러한 예수의 가르침과 오늘날 성적 위기에 대한 절절함에 대해 보다 더 완전한 설명을 위해서 로버트 가그논의 생산적인 연구, 『성서와 동성애』*The Bible and Homosexual Practice*를 보라.2

5장에서 보게 되겠지만, 사회의 집단적 본질에 있어서 200년가량 서구 사상과 문화가 성에 대해 상당히 왜곡된 이해를 갖고 있었다는 최근의 문화 분석이라는 관점에서 이러한 본문을 볼 때, 사람들은 아마 다음과 같이 질문 할지 모르겠다. 본문에서처럼 예수께서 이혼을 위해 말씀하셨기 때문에, 혹은 후대 교회가 그렇게 한 것처럼, 현대 교회가 개인적인 동성애에 대해 이래라 저래라 할 권위를 갖고 있는가? 예를 들어 만약 어렸을 때 동성 부모로부터 오랜 기간 동안 괴롭힘을 받다가 성인이 된 어떤 동성애자가 있다고 할 때, 동성금지를 기본원칙이라 여기며 신적인 규범으로 용인해야 하는가? 이미 그러한 죄악이 발생하는 사회에서 사는 사람들이 마음이 완고해 졌기 때문에, 이 경우에 있어서는 하나님이 허락하신 뜻에 대해 특별한 신학적 주해를 달아야 하는 것이 아닐까? 물론 어려서부터 학대를 받으며 어른이 된 사람의 무뎌진 마음을 그 사람 탓으로 돌려서는 안 된다오히려 베풀어야 할 모든 자비와 후원은 이 사람에게 돌아가야 한다는 사실을 분명히 해야 한다. 다차원적 치료가 이 사람의 욕구를 변화시킬 수 있을 것이다.

3. 예수와 "하나님 나라를 위해 스스로 고자가 된 사람." 마19:10~12

이혼과 관련된 주제로부터 하나님 나라를 위해 "결혼하지 않는 것이 더 낫다"며 하나님의 뜻을 천명하는 예수의 가르침을 제자들의 결론으로 선언하는 것은 마태가 예수의 가르침을 제대로 경청하였음은 분명하게 드러낸다. 예수는 이러한 강경한 도덕적 입장을 드러내는 그의 가르침을 모든 사람들이 받아들일 수 없다는 사실을 인정하였다. 그래서 문화적 표준으로서 최소한 너무 강경하거나 준엄하지 않은 대안을 제시하였다. 예수는 세 가지 유형의 고자가 있다고 했다: 하나는 나면서부터 고자인 사람, 그 다음은 인간적인 방식에 의해 고자가 된 사람, 그리고 "하나님 나라를 위해" 스스로 성적 금욕생활을 선택한 사람이다. 북미의 문화에서 특히 성적인 관계에서 하나님의 뜻을 어기지 않으려고 스스로 고자가 된다는 것은 거의 고려할 사항이 아니거나 언급되지 않을 만큼 충격적인 내용이다. 그러나 그것이 예수 전통을 드러내는 본문이 제시해 주는 말씀이다. 더 나아가, 독신은 예수와 바울에 의해 존중되었으며 수 세기 동안 로마 가톨릭 교회, 그리고 몇몇 개신교 교단에 의해 존중되어 왔다.3 만약 동성애 문제와 노예 문제 혹은 기독교의 전쟁 참여 간에서 어떤 해석학적 유사성이 있다면, 동성애에 대한 현재 논쟁을 진지하게 다룰 때, 정말로 예수께서 동성애 주제를 결코 언급하신 적이 없다고 말할 수는 없다.

4. 간음에 대한 예수의 입장. 마5:31~32, 눅7장, 요4장, 8:1~12

마가복음 10장과 마태복음 5장 32절에서, 예수는 간음이 하나님의 뜻을 어기는 것이라고 분명히 언급하셨다. 그러나 누가복음 7:36~50과 요한복음 4장에서 예수는 간음한 여인들을 피하지 않으셨다. 아마도 누가복음 7:36~50에 나오는 여인은 결혼을 하지 않은 도시의 창녀였던 것 같다. 오히려 예수는 그들과 함께 어울리고 간음한 여인과 창녀와 함께 말을 섞음으로 바리새인의 규범을 확실하게 어기셨다. 누가복음 7장은 죄를 회개한다는 맥락에서 그 여인의 호의를 받아들이기까지 했다. 이러한 가르침을 동성애의 맥락에 적용할 때, 우리는 진정한 기독교 방식이야말로 동성애자들을 추방하거나 그들과 어울리지 말도록 할 것이 아니라, 사회적 소외계층으로부터 스스로 자유로워 질 수 있도록 해야 한다. 그리고 예수께서 이 두 경우에서 분명히 보여주신 것처럼 죄의 용서를 통해 자기 이해에 변화를 제공하는 등 '제 3의 방식' 그들의 죄를 받아들이지도 말고 그들을 정죄하지도 말라는을 제공할 수 있어야 한다. 그리고 요한복음 8장에 이중적인 판결, 즉 간음하다 현장에서 잡힌 여인을 고소하는 남자들을 향한 판결과 고발당한 여인에게 주어진 "가서 다시는 죄를 짓지 말라"는 판결이 동시에 들어있다는 사실을 분명히 언급해야만 한다. 항상 그렇듯이 복음서에서 예수는 죄인으로 여겨지는 이러한 사람들을 향해 자비를 베푸시는데 조금도 주저하지 않았다.

5. 죄인과 세관원, 문둥병자, 가난한 자 등의 소외된 사람과의 연합.

성서를 읽는 거의 모든 독자들은 예수께서 바리새인들이 당황해하고 경악할 정도로 사회의 소외된 사람들과 함께 하셨다는 것을 잘 안다. 학자들은 "죄인"이라는 단어가 어떻게 정의되는지 즉 그것이 제대로 된 희생제물을 살 수 없는 가난한 사람, 부정하거나4 혹은 이방인들이 포함되는지 아닌지 일치를 보지 못했다. 그러나 일반적으로 유대인으로써 로마의 통치와 공모하여 충성을 다짐했던 세관원들이 죄인이었다는 데는 동의한다. 병을 전염시킬 것이라는 두려움 때문에 문둥병자들은 공동체 밖에서 살도록 추방되었다. 유대법을 엄수하는 사람들은 정결한 것을 오염시키거나 희생 제물로 정해진 동물을 사지 못하도록 규제하기 위해 가난한 사람들과 그들의 직업을 부정적으로 여겼다.

분명한 것은 예수께서 문화적으로 서열과 지위가 매겨져 있는 이러한 사람들과 식탁을 함께 하셨다는 점이다. 그가 선포한 팔복 중 첫 번째가 가난한 자들을 위해 축복을 약속하신 내용이다. 마태복음 5:3은 "심령이 가난한 자"라고 되어있는데 이는 사회적인 지위 때문에 "상처 입은 마음"을 가진 사람을 뜻한다. 복음서가 예수의 모습을 이렇게 분명하고 강하게 그렸다는 것은 예수의 진정한 제자들이 동성애 성향을 가진 사람들과 동성애자들을 환영하고 받아들이라는 의미처럼 보인다. 그러나 그렇게 헌신한다고 해도 그 자체로서 문제는 해결되지 않는데 거기에는 두 가지 이유가 있다.

a〉 첫 번째 이유는 동성애 논쟁을 죄로 이야기 할 때, 동성애 성향에 대한 것이 아니라, 동성 행위자인가 아닌가 하는 점과 맞물려 있기 때문이다. 때때로 리더들을 포함하여 교회 내의 어떤 사람들은 동성행위를 죄로 간주할 것이 아니라, 아무런 흠이 없는 정상으로 보아야 한다고 말한다. 그러나 만약 이것이 정말 그렇다면, 예수께서 가르치신 말씀과 그의 강한 입장은 우리가 토론하는 상황에 적합하지 않게 된다. 왜냐하면 게이나 레즈비언들이 스스로를 죄인으로 생각하지 않고 사회가 자신들을 그런 눈으로 보길 원치 않기 때문이다. 그러한 편견 없는 사회야말로 예수께서 성취하시기 위해 오신 변화된 사회의 모습이기도 하다. 그러나 이러한 계획안은 성서와 여러 세대를 거쳐 내려온 교회에 의해 죄로 여겨졌던 동성 행위가 실제로 죄가 아닐 경우에만 해당된다.

b〉 내 생각에 두 번째 이유는 매우 충격적인데, 예수께서 그 어느 곳에서도 자신과 절친했던 죄인들의 죄를 너그러이 용서하지 않으셨다는 사실이다. 오히려 예수는 세관원이었던 레위, 죄지은 여인, 혹은 탕자소외된 죄인들을 향한 예수와 아버지의 입장을 잘 요약해서 보여준 이야기에게 사회 속에서 변화된 지위를 갖도록 능력을 부여하셨다.

6. 동정심과 거룩함이라는 예수의 윤리.

최근 예수의 문학에 있어서 소외된 사람들과 함께 하셨던 예수의 모습은 바리새인들의 거룩한 윤리와 반대되는 것으로써 "동정심의 윤리"

혹은 "동정심의 정치"라고 불린다. 마커스 보그Marcus Borg는 그의 책, 『예수: 새로운 비전』Jesus: A New Vision에서 동정심과 거룩함을 주장하고 있다. 바리새인의 윤리를 주장하는 한 그는 옳다. 그러나 예수께서 성서 구약의 근본적인 소명인 거룩함을 경시했다는 견해를 고수하는 것은 잘못된 주장이다. 세리와 죄인들과 함께 한 것을 포함하여 전체 복음은 예수가 하나님의 거룩함을 구체적으로 실현했다고 증거한다. 나의 판단으로 볼 때, 동정심을 위해 거룩함을 희생시키는 것은 너무나 값싼 거래다. 예수의 독특함은 정확하게 이 두 가지를 동시에 아주 구체적으로 실현하셨다는 데 있다. 이것이 바로 그의 성육신의 핵심이기도 하다. 보그의 이러한 공리를 받아들이는 것은 복음서들을 바울과 베드로와 모순되게 만드는 것이다. 왜냐하면 이러한 모든 기록들은 거룩한 생활로의 부르심을 아주 명백하게 제시하기 때문이다.

7. 정의, 심판, 그리고 자비.

신약성서에서 정의, 의는 그리스어로 한 단어명사 혹은 동사를 번역한 것이다. 누가는 바리새인들과 반대로 예수께서 진실로 "의롭고/공정한" 사람이라는 점을 특별히 보려주려 하였다.23:47 5 누가가 기록한 이야기에서 이러한 모습은 바리새인들의 외식하는 의와 대조적으로 기록되어 있다. 예수의 "의"는 새로운 사회를 알리는 예수의 메시아 선언과 연결되어 있다. 이는 로마의 환심을 사려는 것도 아니고 로마를 저주하는 것도 아니며 바리새인들의 경건함을 시인하는 것도 아니었다. 유대인들이 예수의 탓으로 돌렸던 죄목, 그래서 그를 로마에 넘겨주게 되었던 죄목은 그가 사회를 동요시키는 사람, 더 나아가 국가의 안전을 위협했다는 것이었다.23:2

우리가 인정해야 할 것은 종종 동성애 논쟁에서 등장하는 정의라는 현대 개념들이 복음서에는 등장하지 않는다는 사실이다. 오히려 구약성서에 자비와 함께 등장하는 정의의 개념이 보다 더 분명하게 드러나 있다.6 하나님께서 믿는 사람들을 의롭다고 하셨던 것처럼, 바울에게 정의는 하나님과의 관계에 있어서 연약하든무력하든, 죄인들이든, 원수들이든 믿는 사람이 곧 의로움의 부분이거나 의로움 그 자체였다.로마서 5:6~11. 7 로마서 1~2장은 이러한 선언을 천명하기 위한 무대의 배경으로서 모든 사람들을 비난하며 예수 그리스도의 일 즉 우리의 모든 죄를 덮기 위해 흘리신 피를 통해 잠재적으로 구속받아야 할 존재로 규정하고 있다.

전체 신약성서는 물론 복음서는 계속해서 심판을 강조하였다. 특히 죄에 대해 용서를 구하지도 않고, 회개하지도 않는 사람들, 즉 예수의 말씀을 마음에 두지 않은 사람들에 대한 심판을 지속적으로 강조하고 있다. 아주 사악하기로 유명한 소돔과 몇 사람을 제외하고는 예수의 능력을 듣고 보았음에도 하나님 나라를 믿지 않고 들어가려 하지 않았던 고라신, 벳세다, 가버나움보다 이스라엘의 하나님을 몰랐던 이방인들의 도시 두로와 시돈이 심판 날에 더 견디기 쉬울 것이라고 기록하고 있다. 자주 강조되는 것과는 반대로, 지혜sophia 전통으로 등장하는 마태복음과 누가복음에서조차 예수는 심판에 있어서 그다지 너그럽지 않았다.

8. 훈계와 자비를 요청하신 예수의 부르심.

마태복음 18:15절은 끊임없는 자비를 실행하기 위해 권고와 함께 교회가 훈계를 실천하도록 해야 한다는 이야기의 연속선상에서 놓여있는 핵심 성서구절이다. 15~18절은 회중 내에서 규율을 어기거나 죄를 지은 사람에게 어떻게 말해야하는지 과정을 잘 설명하고 있다. 회중을 신실하게 유지하고자 하는 강한 욕구에 의하여, 필요하다면 용서와 화해8를 수반하는 회개와 더불어 세 가지 단계개인적으로 권고함, 분변을 위해 다른 형제·자매를 데려옴, 죄를 지은 사람을 이방인 혹은 세리처럼 여기기 전에 필요한 회중의 행동의 행동이 요구된다. 이것이 바로 그 본문이 일이 발생하면 즉시 용서에 초점을 맞추어야 하는 이유다. 베드로는 사람이 얼마나 자주 용서해야 하는지 근심스런 눈초리로 캐어물었다. 그에게 주어진 예수의 대답은 매우 충격적이었는데, 일흔 번씩 일곱 번이라도 용서해야한다는 내용이었다. 그리고 곧 이어 무자비한 종에 관한 비유를 들려주셨다. 비록 종의 주인이 그의 빚을 탕감해 주고 자유롭게 풀어주었으나, 그 종은 자기에게 빚진 사람을 만나 빚진 사람이 갖고 있는 마지막 10원까지도 모조리 빼앗아갔고 결국 빚을 갚지 못한 그를 감옥에 가두어 버렸다. 이 소식을 들은 종의 주인은 그를 불러들여 그의 무자비한 행동을 꾸짖고, 탕감해 주려 했던 빚을 갚을 때까지 그를 감옥에 가두어 버렸다. 이 비유를 들려주신 후, 예수는 "만약 너희가 각각 진심으로 자기 형제자매를 용서해 주지 않으면, 나의 하늘 아버지께서도 너희에게 그와 같이 하실 것이다"마태복음 18:35고 말씀하셨다.

마태복음의 이 본문과 다른 본문을 사용하면서, 리차드 헤이스Richard Hays는 마태의 윤리는 엄격하면서도 자비로운 윤리라고 그 특징을 묘사하였다.9 예수의 제자들은 한편으로는 완전함의 윤리혹은 사랑을 완성하는 윤리로 또 다른 한편으로는 우리에게 죄를 지은 사람들을 향해 자비와 용서를 무제한적으로 베푸는 윤리로 부름을 받았다.마태복음 8:21~22 동성애 주제에 대해 우리 나름대로의 해결 방법을 찾는 동안 우리가 기억해야할 중요한 단어들이 있다. 교회로서 우리는 잘못을 저지른 사람들에게 사랑으로 회복을 추구하는 목적과 함께 직접적으로 말하는데 실패하는 것 같아 보인다. 우리가 처한 현재 입장에서 어떻게 이러한 주제를 다룰 것인지 대화하다가 종종 논쟁의 방향이 이 잘못이 우리에게는 없는지 하는 모습으로 전환되곤 한다. 그래서 동성애 주제를 다루는 것은 그리 간단하지 않다. 그러나 용서와 자비의 동기는 이 주제를 바라보는 우리의 관점과 더불어 해결 방식을 발견하는 내내 우리 모두가 가져야만 하는 태도이다.

예수의 가르침에 대한 해석학적 중요성을 다룬 위의 여덟 가지 시도 중 동성애 주제에 대해 씨름하고 있는 우리들은 어느 지점에 있을까?[10] 나는 우리의 관점을 세 가지로 정리해 보았다.

1. 해석학적 입장에서, 동성애 논쟁을 위해 예수께서는 아무것도 말씀하지 않으셨다는 입장을 받아들일 수 없다. 이혼에 대해 함정을 파 놓은 질문에 답하시면서 창세기 1:27과 2:24을 인용하심으로써 동성애에 적절한 답을 하신 것은 마가복음 10:35~45의 본문을 노예를 위한 본문으로 삼는 것[11]이나 전쟁을 주제로 한 토론에서 원수를 사랑하라고 명령하신 것과 똑같은 이치이다.

2. 예수의 가르침과 모범은 동성애 성향을 가진 사람이나, 더 나아가 언약에 기초하여 결혼한 동성애자나, 아주 난잡한 동성애자를 포함한 모든 사람들을 환영하고 받아들이라는 부르심이다. 누가복음 7장에서 예수께서 받아들이고 하나님 앞에서 용서를 선언한 대상은 정말로 난잡한 죄인이었다.

3. 일상생활에서 우리가 보이는 반응은 모든 사람을 받아들이라는 것이다. 그러나 예수께서 그리고 성서가 보다 폭넓게 선언하고 있는 하나님의 뜻을 어긴 "행동"을 받아들일 수 없다. 우리는 거룩함을 동정심과 바꾸거나 혹은 동정심을 거룩함과 맞바꿀 필요가 없다. 예수께서 보여 주신 가르침 중 마지막 네 개를 반대하며 첫 번째 네 개에 강조점을 둔다면 함정에 빠지는 것이다. 예수를 닮기 원하는 사람들에게 위에서 이야

기한 여덟 개 항목 모두가 필수다. 예수와 하나님과 성령의 능력 안에서만 예수의 존재와 여덟 가지 차원의 가르침을 교회적으로 증거할 수 있고 우리가 처한 현재 상황에서 복음의 변화시키는 능력을 잘 감당해 낼 수 있다.

마태복음 5:32의 예외 조항과 더불어, 우리는 교회가 어느 정도 문화적으로 조정 하면서 살아가야 한다는 사실을 인정할 필요가 있다. 그렇지만 이것이 우리 인생이혼과 재혼을 위해 하나님께서 가지셨던 비전이 사라졌다는 뜻은 아니다. 인간의 상황이라는 맥락과 더불어 구약의 백성들과 제도왕권과 전쟁를 사용하셨던 것처럼,12 하나님은 동성애 실재의 한 가운데에 씨름하고 있는 교회를 사용하셔서 모든 사람들에게 구원을 가져오기 위한 자신의 목적을 이루실 수 있다. 무엇보다 동성애라는 상호관계적인 주제를 우리가 무시하지 않도록 해야 한다.

우리가 동의하지 않는 사람들을 이해하고 상대의 목소리에 귀 기울이는 노력과 더불어 다음의 두 가지 본질적인 내용을 기억해야만 한다.

1. 동성애라는 주제는 무수한 견해들이 존재하지만 일반적으로 동의하는 면들도 있다.13
- 이성애든 동성애든 학대와 난잡한 행위에 대한 비난
- 비록 인과관계 및 변화의 실행가능성에 대해 서로 다른 이해들이 존재하지만, 동성애 성향이 존재한다는 실재 인정14
- 동성애자들을 포함한 모든 사람을 사랑하고 존중하기 위한 헌신
- 기독교 윤리는 기독교인을 위한 것이라는 사실
- 이 주제와 관련된 윤리적 분변은 사적인 혹은 개인적인 일이 아니라 공동체의 주제라는 것

2. 우리 사회 내에서 뿐만 아니라 교회 내에 존재하는 주제로서 동성애는 정치적인 주제가 아닌 목회적 주제이므로 목회자는 멤버들을 돌아보아야 한다. 불행하게도 동성애 이슈는 너무나 정치화되어서 도덕적 분변을 위한 대화시도조차 무시되고 있다.15 내가 염려하는 것은 캐서린 그린-맥크라이트Kathryn Greene-McCreight가 쓴 논문 "성윤리에 대한 교회의 논쟁과 성서해석의 논리The Logic of the Interpretation of Scripture and the Church's Debate over Sexual Ethics"에 다음과 같이 잘 표현되어 있다.

> 내가 두려워 하는 일은 이러한 동성애 논쟁이 미국 정신과 협회의 정치적 로비와 권력의 수단으로 악용될 수 있다는 점이다. 만약 그렇게 된다면, 어느 편이 "이기든지," 교회는 완전한 사랑, 즉 모든 두려움을 내어쫓고 우리의 순종과 깊은 감사의 마음을 요구하는 그리스도의 사랑을 증명할 기회를 잃는 것이다.16

나의 희망이자 기도제목은 교회가 동성애 문제를 지속적으로 다룸으로써 우리가 교회의 정황 속에서 탈정치화하고 하늘의 지혜를 추구하는 것이다.

기도

하나님, 동성애자들과 그들의 가족의 상처를 치유하시며, 이 이슈 때문에 교회가 나뉘지 않게 하소서. 동성애 이슈에 있어서 우리가 잘 알지 못하는 요소들이 있음을 인정하도록 도우시며, 예수께서 약속하신 것처럼, 성령 하나님께서 우리를 모든 진리로 인도하시길 기도합니다. 하나님의 지혜와 자비와 은혜가 모든 것을 변화시키는 사랑 안에서 하나가 되게 하옵소서.

예수의 기도

하늘에 계신 우리 아버지, 그 이름을 거룩하게 하여 주시며,

그 나라를 오게 하여 주시며, 그 뜻을 하늘에서 이루심 같이,

땅에서도 이루어 주십시오.

오늘 우리에게 필요한 양식을 내려 주시고,

우리가 우리에게 죄 지은 사람을 용서하여 준 것 같이

우리의 죄를 용서하여 주시고,

우리를 시험에 들지 않게 하시고, 악에서 구하여 주십시오.

[나라와 권세와 영광은 영원히 아버지의 것입니다.]

아멘. 마태복음 6:9~13

후주

1) Lorraine Ali and Julie Scelfo, "Choosing Virginity," *Newsweek* (9 December 2002): 61.
2) Robert A. Gagnon, *The Bible and Homosexual Practice* (Nashville: Abingdon Press, 2001), 제3장. *The Mennonite Quarterly Review* 76:2(April 2002) 221~22에 실은 그의 책에 대한 서평에서, 나는 다음과 같은 말을 하였는데 이것이 이번 장의 요약이다.

   다른 사람들의 논문과 비교해 볼 때, 동성애 주제에 대해 예수님이 어떻게 반응 하셨는지를 다룬 가그논의 입장은 아주 독특하다. 그는 성적으로 관용을 보인 예수에 대한 통념이 실제로 성서본문을 세밀하게 조사한 데서 나온 것이 아님을 설득력 있게 제시하였다. 예수는 간음과 이혼에 대해 매우 엄격한 입장을 취하셨다. 특히 이혼에 대해서는 몇 가지 예외 조항을 두었던 바울의 입장(고린도전서 7장) 보다 더 엄격하다. 죄인들을 받아들이셨던 예수의 용납은 당연히 회개와 변화를 먼저 요청하셨고 성적인 죄인들을 다루실 때에 다른 죄인들과 별로 다르지 않게 대하였다. 선한 사마리아인의 비유를 우리 중에 존재하는 동성애를 일반화시키기 위해 "새로운 사마리아인"의 비유로 말하는 것은 호소력이 있는 것 같아 보이지만, 누가가 사용한 비유의 정황 속에서 볼 때, 그 개념은 아무런 근거도 갖고 있지 않다. 오히려 이러한 시도는 "원수"를 "이웃"으로 여기도록 재개념화 시킨다(226). 우리를 위해 "잃어버린 자"들과 "병든 자"를 구하시고자 했던 예수의 열정은 "동성애자들까지 포함" 한다. 가그논의 결론적인 문장은 전체적으로 희망을 부여하려는 그의 정신을 그대로 반영하고 있다: "구체적으로 이것은 그들을 미워하라는 의미가 아니라, 그들의 집을 방문하며 그들과 함께 먹고 사랑으로 말하고 행동하라는 의미이며, 하나님의 법에 대한 좋은 소식들로 소통하며, 그들이 회개하고 집으로 돌아올 때 함께 파티를 열고 그들을 믿음의 공동체로 온전히 받아들일 준비를 하라는 것이다"(228).
3) 이 점에 있어서, 마이클 맥클라우드(Michael J. McClymond)가 쓴 정교하고 도발적인 논문은 진지하게 고려되어야만 한다: "The Last Sexual Perversion: An Argument in Defense of Celibacy," *Theology Today* 57:2 (July 2000): 217~31.
4) 유대인 신약학자인 파울라 프레드릭슨(Paula Fredriksen)은 토라의 가르침과 유대주의에 있어서 무엇이 "부정"(정결법)한 것이고 무엇이 도덕적인 죄인지 구분하는 근본적인 차이를 제대로 보여주었다. (레위기 법의 관점에서) 부정하다는 것은 죄로 간주되지 않는다. 그것은 정화를 필요로 한다. 주께 "가증스러운 것"(레위기 18:25, 28~30, 20:3)이라고 칭해지는 도덕적인 죄(때때로 종교적 혹은 영적인 부정함)는 회개와 희생제물을 통해 속죄를 필요로 하는 것이다. 그녀의 탁월한 글 *Jesus of Nazareth, King of the Jews* (New York: Alfred Knopf, 1999), 62~69를 보라.
5) 이 점에 대해서는 평화 및 성서 연구소를 통해 발행한 나의 책 *Love of Enemy and Nonretaliation in the New Testament* (Louisville: Westminster/John Knox Press,

1992), 163~65에 실린 "Luke's Transforming of Tradition: Eirēnē and Love of Enemy"라는 장을 보라. 더 나아가 누가복음 23:47의 죄없는innocent 이라는 단어가 잘못 번역되었다. 흠정역에 사용된 의로운(righteous)이라는 번역이 맞다 (ibid. 164). 보다 더 많은 설명을 보려면 Willard M. Swartley, *Israel's Scripture Traditions and the Synoptic Gospels: Story Shaping Story* (Peabody, Mass.: Hendrickson, 1994), 137~38, 234와 각주 95를 보라.

6) Millard Lind의 책 *Monotheism, Power, and Justice: Collected Old Testament Essays, Text-Reader Series*, 3(Elkhart, Ind.: Institute of Mennonite Studies, 1990), 82~103에 들어 있는 "Transformation of Justice: From Moses to Jesus"라는 장을 보라.

7) 예수와 바울이 정의를 어떻게 다루었는지 탁월한 분석을 통해 회복적 정의를 강조한 Christopher D. Marshall의 Beyond Retribution: *A New Testament Vision for Justice, Crime, and Punishment* (Grand Rapids: Eerdmans, 2001), 특히 35~95를 보라. 여러 시대의 많은 주요 사상가들에게 정의가 얼마나 다른 의미를 띠고 있는지, 어떻게 정의의 개념이 이념적인 문제에 따라 다양하게 사용되었는지 이해하기 위해서 Alasdair MacIntyre의 *Whose Justice? Which Rationality?* (Nortre Dame, Ind.: University of Notre Dame Press, 1988)을 보라.

8) 교회의 훈계에 관한 세 가지 주요 연구 중 첫 번째 것은 강력히 일독을 추천할 만한 글로 John Howard Yoder가 쓴 논문이다. 이 논문으로 맨 처음 Concern 14 (1967)에 실렸다가 두 번째로 중요한 연구인 John White and Ken Blue, *Healing the Wounded: The Costly Love of Church Discipline* (Downers Grove, Ill.: InterVarsity Press, 1985)의 부록으로 출간된 "Binding and Loosing"을 들 수 있다. 이 글은 현재 Yoder의 책 *Body Politics: Five Practices of the Church before the Waiting World* (Scottdale, Pa.: Herald Press, 2001 대장간 요더총서 3권, 『교회, 그 몸의 정치』), 1~13에 축약된 형태로 실려 있다. 세 번째 중요자료는 Marlin Jeschke, *Discipling in the Church: Recovering a Ministry of the Gospel*, 3rd ed. (Scottdale, Pa.: Herald Press, 1988)이다.

9) Richard B. Hays, *The Moral Vision of the New Testament: Cross, Community, New Creation* (San Francisco: HarperCollins, 1996) 97~104.

10) 또 다른 타당한 분문이 마태복음 1장에 기록되어 있는 예수의 족보인데, 이 족보에 언급된 모든 여인들이 성적인 음지에 있었다. 이것은 하나님께서 자신의 목적을 이루시기 위해 메시아에 이르는 출생계보에서 조차 사회적인 치욕을 견디며 사는 사람들을 사용하셨음을 드러내는 것이다. 이러한 점을 통해 적절성을 담보하는 한편, 이는 동성애를 반대하는 날카로운 면이기도 하다. 왜냐하면 동성애는 구약과 유대인들의 가치의 중요성에 있어서 결코 작게 여길 수 없는 출생계보에 이를 수 없기 때문이다. 어떤 동성애 관련 글이 제시하는 것처럼 나는 동성애 금지가 본질적으로 이스라엘의 강한 군대를 유지하기 위해 아이들 혹은 남자를 낳아야 한다는 필요성과 관련되어 있다고 생각하지 않는다. 이러한 생각은 하나님을 전사로 묘사하는 구약의 전쟁 신학과 연관되어 있지만, 전쟁에서 승리하기 위해 숫자를 급격히 줄였던 기드온의 사건과 맞지 않는다. 신약성서는 특히 하나님 나라를 위해 독신에 가치를 부여함으로써 이러한 자녀 출생의 우선순위를 상당히 진정시켜 놓았다. 이것은 유대주의와 신약의 기독교 사이에 결정적인 차이가 있음을 나타내 주고 있다.

11) 마지막 경우는 특히 위험한데 왜냐하면 디모데전서 6:1~6과 다른 신약 성서 본문이

교회 회원들 사이에서조차 노예 제도를 지속했던 것을 가정하고 있기 때문이다. 이 성서말씀이 교제 안에서 새로운 발판을 놓았다하더라도 노예제도를 비난하거나 직접적으로 거스르지는 않고 있다. 월터 윙크(Walter Wink)는 *Homosexuality and Christian Faith: Questions for Conscience for the Churches* (Minneapolis: Fortress Press, 1999)라는 책의 "Homosexuality and the Bible"이라는 논문에서 노예 관련 주제와 동성애 주제를 여러 차례 등치시켜 설명하였다. 이 점에서 그가 놓친 것은 노예제도가 현재 우리 시대에서 원리상 도덕적으로 "잘못된 것"으로 여겨지지만 성서와 당시의 문화에서는 받아들여졌다는 사실이다. 그러나 동성애자들의 성 관계는 성서에 의해, 성서 안에서 "잘못된 것"이며, 현재 우리 시대의 어떤 상황에서 괜찮은 것으로 바뀌고 있다. 고대에 "괜찮은 것"이라 여겨졌던 풍습에서, 현재 도덕적으로 "잘못된 것"으로 바뀌는 것이 있는 반면, 당시에는 "잘못된 것"이었다가, 지금은 "괜찮은 것"으로 인정되는 것이 있다.

12) 이것은 가이 허쉬버거(Guy F. Hershberger)가 그의 책 『전쟁, 평화, 무저항』*War, Peace, and Nonresistance* (대장간 역간, 2012)에서 구약의 전쟁 문제를 해결하기 위해 사용했던 것과 같은 용법으로 여겨진다. 아마도 여기에서의 용법은 어떻게 하나님께서 동성애 관계를 이해하시는지 알기 위한 인상적인 유비로 보인다. 몇 년 전 나와 동성애 주제를 놓고 대화하던 내 조카는 동성애 연합을 왕권을 요구했던 이스라엘의 욕망과 비교하였다. 이러한 것들이 창세기와 예수 안에서 하나님께서 선언하시고자 하는 뜻을 제대로 드러나지는 않았지만, 여전히 하나님은 사람들을 통해 일하신다. 비록 구약에서 왕권에 대한 비난(호세아 8:4, 13:11)과 예수 자신으로부터 비난(마가복음 8:27~33)의 목소리가 없던 것은 아니지만, 실제로 하나님은 왕권이라는 제도를 통해서 메시아적 희망을 탄생시키셨다. 보다 더 많은 내용을 살펴보려면 Millard Lind, *Yehweh is A Warrior* (Scottdale, Pa.: Herald Press, 1980) 특히 7,8장을 참고하라.

13) 새로이 형성된 메노나이트 교회 교단들 특히 캐나다와 미국의 메노나이트 교회들.

14) 우리 문화에 있어서 (비록 어떤 사람들은 선택을 하지만) 대부분 동성애자들이 선택의 문제가 아니며, (비록 어떤 사람들은 변화가 가능하지만) 모든 사람들이 동성애 성향과 욕망을 변화시킬 수 있을 것이라 믿지 않는다. 이 두 현실에 대한 예들은 너무나 많다. 레즈비언들을 위한 Bernadette Brooten 성명서에서 볼 수 있듯이 어떤 사람들에게 동성애 관계를 선택하는 것이 분명하며, 이는 "가부장적인 사회로 보이는 현 상태에서 이들이 취하는 공적인 행동이자 선택"이다: *Love between Women: Early Christian Responses to Female Homoeroticism* (Chicago: University of Chicago Press, 1996), 243. 나는 많은 사람들에게 행동의 변화가 가능하다고 믿는다. 그러나 그러한 사람들은 기도 후원 그룹, 알려진 죄와 악행을 포기하겠다는 고백, 그리고 가능한 회복을 위한 치료 등 여러 후원이 필요하다. 보다 더 자세한 설명은 5장을 참고하라.

15) 유대 정신과 의사인 제프리 세틴오버(Jeffrey Satinover)이 밝히고 있는 정신과, 심리학, 사회기관 등 전문가 협회에서 이루어지는 정치적인 압력에 대한 설명을 읽으면서, 나는 이러한 압력을 주류 미국 사회가 감당해내기 힘들 것이라 생각한다. Satinover, *Homosexuality and the Politics of Truth* (Grand Rapids: baker Books, 1996), 31~48.

16) Kathryn Greee-McCreight "The Logic of the Interpretation of Scripture and the Church's Debate over Sexual Ethics," in *Homosexuality, Science*, and the "Plain sense" of *Scripture*, ed. David L. Balch (Grand Rapids: Eerdmans, 2000), 260.

4장
동성애 풍습에 대한 바울의 이해

동성애 행위에 관한 성서적 가르침을 이해하는 논란의 중심에는 바울의 원문, 특히 로마서 1:24~27과 고린도전서 6:9~11이 놓여있다. 좀 늦게 기록된 본문에서 볼 수 있는 도덕적 훈계는 적어도 목회서신인 디모데전서 1:10에서 부분적으로 되풀이 된다. 어떤 주석가들은 데살로니가전서 4:1~8의 본문도 직접적으로 연관되어있다고 본다. 왜냐하면, 이 편지에 교회 공동체의 형제들의 동성애를 의미하는 애매한 그리스어가 사용되었기 때문이다. 다른 주석가들은 이 본문에 사용된 그리스어가 도덕적인 실행에 관한 넓은 의미로 사용된 것으로 보고 번역하였다. 이번 장에서는 이러한 동성애 관련 원문들을 차례차례 검토하고자 한다.

로마서 1:24~27

이 성구는 그 기능상, 예수 그리스도의 구원 밖에 있는 인간 본성을 신학적으로 묘사하고 있기 때문에 동성애 이슈에서 가장 적절하면서도 중요한 본문이다. 본문은 세 번이나 되풀이 되는 요지, "하나님께서 그 인간들을 내버려 두셨다"24, 26, 28는 내용을 포함하고 있다. 24절에서는 사람들이 마음의 욕정*epithymiais*대로 하도록 더러움에 그대로 내버려 두시니, 서로의 몸을 욕되게 하였다고 기록하고 있다. 왜 하나님은 그들을 이렇게 내버려 두셨는가? 그 이유는 그들이 하나님의 진리를 거짓과 바꾸었고 창조주보다 창조물을 숭배하고 섬겼기 때문이다. 26절에 의하면 하나님께서는 사람들을 부끄러운 정욕*pathē*에 내버려 두셨고, 사람들은 자연적인 성의 사용*chrēsin*을 여자가 여자를 상대하고 남자가 남자를 상대하는 바르지 못한 관계(문자적으로는 자연에서 먼 *para physin*)로 바꾸었다. 세 번이나 반복되는 "하나님께서 그들을 내버려 두셨다"는 표현은 하나님께서 의도하신 실행을 인간들이 "바꾸었다"고 세 번 반복되는 것과 짝을 이루고 있다.

> "그들은 썩지 않는 하나님의 영광을 썩어 없어질 사람이나 새나 네 발 짐승이나 기어다니는 동물의 형상으로 바꾸어 놓았습니다."23
>
> "사람들은 하나님의 진리를 거짓으로 바꾸고 창조주 대신에 피조물을 숭배하고 섬겼습니다. 하나님은 영원히 찬송을 받으실 분이십니다. 아멘."25
>
> "여자들은 남자와의 바른 관계를 바르지 못한 관계로 바꾸고, 또한 남자들도 이와 같이 여자와의 바른 관계를 버리고 서로 욕정에 불탔으며, 남자가 남자와 더불어 부끄러운 짓을 하게 되었습니다."26~27

말하자면 "바꾸었다*metellaxan*"는 단어가 하나님의 영광을 형상들과 바꾸었고(23절), 하나님의 진리를 거짓과 바꾸었고(25절), 바른 관계를 바르지 못한 관계와 바꾸었다(26~27절)고 하는 설명에 세 번 사용된 셈이다. 하나님이 "내버려 두신 것"은 이렇게 사람들이 바꾼 결과이기 때문에, 어떤 사람에게 주어진 욕망은 거의 자유로운 선택을 불가능하게 만들었다. 여기서 바울은 개인의 상태를 말하는 것이 아니다.1 그러나 동성애 욕망desire과 행위practice는 하나님 두기를 싫어한 문화의 결과 즉 창조주 경배를 피조물 경배로 대치한 결과라고 여겨진다.25절 이러한 인간 조건의 곤경은 억압으로 시작하여, 사악함을 거쳐, 창조를 통해 하나님을 알만한 것이 있다는 기본적인 진리로 연결된다. 이렇게 "바꾼 행동들"이 우리의 행동이기에 인간은 변명의 여지가 없고, 하나님이 "내버려 둔" 행동은 당연한 결과가 되었다. 이러한 모든 것은 사람이 서로를 판단하고, 불법을 자랑할 뿐 아니라 죄 짓기를 계속하는 모습과 함께 하나님의 진노를 받게 되었고 결국 "모든 사람이 죄를 범하였습니다. 그래서 사람은 하나님의 영광에 못 미치는 처지에 놓여 있습니다."로마서 3:23라는 최종적인 결론에 이르게 되었다. 이와 같이 복음의 선물은 그리스도의 의가 우리에게 나타나는 모습으로 모든 사람에게 임하게 되었다. 우리는 세례침례 안에서 옛것에 대해 죽어야만 하고, 새것에 대해 부활해야만 하고, 우리에게 새생명과 평화를 주시는 성령을 따라 살면서 거룩하게 되어야만 한다.

로마서 1:24~27의 맥락은 보다 큰 시각에서 우상숭배를 일삼는 이방인과 유대인의 입장을 하나님의 의 앞에서 비난하는 바울의 고발장이다. 이러한 주장의 핵심은 자신의 사악함으로 진리를 억압하는 사람들이 창조 안에 분명히 드러나 있는 하나님을 알 수 없게 되었으며, 더 나아가 그렇게 진행된 사실조차 모르게 되었다는 것이다.2 왜 그럴까? 그 이유는 악한 행실들이 만물에 훤히 드러나 있는 하나님의 신성을 볼 수 없도록 만들었기 때문이다. 그래서 그들은 피조물을 경배하고, 그들이 알지 못하는 하나님을 대신하여 우상을 만들고, 예수 그리스도의 복음이 그들에게 선포되지 않으면 하나님을 알 수 없게 되었다. 그래서 그들은 예수 그리스도의 복음이 있어야 듣고, 이해하고, 받아들이게 되었다.로마서 10:14~17

바울은 다른 죄들을(로마서 1:29~31) 가장 설득력 있게 설명하기 위해 동성애의 욕망과 행위를 사용하였다. 그들은 이와 같은 일을 하는 자들은 죽어야 마땅하다는 하나님의 공정한 법도를 알면서도 자기들만 이런 일을 하는 것이 아니라, 이런 일을 저지르는 사람을 "인정"하기까지 했다.(로마서 1:32) 이 본문은 대개 이방 세계에 대한 바울의 설명으로 이해되지만, 그 어느 곳에서도 이 본문이 이러한 설명의 대상으로 이방인들을 구체화하지는 않았다.3 이렇게 다른 사람들을 판단하는 사람들에 대한 하나님의 저주를 선언한 후에, 바울은 2:9~11에서 다음과 같이 내용을 요약하였다. "악한 일을 하는 모든 사람에게는, 먼저 유대 사람을 비롯하여 그리스 사람에게 이르기까지, 환난과 고통을 주실 것이요, 선한 일을 하는 모든 사람에게는, 먼저 유대 사람을 비롯하여 그리스 사람에게 이르기까지, 영광과 존귀와 평강을 내리실 것입니다. 하나님께서는 사람을 차별함이 없이 대하시기 때문입니다." 이것은 1:17절의 순서처럼 유대인과 이방인에 대한 1:18의 언급 이후, 처음으로 등장한 것이다.

『로마서 주석』로마서 1:18~2:3로 나눈 부분에서 존 테이브스John E. Toews는 대부분의 주석가들과는 다르게 본문의 구조를 분석하였고, 이방인으로 추정하는 근거에 의문을 제기하였다.

> 이 부분은 공평한 심판ius talionis 즉 범죄, 재판, 처벌이라는 유대인의 치밀한 논리를 사용하는 아주 독특한 구조를 갖는다. 이 구조는 네 번에 걸쳐 반복되고 있다. 1:22~24, 1:25~27, 1:28~31, 1:32~2:3

범죄	하나님의 반응	도덕적 결과
22절. 스스로 지혜 있다고 주장하면서, 영광을 바꾸었다allassō	그들을 내버려 두심	24절-그러므로dio 그들을 더러움에 내버려두니 서로의 몸을 욕되게 하였다.

25절. 사람들은(hoitenes) 진리를 거짓으로 바꾸었다 metalassō	그들을 내버려 두심	24절-그러므로(dio), 성적으로 타락하게 되었다 (26,27절)
28절. 그들은 하나님을 알기에 적합한 생각이 없었다	그들을 내버려 두심	28절-마치 kathōs 생각이 없고, 불의와 악을 행함(28~31절)
32절. 사람들은 hoitenes 하나님의 공정한 심판을 알면서도	핑계하지 못함	2:1-그러므로 dio, 자기를 심판하고, 하나님의 심판이 임함

22~24절의 주제는 우상숭배로 인간들이 하나님의 영광을 사람이나 동물의 형상으로 바꾸어 놓았다는 내용이다. 23절은 시편 106:20과 예레미야 2:11을 인용하면서 시내산에서 있었던 이스라엘의 금송아지 예배를 언급한다. "하나님께서 그들을 내버려 두셨다"는 언어는 곧 하나님의 심판의 행동더러움에 그대로 내버려 두시니, 서로의 몸을 욕되게 하였다는 내용과 연관되어 있다. 여기에서 분명하게 드러난 내용은 성적 타락이다. 우상숭배와 성적타락의 결합은 구약과 유대주의에서 아주 통상적이다. 유대인들의 사고방식과 바울에게 우상숭배는 인간 죄의 뿌리이다. 그것은 모든 다른 죄로 연결된다. 그러나 "우상숭배는 성적타락으로 인도한다"는 논리는 대개 이방인들에게 적용되었다. 여기에서 놀라운 것은 바울이 편지에서 설명하고 있는 우상숭배가 이방인들이 아니라 바로 이스라엘의 불신앙 및 신실하지 못함과 연결되어 있다는 점이다.4

실제로 로마서 1:18절의 주장은 3:9의 "유대 사람이나 그리스 사람이나, 다같이 죄 아래에 있음을 우리가 이미 지적하였습니다"라고 결론지어진다. 그리고 3:23의 "모든 사람이 죄를 범하였습니다. 그래서 사람은 하나님의 영광에 못 미치는 처지에 놓여 있습니다."로 연결된다. 이와 같이 복음-선물은 모든 사람을 위한 것이다: 예수 그리스도의 의로움은 우리를 위한 것이다.

비록 이방인들이 특별히 언급되지 않았지만, 로마서의 이 본문은 아주 분명하다. 그러나 이방인들이라는 판에 박힌 표현의 범위는 어디까지일까? 마찬가지로 2:1~2에서 비록 유대인들을 특별히 언급하지 않았지만, 유대인들이라는 판에 박힌 표현의 범위는 어디까지 일까? 그러나 1:18~2:8이 이방인이나 혹은 유대인을 특별히 지정하지 않았다는 사실과 2:9이 범죄행위와 선한 행위를 언급할 때 그들을 포함하고 있다는 사실은 이런 판에 박힌 설명이 무엇을 나타내는지 함구하고 있다.5 분명히 바울의 신학적 목적은 위에 인용한 3장과 5장에 다시 등장하는 기본적인 취지로 이끌어가기 위함이었다. 즉 우리가 아직 연약하고, 죄인이었고, 원수였을 때, 하나님께서 우리를 의롭게 하셨다는 분명한 목적이 있다. 이 점에 있어서, 유대인과 이방인 사이에 존재하는 그 어떤 차이가 없고 있어서도 안 될 것이다.

우리가 기대하는 바처럼, 본문은 동성애 성향을 가진 사람과 실행에 옮기는 사람 사이에 차이를 두지 않는다. 반대로 현재 우리가 인식하고 말하는 것과는 달리 본문에서 그들은 아무런 차이가 없는 모습으로 서로 뒤섞여 있는 듯 보인다. 그러면 이 본문이 최근 몇 십년동안 서구 도시 문화에 널리 존재하는 동성애 행위에 대해 어떻게 말하는가? 우리 시대의 문화와 교회의 생활을 위해 윤리적 의무라는 규범을 제거하기 위하여 학자들은 다양한 방식으로 본문을 "설명한다." 나는 학자들이 주장하는 이러한 해석들과 근거들을 일곱 가지로 구분한 후, 각 해석이 얼마나 타당한지 적합성을 검증하고자 했다. 일곱 가지 구분은 다시 몇 가지 부류로 나눌 수 있다. 이들 중 두 가지는 꽤 새로운 이해로 본문이 사용하는 언어의 새로운 의미두 가지 모두 배경연구로 언어를 인식하고 있다를 제시한다. 나머지 다섯 가지는 본문의 역사적 혹은 문화적 배경에 보다 더 많은 초점을 맞추어 새로운 통찰력을 제시한다. 즉, 본문의 배경으로서 세상을 바라본다.

본문의 제안 접근법

1. 핵심 주제: "본성을 거스려against nature"

존 보스웰John Boswell의 로마서 1:24~27 해석은 단지 사람의 본성을 멀리하는즉 사람의 욕구와 갈등을 빚는 동성애 행동에 대해서만 말한다는 입장이다. 동성애 행동은 단지 비난의 대상일 뿐이다.6 그러므로 이성애자가 동성애 행위에 관여하는 것은 잘못된 일이다. 그러나 그들의 본성그들의 본성을 거스르거나〈para〉 과도한 모습이 아닌을 따라 행동하는 동성애자들에게 동성행위는 죄가 아니다.

이러한 해석은 바울과 성서말씀이 의도한 내용을 고려해 볼 때, 설득력이 없다. 우리 시대의 문화적 우월성에 입각한 지식으로부터 떠나 성서 본문을 다시 읽을 때만 해석이 가능할 것이다. 로마시대라는 보다 더 거대한 맥락에서 볼 때, 이러한 접근방식은 주된 논점을 무시함으로써 모든 사람들을 죄의 사슬에 가두어 놓는 처사일 뿐이다. 그러기에 리차드 헤이스가 지적한 것처럼 이러한 성서읽기는 단순히 본문의 의도를 훼손시킬 뿐 아니라, 시대착오적 해석이다.7 본문의 주된 논점은 순리가 완전히 뒤집어졌다는 점을 정확하게 말하고 있다.8 혹은 일전에 예일대학의 구약학 교수였고 현재 스코틀랜드의 성 앤드류 대학에 재직 중인 크리스토퍼 세이츠Christopher Seitz는 성서의 "평이한 의미"와 정반대되는 것이라고 표현했다.9

여기에서 "순리 혹은 본성"에 대한 바울의 호소는 고린도전서 11장에기록된 것처럼 덜 명쾌하게 그러나 특히 필로와 플라톤 이후부터 스토아 철학자에 이르기까지 그리스 저자들이 호소하는 바와 유사한 모습으로 자신의 주장을 표현했다. 수많은 저자들그리브〈Grieb〉, 스오델〈Schoede〉l, 프레드릭슨〈Frederickson〉 등:10 그러나 아래의 것은 컨트리맨〈Countryman〉의 설명이다은 이러한 본문에 미심쩍은 측면이 있다고 주석을 달았다. 이러한 본문과 동성애라는 특별한 주제와는 별도로, 도덕적 명령을 보증하기 위한 바울의 '본성'에 대한 언급은 지난 세기에 출간된 여러 주석서들과 논문들에서 폭넓게 논의 되었다. 그렇다면 바울이 여기에서 호소하려는 것이 순리와 역리가 무엇인지에 대한 진부한 문화적 관점이나 혹은 자연법의 신학적 교리였을까? "자연신학"은 바울이 만든 바로 그 주장과 상반된 입장을 보이는데, 그 이유는 인간들이 하나님의 계시에서 떠나 죄에 의해 눈이 멀어서 무엇이 자연계시의 증거인지 알 수 없기 때문이다. 제프리 새틴오버Jeffrey Satinover가 주장한 것처럼 본성에 대한 바울의 기본적인 설명이 아담과 하와의 공모 때문에 모든 사람이 본질적으로 죄인이라는 점을 명확하게 해준다고 주장할 수 있을 것이다.11 단지 하나님의 은혜와 그리스도와 성령님의 능력으로 말미암아 영적으로 다시 태어나야만 새로운 본성으로 살 수 있게 되는 것이다.로마서 6장, 에베소서 4:17~5:13을 보라

바울의 순리/역리의 사용을 이해하기 위해 다양한 제안이 제시되어 있는 가그논의 포괄적인 연구가 내린 결론을 살펴보자.

바울이 생각한 "본성"이란 "대개 일어난 어떤 것"예를 들어 문화적 관습이 아니라 "창조된 질서의 물질적 형태"로 우상숭배가 진리를 억압한다는 이전의 환영幻影에서 비롯된 것이 분명하다. 다른 말로 표현하자면, 하

나님께서 만드신 **물질계** 창조를 **시각적**으로 인지할 때, 이는 하나님의 본성과 하나님의 뜻에 대한 정신적인 인지로 연결되어야만 한다…. 마찬가지로 독자들은 1:26~27의 본성에 호소하는 표현을 읽을 때 최소한 기본적으로 남성과 여성의 몸성 기관의 적합성을 서로 보완한다는 시각적으로 읽어야 한다.12

폭넓게 알려진 개념 즉 바울의 문화적 환경 내에서 "순리적"이란 이성간의 성행위를 말하며, "역리적"이란 동성간의 성행위를 말하는 것이라는 개념과 전혀 반대되지 않는다. 그리고 "순리"에 대한 특별한 관점을 윌리엄 컨트리맨이 제시한 것도 아니며, 무엇이 "순리"이고 "역리"인지 하는 관점이 단순히 사람들의 시각적 감각에 의해 인지되는 것도 아니다. 그러나 이러한 모든 것을 넘어서 우리가 인정해야 할 것은 바울의 신학적 유산이 남자와 여자가 한 몸으로 창조되었다는 창세기 1~2장의 가르침 안에 믿음을 두고 있으며, 근본적으로 동성애 관계에 대한 그의 부정적인 관점으로 정리되었다는 사실이다. 이상이 나에게 설득력있게 다가온 가그논의 관점이다.

2. 동성애가 아닌 본래의 성적 열정.

데이빗 프레드릭슨David E. Fredrickson은 성관계, 동성애 혹은 이성애에 있어서 무엇을 비난해야 하는 지 정확하게 관찰하려고 유대인과 이방인의 문화적 맥락에서 로마서 본문을 세밀하게 조사하였다. 그는 현대 언어를 사용하여 일탈행동과 죄가 하나님의 진노를 불러일으킨다고 보았고, 이러한 일탈행동은 적절하지 않은 것으로, 성적인 열정을 통제하지 못했다는 것이라 제안하였다. 그러므로 로마서 1장에서 그는 *epithymia* 24절, *pathos* 26절, *ekkaio* 27절, *orexis* 27절, *planē* 27절이라는 용어에 주의를 집중했다. 그는 이러한 모든 단어들은 사람이 다스리지만 억제하지 못한 다양한 성적 욕정을 표현하는 단어들이며, 어떤 것이든 억제되지 않은 욕정들에 초점을 맞춘 것이라고 주장하였다. 그러므로 원문은 실제로 동성애 그 자체만 아니라, 동성애와 이성애 관계에 있어서 모든 억제되지 않은 성욕을 정죄하는 것으로 봐야 한다.13

프레드릭슨은 이 원문의 핵심 강조구절이 무슨 뜻인지 분명히 하였으며, 많은 그리스 저자들과 더 나아가 구약성서의 저자들은 불타오르는 욕정이 도덕적 타락의 원인이라는 것에 모두 동의한 것은 의심의 여지가 없다. 그러나 보스웰이 견지한 것처럼 이러한 해석은 욕정이 동성애적으로 표출되는 것에 대해 명확히 적용하지 못하게 했다. 비록 신약성서의 단어 포르네이아*porneia*가 그러한 의미를 담고 있기는 하지만, 이 본문에서는 이성간 관계의 억제되지 않은 욕정에 대해서는 아무 것도 언급되어 있지 않다. 만약 우리가 이 본문을 온전히 이해한다면, 정작 이러한 단어의 미묘한 차이를 통해서는 별다른 도움을 얻을 수 없다. 단어의 뉘앙스는 단지 어떻게 이 특별한 본문이 동성애 욕정에 있어 억제되지 않은 격정 혹은 욕정과 연관이 있는지 식별하지 못하게 할 뿐이다.

배경 이해 접근법

3. 문화적 정황 이슈: 남색.

로빈 스크로그스Robin Scroggs는 로마서 1:24~27이 교양 있는 그리스 문화에 있어 꽤나 일반적인 풍습이었던 남색을 언급하는 것이라고 해석하였다. 남색은 늙은 남자가 어린 소년과 양육부모 형태의 관계를 갖게 될 때, 그 아이의 전인적인 성장에 대한 책임뿐만 아니라, 그로부터 성적인 호의를 제공받을 수 있다는 상황을 전제로 한다.14 이러한 문화는 현재 우리 시대에서 언급하는 상호간의 사랑이라는 동성애 관계 유형과는 매우 다른 것이기 때문에, 스크로그스는 이 원문이 우리 시대의 동성애에 대해 말하는 것이 아니라고 설명한다. 이처럼 이 본문은 현재 우리가 교회 안에서 고려하는 사랑과 언약에 기초한 동성애 관계에 대해 말하는 것과 거리가 멀다.15

그렇다면 정말 스크로그스의 해석이 사실인가?16 바울이 로마 문화의 용어와 그리스 단어인 남색을 사용하지 않았다면, 우리는 스크로그스의 해석에 질문을 던져야 한다. 만약 바울이 남색이란 개념을 염두에 두었다면, 보다 더 널리 사용되고 있던 그리스어 *paiderastēs*를 사용할 수 있었고 당연히 이 용어를 사용했을 것이다.17 이런 이유로 스크로그스의 관점은 적절치 않다. 비록 이것이 "동성애 성향homosexual orientation"이라는 개념을 포함하고 있지 않지만, 바울은 단지 남색이란 뜻만이 아니라 이방 문화에 만연해 있던 동성애 관계의 폭넓은 범위를 염두에 두었다95쪽 브루텐〈Brooten〉의 설명을 보라고 설명하였다.

로마서 1:24~27은 남성 동성애 욕망과 실행에 반대해서만 언급하는 것이 아니라, 여성 동성애 욕망과 실행에 대해서도 분명하게 언급하고 있다. 그레코로만의 풍습에서 남색은 남자와 소년 간의 관계에 적용되는 것이기 때문에, 이 사실 그 자체로 남색의 개념은 설득력 있는 설명이라 생각되지 않는다.

4. 죄가 아니라 추잡함탐심

윌리엄 컨트리맨William Countryman은 어떻게 당시의 세계관이 성이라는 주제에 대해 글을 쓴 성서저자들에게 영향을 미쳤는지 세밀히 조사함으로써 동성애 주제에 대한 연구를 시작하였다. 그는 모든 문화는 무엇이 추잡한 것인지 정의하는 그 나름의 방식이 있다고 말한다. 서구 문화에서 우리는 더럽기 때문에 아이들에게 동전과 같은 특정한 물건들을 입에 넣지 말라고 한다. 이러한 관점에서 우리는 남녀가 옷을 바꾸어 입거나 동성애 행위 등을 받아들일 수 없는 행위로 이해할 수 있다. 왜냐하면 이러한 행위들은 정결법을 깨뜨리는 것이며 추잡한 것으로 여겨지기 때문이다. 왜 월경기간에 섹스를 하면 안 되는지에도 같은 논리를 사용한다.18 전형적으로 이방인의 성행위는 좀 추잡스러운 것으로 여겨졌다.

컨트리맨은 성적 금지의 내용과 당시 명예/치욕이란 문화에 대한 언급이 들어있는 소유본능과 탐욕 사이의 관계에 대한 폭넓은 연구라는 방식을 사용하면서, 로마서 1:24~27의 맥락을 분석하였다. 바울이 동성행위를 죄로 여겼다는 일반적인 개념과는 반대로, 컨트리맨은 그러한 행동은 이 본문에서 죄로 명시되어 있지 않다고 정확히 지적하였다. 바울이 죄를 위해 사용한 단어들 중 *hamartia, asebia, adikia* 같은 단어들은 여기에 하나도 나타나지 않고 있다. 로마서 1:18~23과 29~31의 우상숭배와 관련되어 사용된 죄의 언어는 사악함*adikia*이고 곧 바로 탐심*pleonexia*이 언급되었다. 그러나 24~27절에서 중립적인 의미로 보이는 핵심 단어들*epithymias*와 같은 단어는 욕정에서 열망에 이르는 어떤 것을 의미하는 것 같다을 사용하고 있으며 이는 이 본문이 이러한 것들을 죄가 아닌 정결을 더럽힌 것불결한 것 즉 몸을 더럽혀 치욕스럽게 된 모습으로 설명한 것이라 밝히고 있다. 이러한 사실과 더불어, 죄에 대한 두 개의 단어*asebia*와 *adikia*를 포함하고 있는 18절은 그 후 본문의 서론적 기능으로서 이후 단락이 단지 우상숭배에 대해 말하는 구절들이 아니라고 주장한다.

컨트리맨은 과거의 연속선상에서 이러한 개념을 유지하는 것으로 여기기 때문에, 바울의 순리/역리에 대한 이러한 논법들은 상당히 교훈적이다. 즉 로마서 11:24에서 이스라엘이 본성*kata physin*을 따랐던 것에 반해 이방인들이 접붙임을 받는 것은 본성*para physin*을 거스르는 것이라는 설명이 그 예다. 컨트리맨은 바울이 고린도전서에서 사용한 본성이라는 용어는 "사회적으로 훨씬 폭넓게 사용된 용어"로 여겼다. 만약 그것이 로마서 1:24~27의 의미라면, 그리스 세계가 동성애 교합을 받아들였기 최소한 몇몇 초기 그리스 작가들은 남색을 사랑의 최고봉이라고 여겼다 때문에 이 논쟁은 별로 흥미를 끌지 못할 것이다. 오히려 바울이 로마서 1:26~27에서 그리고 11:24에서도 말하고자 한 것은 "그 이방인들이 불결한 방식으로 하나님 앞에서 이성간의 욕망을 경험하였고, 그래서 그들의 '본성'이 변하여 과거와 함께 어떤 연속성을 잃게 되었다"는 의미이다.19

이러한 관점을 요약하자면, 컨트리맨은 "바울이 그러한 행동을 부정한 것, 수치스러운 것, 적절하지 못한 것, '순리를 거스르는 것'으로 기록하였으나, 그는 이러한 행위들에 대해 죄라는 단어를 적용하지 않았다. 대신에 그는 유쾌하지 않은 추잡한 측면의 동성애 행위가 이방 문화에 필수적이었다"고 기록하였다.20 이처럼 컨트리맨은 동성애는 죄가 아니라 "추잡한" 이방 문화의 한 부분으로 보여진 것이라고 주장하였다. 이와 같이 바울도 그것을 도덕적인 이슈가 아니라 "정결"이라는 이슈로 보았다.21

컨트리맨의 또 다른 중요한 공헌은 성윤리와 관련해서 구약과 신약, 특히 구약성서에 들어있는 "소유본능"의 개념과 역할을 철저히 조사한 것이다. 그는 예수와 바울이 하나님의 통치하심을 성관계와 가족 위에 둠으로써 성관계에 있어서 소유본능의 개념을 완전히 정리하고 변화시켰다는 입장을 고수한다. 그러나 구약성서의 관점들은 문화 속에 지속되었고, 그래서 성 범죄들은 최소한 부분적으로 가부장적 권위 및 수직적인 질서의 위반으로 간주되었으며, 다른 사람의 것을 탐내는 욕망에 의해 동기화된 것으로 간주되었다. 예를 들어, 간음은 그것이 다른 남자의 소유권을 침해한 것이기 때문에 잘못된 것이다.

정결과 소유권이 탐심과 결합되어 있다는 이러한 두 가지 세계관과 함께 성에 대한 성서의 가르침의 의미를 해설함으로써, 컨트리맨은 그 본문의 특수한 내용들을 성윤리에 관한 우리 시대의 삶으로 즉시 옮길 수 없다고 주장한다. 자신의 연구를 기본으로 하여, 그는 본문으로부터 얻을 수 있는 것과 오늘날 "우리의 성생활의 실제와 관련되어 있는 것을 판단하도록 실천하기 위한" 여섯 가지 원칙을 제시하였다.22

컨트리맨의 광범위한 연구는 도움이 되지만, 널리 퍼져있는 남성 소유권의 개념들이 성 규범 특히 구약의 성 규범지침을 결정하는데 어떻게 자리하게 되었는지 보여주기에는 그의 그림이 다소 포괄적이라는 약점이 있다. 예를 들어 만약 사람들이 레위기 18장에 기록되어 있는 명령으로써 "벌거벗고 있는 것"의 기준을 자세히 들여다본다면, 본문은 어머니의 하체는 아버지의 것이라고 말하고 있고, 아버지의 하체는 어머니의 것이라고 말하고 있다.18:7 그리고 그 이후의 여러 구절들에 "누구의 것"이라는 개념이 나타나는 데 그것은 마치 "소유권" 개념에 반항하는 것처럼 보인다. 컨트리맨의 연구에 따르면 이 점은 신약성서, 특히 예수와 바울에서 보다 더 분명하게 드러나기까지 한다. 그러나 컨트리맨은 문화속에서 소유권의 개념으로 주어진 이러한 근본적인 성격을 적절하게 강조하지 않았다. 고린도전서 7장에 나오는 주도권, 권리, 스스로의 권리포기가 이루어진 근본적으로 평등한 결혼에 있어서 남자와 여자, 그리고 독신에 대한 설명을 그 예로 들 수 있다. 이처럼 에베소서 5:18~33도 남편과 아내의 관계에 있어서도 복음이 "소유권"이라는 관점을 깨뜨리고 있음을 보여준다. 복음은 우선 구약에서도 그렇지만 신약에서 더욱 충실하게 남성우위의 문화적 헤게모니를 깨뜨리고 있다.23

나는 부정과 죄를 분명하게 구별해야 한다는 컨트리맨의 의견에 동의한다.3장의 각주 4번, 파울라 프레드릭슨〈Paula Fredrikson〉의 인용을 보라 수많은 학자들이 지적한 것처럼, 부정하게 되는 것, 혹은 불결한 것은 죄의 고백으로 교정되는 것이 아니라, 정결법에 의해 교정되는 것이다.

"바르지 못한" 성관계가 갖는 문제를 죄로 보지 않고 부정불결한 것으로 보는 컨트리맨의 연구가 갖고 있는 또 다른 약점은 구약 성서 전체에 나타나는 우상숭배를 어떻게 다룰 것인가 하는 깊은 고민이 빠져있다는 점이다. 28~32절에 기록되어 있는 것처럼 컨트리맨은 우상숭배의 원인을 하나님이 이방인들을 바르지 못한 욕망과 죄 가운데 "내버려 두신 것"에 두었다. 그러나 과연 사람들이 우상숭배에 대해 격렬히 혹평했고 구약의 예언자들의 소리를 어떻게 들을 수 있으며, 유대주의에 물들어 있던 바울이 우상숭배의 결과를 부정한 것으로 간주할 수 있었는지 어떻게 생각해 낼 수 있단 말인가? 이에 대한 증거자료가 필요하고 더 폭넓은 논쟁이 필요하겠지만, 나는 바벨론 포로가 이스라엘이 자신들을 부정에 넘겨준 것에 대해 하나님의 준엄한 심판으로 볼 수 있다고 생각한다. 그러나 우상숭배의 결과를 단지 부정한 것으로만 간주하는 것은 구약 성서에 나타나는 성서적인 전통을 고려해 볼 때 신학적으로 정의롭지 못하다. 왜냐하면 이는 바울이 기록한 것처럼 종교적 유산에 대한 진지함을 너무 하찮게 여기는 것처럼 보이기 때문이다.

요점을 설명하기 위해, 나는 시편 106편의 두 부분, 36~37절과 47절을 인용하고자 한다.

그들의 우상들을 섬겼으니,
이런 일들이 그들에게 올가미가 되었습니다.
그들은 또한 귀신들에게
자기의 아들딸들을 제물로 바쳤습니다.

야훼, 우리의 하나님, 구세주여

여러 나라에 흩어진 우리를 모아 주십시오.

주님의 거룩한 이름에 감사하며,

주님을 찬양하며, 주님께 영광을 돌리게 해주십시오.

이 106편 37절에 죄를 의미하는 단어는 거의 언급되지 않고 있다. 이스라엘 백성들을 위한 우상숭배 결과는 아주 심각한 수준이었다. 사실, 하나님의 뜻영광에 "이르지 못한" 것으로써 죄의 개념은 히브리 관점에서 본 우상숭배의 결과를 묘사하기에 너무나 약한 표현이다. 뿐만 아니라 아마도 바벨론 포로시대에 하나님께서 부정한 이방세계에 그들을 "넘겨주셨다"는 정도의 의미를 제외한다면, 레위기서에 언급한 "부정"의 뜻에도 전혀 부합하지 않는다. 그러나 다음 날 아침이 밝아 올 때까지 기다렸다가 목욕하듯, 우상숭배의 결과로 빚어진 부정을 간단하게 씻을 수 있는 방법은 그 어디에도 없다. 하다못해 사랑이 많으신 야훼 하나님조차도 오랜 시간이 지난 후에야 이스라엘을 포로로 잡혀있던 곳에서 데려오심으로 구원하셨다.42절 더 나아가 컨트리맨은 로마서 1:18~32의 주제와 대상이 이방인들이라고 생각하였다. 위에 언급했던 것처럼, 이렇게 질문한 것에는 그 나름의 이유가 있다.

또한, 동성애 관계에 대한 레위기서의 금지내용은 부정해졌을 때 다시 정결하게 할 수 있는 조항이 전혀 없다. 대신에 가장 극단적인 처벌인 사형이 명시되어 있다. 죽음에 처할 만한 중요한 성적인 금지 사항을 어겼을 때와 마찬가지로, 이러한 동성 행위는 단순히 정결법을 어기는 정도가 아닌 중대한 도덕적 범죄가 되었다.24 예수 그리스도 안에 있는 하나님의 은혜는 이러한 잘못에 대한 혹독한 처벌을 뛰어 넘는다. 마찬가지로 사람들이 저지르는 많은 다른 죄들30~32절의 죄들과 그 외의 많은 죄들도 용서가 가능하다.

5. 시대의 인물로서 바울.

윌리암 스오델William R. Scheodel은 당시 이슈였던 이 본문의 강한 논조를 누그러뜨리려고 시도한 가장 대표적인 사람이다.25 스오델은 동성혐오증이라든가 동성애와 동성 성교 혐오 등 탁월한 그리스 작가들의 글 속에서 발견되는 몇 가지 자세한 예를 들어가면서 동성애적 욕망은 억제하기 힘든 욕정이라고 해명하였다. 동성애 행위에 대한 부정적인 평가는 단지 구약성서 뿐만 아니라 플라톤, 필로 및 그리스의 의사였던 소라너스Soranus의 의학적 입장에서도 발견되기 때문에, 같은 시대의 인물로서 바울이 동성애 사랑을 바라본 방식은 오히려 당연하다.26

그러나 스오델은 정결에 대한 염려에 덧붙여 동성애 행위에 대한 이러한 부정적인 평가를 통해 강조되는 동성애 관계에 존재하는 여성의 역할, 여성화된 소년 혹은 남자의 인격이 악화되고 있다는 관점을 놓치지 말아야 한다고 주장한다.27 고린도전서 11장에 기록된 남자들의 짧은 머리와 여성들의 긴 머리에 대한 언급이 이러한 결과로 나타난 예인데, 이는 필로, 에픽테투스Epictetus 및 다른 그리스 저자들이 갖고 있던 관점에 뿌리를 두고 있다. 그러나 이러한 관점들이 나타내는 맥락의 특성 상, 현재 우리가 사는 시대의 동성애 관계에 이러한 판단을 동일하게 적용할 필요는 없다. 또한 스오델은 유대주의와 기독교 안에 모두 마음 내키는 대로 성적인 행위를 하는 남성의 특권을 금지하는 새로운 가족개념이 자리하고 있음을 제시하였는데, 이는 단지 "아내에게 뿐만 아니라, 그의 남자나 여자 노예들 혹은 자기들이 좋아하는 젊은 사내아이들에게 해당된다. 성에 관련된 정책은 그 양상에 있어 완전히 새로운 변화를 겪고 있다. 그리고 아주 훌륭한 정책들이 새로이 출현하는 새로운 가족 형태를 위해 변함없이 논의될 수 있어야 함"28을 인정한 것이다. 그러나 이러한 새로운 모델이 "성의 형태학적, 심리학적 실재라는 측면을 무시하는 경향을 보였는데, 그래서 성적 경향 때문에 주류로부터 소외된 사람들을 찾으시는 하나님을 충분히 상상할 수 있어야 하며"29 이러한 적응을 기꺼이 받아들여야만 한다는 것이 스오델의 결론이다.

이러한 분석은 우리가 사는 이 시대에 실재 하는 두 가지 요소가 무엇인지 분명하게 보여주고 있다. 두 가지 요소 중 하나는 지난 몇 세기 동안 남성과 여성을 평등하게 보기 시작했다는 태도의 변혁이며, 또 다른 하나는 문화적 실재에 대한 적응의 필요성이다. 이 두 가지 요소는 동성애를 조금씩 받아들이도록 하는 아주 중요한 요소들이다. 그러나 여기에서 동성애 성향을 가진 사람을 받아들이는 하나님에 대해 언급하는 스오델의 신학적 토대가 무엇인지 보아야 한다. 많은 사람들은 동성애 성향과 동성애 실천 사이에 분명한 선을 긋는다.

때때로 나타나는 사회적 압력에 따라 성서를 당대의 문화에 적응시키려 한다면, 어떤 교회 전통을 의지하여 변화를 받아들이라는 요청은 강제적이 될 수밖에 없다. 그러나 여러 기독교 그룹들, 특히 아나뱁티스트 전통에 속한 그룹들은 이러한 논리에 저항하고 있다. 왜냐하면 비슷한 논쟁들이 교회의 전쟁 참여를 정당화하는데 사용되어 왔기 때문이다. 비록 어느 정도의 문화적 영향은 어쩔 수 없다고 하나 문화적 적응은 본래부터 아나뱁티스트 역사와 신학에 있어서 신학적 가치를 인정받지 못하기 때문이다.

6. 가부장제와 성별의 부조화.

베르나데트 부루텐Bernadette Brooten에 의해 대표되는 여성신학이라는 흐름을 따르는 저자들은 예수께서 비판하고 만민평등 관계를 이루고자 했던 동성애 관계에 대한 신약성서의 관점들이 성의 불평등을 강화시킨 가부장적 문화의 산물이라고 주장한다. 동성애 관계에 대한 신약성서의 정죄는 가부장적 전통을 위협하는 것이면서, 동시에 가부장 제도의 문화적 잔재를 드러내는 것이다.30 브루텐은 자신의 논점을 다음과 같이 요약하였다.

> 바울의 동성애주의에 대한 정죄, 특히 여성 동성애주의에 대한 정죄는 여성이 종속적이라는 생각에 근거한 성별 불평등의 사상을 반영한 것이며 이를 부추기는 것이다. 원하기는 현재 교회들이 내가 제시한 역사를 재평가하는 가운데, 더 이상 로마서 1:26을 권위주의적으로 가르치지 않기 바란다.31

그러나 존 놀란드John Nolland는 브루텐이 아주 강렬한 여성 해방론자라고 주장했던 바울을 잘못 표현한 것일지 모른다면서 브루텐의 "여성이 종속적이라는 생각에 근거한 성별 불평등"32을 지나치게 강조하고 있다고 비판했다. 놀란드는 브루텐이 갈라디아서 3:28과 고린도전서 7:3~4과 같은 당시 문화를 거스르면서 매우 분명한 입장에 섰던 바울의 성적인 평등에 대한 가르침을 제대로 다루지 않았다고 직접 언급하였다. 정확하게 이러한 혁명적인 신학적 통찰력 때문에, 창세기 1:26을 가장 잘 반영한 로마서 1:26~27에서 바울이 남성과 여성 동성애를 동일 선상에 두었던 것이다. 만약 브루텐이 옳다면, 레즈비언 관계 안에 있는 성별 불평등 혹은 여성 종속론이라는 관점에 여성을 편입시키지 않으면서 어떻게 이러한 논리적인 평등을 주장할 수 있었겠는가? 남성 동성애자들과 여성 동성애자들 간의 평등론은 브루텐의 설명을 논박한다. 놀란드의 관찰에 따르면 "로마서 1:26~27에 기록된 행위에 있어서 그것이 게이 관계든 레즈비언 관계든 모두 잘못된 것이라는 점은 분명하다."33 그러므로 바울이 남성의 역할이 우세한 여성 동성애주의를 잘못된 것으로 판단한 것이라는 주장은 성립될 수 없다. 이러한 주제에 관한 도덕적 판단을 위해서는 결정 원인으로 작용되는 또다른 이유들이 있다.

이와 같이 브루텐이 여성 동성애에 대한 것보다 남성 동성애에 대해 주의를 기울였던 이전의 많은 설명들에 대해서는 설득력 있게 비판했으나, 여성이 열등하다는 고대 문화적 배경의 부도덕한 관점에 뿌리를 두고 있는 자신의 주장에 대해서는 바울 문학이라는 보다 큰 정황 속에서 제대로 된 확신을 구축하지 못했다. 이러한 맥락 속에서 복음-은혜라는 하나님의 행동은 남성과 여성 간의 차이를 동등하게 하였다.다윗에게 주셨던 더할 나위 없이 멋진 하나님의 약속처럼 그 이전의 본문에 없던 포괄적 언어를 사용한 고린도후서 6:18의 "아들과 딸들" 모두를 위한 바울의 가슴 벅찬 자유선언을 보라 로마서 1:26~27은 동성애 행위를 다룬 바울의 설명에 있어서 남성과 여성을 동등하게 본 증거이다. 또한 바울은 초기 기독교의 선교 및 리더십에 있어서 여성들의 주요한 역할에 대해 깊은 감사의 글과 함께 편지를 끝내고 있다.로마서 16장을 보라

7. 완전한 문화적 결별.

월터 윙크Walter Wink는 성윤리를 논할 때 문화적으로 완전한 결별이 이루어져야 한다고 주장한다. 월터 윙크에 따르면 대체적으로 성서는 현재 우리 시대의 성 윤리를 위한 안내서로서 실천할만한 적절한 사상과 실천내용을 갖고 있는지 의문이 들만큼 너무나 폭넓고 부적절한 배경을 갖고 있다고 보았다. 우리는 우리의 성적 풍습에 일부다처, 내연의 처, 혹은 과부가 고인의 형제와 결혼하는 연혼제를 포함시키기 원치 않는다. 그리고 우리는 레위기 20:10~16에 기록되어 있는 동성행위를 포

함한 성적인 범죄 행위에 대해 죽음으로 보상받기 원치 않는다. 월터 윙크에 따르면 성에 관련된 20여 가지 성서의 규칙들 중 현재 우리 시대는 대략 열여섯 가지나 서로 다른 기준을 갖고 있고, 단지 근친상간, 강간, 간통, 동물과 교합하지 말라는 네 가지 규칙만 동의한다.34

월터 윙크가 주장하는 이러한 내용은 사실이기 때문에, 그가 주장하는 바를 간단하게 넘길 수 없다. 그러나 노예, 전쟁, 그리고 여성의 역할에 대해 성서가 어떻게 말하고 있는지에 대해서도 언급해야 할 필요성이 있고 이러한 주장을 펼치면서 정경상호간의 대화를 진지하게 취하지 않았다는 약점이 있다. 그가 제시한 20가지의 규칙은 모두 구약의 사례만 취급한 것이다.35 그는 이러한 주장을 통해 신구약 성서가 성윤리를 제공함에 있어서 긍정적인 공헌이 있다는 점을 발전시키지 않았다. 월터 윙크는 "성서적 성 윤리는 없다"고 하면서, 우리의 성윤리는 단순히 예수께서 말씀하신 사랑의 명령을 표현하면 된다는 입장을 취하고 있다. 이것은 동성애 언약 관계를 맺고 있는 사람들의 개인적인 견해를 고려할 필요조차 없이 성윤리를 위한 성서의 권위를 너무나 쉽게 해체시킨다. 데살로니가전서 4:1~8

동성애 관계를 인정하며 그들에게 자유로운 공간을 부여하기 위해 성서 본문들을 설명하려했던 수많은 노력에도 불구하고 이곳에 보고한 것보다 훨씬 많은 전략들이 존재한다 다양성은 여전히 언급되는 주제다. 그러므로 서로 다르고 때때로 반대가 되는 내용의 많은 시도들이 성서본문을 재해석하는데 이용되고 있으며, 이러한 노력들이 성서를 주해할 때 의심을 사기도 한다. 이런 저런 시도들이 서로 비교 검토되면서 어떤 설명은 설득력을 잃기도 한다. 나는 의미 없이 본문을 해석하는 모습이나, 아무런 의미 없이 본문이 무엇을 말하는지 다시 해석해보려는 시도를 좋아하지 않는다. 그러나 원칙적으로는 성서의 새로운 해석을 반대하지 않는다. 그러나 이미 위에서 살펴본 경우들은 나에게 설득력이 없다.

오히려 이러한 성서해석들은 나에게 다음과 같이 결론을 내리도록 제시하는 것처럼 보인다.

1. 성서는 동성애 성교를 도덕적으로 잘못으로 여기며, 로마서 1:26~27은 이 점을 분명하게 드러낸다. 이 점은 월터 윙크도 동의한다

2. 비록, 어떤 저자들은 그레코-로만 세계 또한 동성애 성향의 측면을 인정했다고 주장하고 있지만, 성서가 일관성 있게 거부하는 동성행위 practices와 성적인 성향orientation 사이에는 상당한 간격이 존재한다.36

동성애에 대한 성서와 현재 사람들의 이해 사이에 존재하는 상당한 간격에 비추어 볼 때, 현 논쟁의 주된 관심은 성서가 어떤 형태 혹은 모든 형태의 현 동성애 행위를 정죄하는지 아닌지 그리고 우리의 관점은 어느 편에 있는지에 쏠려있다. 따라서 현재의 동성행위특히 언약관계 속에서 하나가 되는 수준의 동성행위가 성서가 고려하고 있는 동성행위와 다른 것으로 여겨지는지 질문해야 한다. 이 질문에 대해 적절한 대답을 하기 전에, 우리는 왜 현재의 성적인 이해와 신약 성서와 초대교회의 성 윤리의 이상 사이에 거리가 존재하는지 질문할 필요가 있다. 서구 문화에 관해 설명한 다음 장은 우리시대의 수많은 요소가 이러한 딜레마를 창출하고 있다는 사실을 보여줄 것이다.

고린도전서 6:9과 디모데전서 1:10

고린도전서 6:9과 디모데전서 1:10을 논하면서, 로빈 스크로그스Robin Scroggs는 *arsenokoites*라는 용어가 위의 내용을 다룬 두 개의 레위기 본문을 담고 있는 칠십인역Septuagint에서 비롯된 것임을 인정하였다. 이는

*arsenos*남성과 *koiten*영어의 coitus와 비교해 보라에서 나온 합성어로서, 모두 레위기 18:22과 20:13의 그리스 번역본에 등장한다.37 스크로그스는 이 점을 잘 파악하였고, 이는 상황을 평가하는데 아주 중요한 요소이다. 이 단어는 아마도 바울이 만든 것일지도 모른다. 왜냐하면 신약성서에서 이 단어는 이곳에만 나오며 동성애 행위를 다루는 이전의 그리스 자료들에는 보이지 않기 때문이다.38 데이빗 라이트David Wright가 면밀한 연구를 통해 확실하게 한 것처럼, 레위기에 나오는 두 본문은 존 보스웰이 인정한 것 이상으로 초기 기독교 사상에도 영향을 미쳤을 것이다. *arsenokoites*라는 단어는 신약성서의 바울 서신 본문에 그리고 초기 기독교 교부의 글에 모두 나타난다.39

나의 동료 제이콥 엘리아스Jacob Elias는 동성애 논쟁에 관련하여 다음과 같이 발표한바 있다.

고린도전서 5:9	고린도전서 5:10	고린도전서 5:11	고린도전서 6:9~11
내가 너희에게 쓴 편지에 음행하는 *pornois* 자들을 사귀지 말라 하였거니와	이 말은 이 세상의 음행하는 자들*tois pornois*이나 탐하는 자들이나 속여 빼앗는 자들이나 우상 숭배하는 자들을 도무지 사귀지 말라 하는 것이 아니니 만일 그리하려면 너희가 세상 밖으로 나가야 할 것이라	이제 내가 너희에게 쓴 것은 만일 어떤 형제라 일컫는 자가 음행*pornos*하거나 탐욕을 부리거나 우상 숭배를 하거나 모욕하거나 술 취하거나 속여 빼앗거든 사귀지도 말고 그런 자와는 함께 먹지도 말라 함이라	불의한 자가 하나님의 나라를 유업으로 받지 못할 줄을 알지 못하느냐? 미혹을 받지 말라!, 음행 *pornoi*하는 자, 우상 숭배하는 자, 간음하는 자*malakoi*, 남색 하는 자 *arsenokoi-tai*, 도적, 탐욕을 부리는 자, 술 취하는 자, 모욕하는 자, 속여 빼는 자들 – 이들은 하나님의 나라를 유업으로 받지 못하리라

바울은 고린도전서 5:9~11과 6:9~11에서 몇 가지 비난받아야 할 행위의 목록을 적어 놓았다. 이 긴 목록에는 동성애와 연결되어 자주 등장하는 두 개의 용어가 포함되어 있다.

이 네 개의 모든 본문에 나타나는 단어는 *pornoi*인데 그 뜻은 "성적으로 부도덕한 행위를 하는 사람" 혹은 보다 구체적으로 "음행하는 사람"을 말한다. 이와 동시에 강조되고 있는 또 다른 두 단어의 의미에 대해서는 다음 두 개의 성서 번역을 비교해볼 때 드러나는 것처럼 보다 더 많은 논쟁이 필요하다.

1. 형용사 *malakoi*는 "부드럽다"는 의미로 신약성서에 두 번 사용되었다. 고린도전서 6장과 세례요한을 지칭하면서 군중들에게 너희가 부드러운 옷을 입은 사람을 보러 나갔느냐고 하신 예수의 질문마태복음 11:8, 누가복음 7:25에 두 번 사용되었다. 그러면 고린도전서 6:9에 사용된 "부드러운 사람들"이란 과연 누구인가? 다음과 같은 해석이 가능하다.

   a. 동성애 관계에서 보다 순종적인 사람 혹은 여성스러운 사람, 즉 생활양식이 여성스러운 사람필립

   b. 아름다운 소년 혹은 남색에 있어서 수동적이거나 대개 젊은 상대자 예루살렘 성서

   c. 창부, 혹은 여성스런 남창NIV, NRSV, 스크로그스

2. *arsenokoitai*라는 용어는 어원적으로 "다른 남자와 성교하는 남자"레위기 18:22, 20:13절에서 사용하고 있는 단어를 연상하게 하는 단어라는 뜻이며, 신약성서에는 유일하게 이곳과 디모데전서 1:10에만 나온다.

이것은 아마도 바울이나 혹은 다른 헬라어 문화권의 유대인이 최초로 사용한 단어로 레위기 18:22와 20:13을 번역한 그리스어성서에서 유래했을 것이다. 이 단어의 의미는 다음과 같다.

a. 남색꾼 혹은 남색질에서 주도적인 역할을 하는 나이 많은 남자스크로그스

b. 남색자*sodomite* 혹은 또 다른 남자와의 성관계에서 나이 많은 남자흠정역, 인간됨을 스스로 학대하는 사람, 국제번역, 동성애자, 개역성서, 남색자

c. 남창, 혹은 여성이나 남성을 위해 계약 관계 하에 성접대가 가능한 남자보스웰

d. 어떤 번역은 복합적인 의미를 전달하기 위한 포괄적인 표현으로 사용되었다.*TEV, NEB*:동성애 성욕도착자, *RSV*:성도착자

이 모든 것은 이러한 본문의 적절성에 대해 기독교 이해가 어떤지 숙고해 보도록 한다. 고린도전서 5:1~5의 근친상간을 포함하여 고린도의 성적 부도덕에 대한 문제를 언급함에 있어서, 바울은 고린도 교회의 신자들에게 교회 내에서 그러한 행동을 계속하는 사람들과 어울리지 말도록 준엄한 경고를 하고 있다.고린도전서 5:9~13 바울은 그러한 악을 행하는 자들은 하나님 나라를 유업으로 받지 못한다고 경고하고 있다.고린도전서 6:9~10 그러나 고린도 신자들에게 편지를 보내면서, 바울은 그들에게 "너희들 중에 이와 같은 사람들이 있다"는 사실과 함께 그러나 "여러분은 주 예수 그리스도의 이름과 우리 하나님의 성령으로 씻겨지고, 거룩하게 되고, 의롭게 되었다"는 사실을 상기시키고 있다.고린도전서 6:11 중요한 질문은 '그리스도 안에서 동성애자들술취하는 자, 도적질 하는 자, 탐욕을 부리는 자 등이 그들의 본성과 행동으로부터 구원을 얻을 수 있는가' 라

는 점이다.

그러나 가장 격렬한 논쟁을 불러일으키는 질문은 *malakoi*와 *arsenokoitai*라는 용어가 일반적으로 동성애 행위와 관련된 모든 사람들을 언급하는 것인가 아니면 동성애 학대와 관련된 특정한 사람들을 언급하는 것인가?40

진실로 이러한 용어들이 과연 동성애 관계를 의미하는 것인지 아니면 어떤 특별한 형태를 말하는 것인지에 관한 이슈가 뜨거운 논쟁거리가 되고 있다. 성적인 자유주의로 유명했던 고린도의 평판 가운데서도, 비록 이방 신전의 창기나 남색꾼도 그 문화에서 학대받는 사람으로 고려되지 않을지라도, 바울과 그의 독자들은 보다 안정된 오랜 관계에서부터 학대가 이루어지는 관계에 이르기까지 다양한 형태의 동성애 관계에 대해 잘 알고 있었던 것 같다. 바울이 이러한 형태에 구별을 두지 않았다는 사실을 관찰하는 것이 중요하다. 오히려 어떤 이유로 이러한 판단을 내렸는지 근거가 있어야 한다.

이러한 본문들을 연구한 학자들의 논쟁을 철저하게 고려해 본 후, 로버트 가그논은 바울이 왜 로마서 1:24~27에서 동성애 관계가 나쁜 것인지 고린도전서 6:9에 나온 *arsenokoitai*와 *malakoi*라는 단어를 이미 언급한 관계 안에서 이해해야만 한다는 입장을 고수한다. 가그논은 필로와 요세푸스의 1세기 유대주의와 바울의 관점이 일치하고 있음을 다음과 같이 총정리 하였다.

바울에게 동성애 성교의 경우에 있어서 가장 큰 잘못은 이성애자가 아닌 동성의 멤버들과 상대한다는 사실이다. 질문은 성관계가 상호 인정에 의해 특징지어지는가 아니면 착취에 의해 특징지어지는가가 아니라, 나이에 의해 평등한가 아니면 불화한가, 생산능력이 있는가 아니면 능력이 없는가, 선천적인 성적 욕구냐 아니면 잘 꾸려나가는 욕구냐, 혹은 또 다른 톡특한 모순에 의해 특징지어지는가 아니면 그렇지 않은가에 있지도 않다. arsenokoitai라는 용어의 의미가 널리 퍼져있는가를 판정하는데 있어서, 왜 바울이 동성애 성교를 반대했는지 그 이유를 무시하는 가운데 용납 가능한 형태의 동성애 성교와 뚜렷이 구별되는 용납 불가능한 동성애 성교 형태의 어떤 요소들에 대해 초점을 맞추는 것은 큰 실수가 된다. 즉 바울 시대에 존재했던 한 두 가지 일반적인 동성애 성교 형태에 초점을 맞추는 것은 큰 실수를 저지르는 일이다.[41]

나는 이 점에 있어서 가그논이 옳다고 생각한다. 로마서 1:18~32과 고린도전서 6:9 그리고 디모데전서 1:10에서 바울은 우선 그의 도덕을 형성하게 해 주었던 유대 전통의 맥락에서 생각하였고, 그 다음에 이방인들의 악행이라는 일반적인 관점에서 생각하였다. 그러한 관점에서 동성애 행위에 대해 말하고 있는 것이다. 모든 동성애 행위가 유대인들에게 주어진 한계 밖에 있기 때문에, 가그논이 훌륭하게 구분했다고 볼 수는 없다. 예수의 침묵을 참고하라

이러한 논쟁에 대한 많은 연구들과 함께 서로 의견을 주고받으면서, 안토니 티셀톤Anthony Thiselton은 고린도전서에 대한 그의 주석서에서 이 본문에 관한 비슷한 결론을 도출해 내었다. 티셀톤은 바울이 여행을 통해 경험한 남성들의 학대 관계와 "진정한 사랑"의 차이를 증거하고 있는 볼프C. Wolff의 연구를 지지하고 있다. 이 주제에 있어서 그 당시와 우리시대라는 시간적 간격은 그리 크지 않다. "저자들이 그레코-로만 사회와 윤리적 전통의 다원성을 밀착취재하면 할수록, 고린도의 상황은 우리가 사는 시대의 모습을 더 많이 반영하고 있다는 사실이 드러난

다."42

고린도전서와 디모데전서의 이러한 본문이 남색을 언급하는 것이라는 주장들을 평가하면서, 그는 "많은 학자들이 남성매춘과 연결되어 있는 남색의 문맥적 용어 사용의 제한에 대하여 좋게 말하면 뚜렷하지 않다고 할 수 있고, 나쁘게 말하면 설득력이 없는 것으로 간주하는 경향을 보인다"43고 밝혔다. 목록에 기록되어 있는 처음 다섯 개의 악행들은 본질적으로 성에 대한 내용이고 나머지 다섯 개의 악행은 "욕심이나 탐욕의 죄"에 대한 내용이라는 관찰과 더불어, 그는 "동성애 관계에 대한 두 가지 죄가 다른 여덟 가지 죄들보다 더 크다고 할 수 없다"44고 바르게 표현하였다.

데살로니가전서 4:1~8

데살로니가전서 4:3~6은 내용상 우리가 다루고 있는 특별한 주제에 대한 내용일 뿐만 아니라 도덕적인 중요한 원칙을 다루고 있기 때문에 고려해볼만한 본문이다. 여기에서 바울은 신자들에게 성적인 부도덕에서 떠나 자신의 몸을 통제하는 법을 배움으로써 교우들을 "해하지 않도록" 성결한 삶을 요청하였다. 제이콥 엘리아스Jacob Elias가 데살로니가 전후서의 주석에서 언급한 것처럼, 그리스어 본문을 어떻게 해석할 것인가 하는 어려움이 있다. 하지만, 이 본문은 분명히 성적인 문제에 대해 성결한 삶을 요구하고 있다.45 이 본문에 대한 광범위한 연구를 진행한 래리 야르브로우Larry Yarbrough는 6절 "이 일에 분수를 넘어서 형제를 해하지 말라"고 금지한 것을 동성애 관계를 언급하는 것이라고 이해했다. 즉 성의 영역에 대한 언급 46 어떤 해석가들과 번역가들은 "이 일"*en tō pragmati*이라는 표현이 사업을 의미하는 것흠정역은 어떤 일에 있어서든지 형제를 속이지 말라고 번역하고 있다이라고 말하지만, 대부분은 이것을 성이라는 맥락 속에서 언급되었다고 생각한다. 성적인 관계에 있어서 성결은 이 사도적 훈계에 의해서 규정된다. 포괄적인 표현들에 의해 동성애 관계를 의도했던 것이라는 점에 의구심이 들든 들지 않든, 이 동일한 훈계에는 "형제를 착취하는" 개념이 들어있다. 더 나아가 보다 넓은 의미의 성적인 관계에 있어서, 이 본문이 동성애 행위를 금지하고자 의도된 것이든 아니든 모든 관계에 있어서 성결로 부르기 위한 윤리적 영역으로 성적인 행위들과 마음 가짐을 언급하는 것은 오히려 당연한 것이다.

사도행전 15장

현재 우리가 다루는 토론에 있어서 사도행전 15장은 때때로 하나님의 백성들이 180도 다른 방식으로 생각할 수 있어야 함을 상기시켜 주는 본문이다. 사도행전 15장에 대해 흥미를 가지면서, 제프리 시커Jeffrey Siker는 동성애 주제로 편집한 그의 책 *Theology Today*에 실린 논문에서 교회가 마음을 변화시켜야 하는 즉 사고방식의 전환을 요구하는 강력한 사례라고 주장한다.47 이방인들처럼 게이와 레즈비언들은 믿음의 공동체에 속할 수 있도록 성령이 그들에게 내려짐으로 하나님의 환영을 받았다고 하면서 과연 '하나님의 일을 거스르는 우리는 누구인가?' 라고 질문하고 있다. 나는 사도행전 15:20절을 읽고 그렇게 받아들여진 이방인들이 이제 소위 우리가 널리 사용하는 부도덕성적에 해당하는 부정 *porneia*을 금지하는 유대인의 성적 법에 순응해야 했다는 사실을 깨달을 때까지 거의 그의 말을 믿었다.

위의 본문을 인용하고 있는 신약성서 본문은 동성애 성교가 부도덕이라는 표현에 포함되어 있는지 아닌지 의심의 여지를 남겨놓지 않았다.

더 나아가 이방인을 받아들이는 것은 메시아의 때와 업적의 종말론적 성취라는 표지가 되었다. 그러나 나는 외국인과 고자들을 받아들이라고 명시한 예언적인 성서의 기록 속에서도 이사야 56:3~8 동성애를 실행하는 게이와 레즈비언을 그리스도의 몸으로 받아들여야 한다는 그 어떤 예언적인 암시도 발견하지 못한다. 예수는 천국을 위해 고자들에게 특권을 부여하였고 이것은 동성애자를 위한 것만은 아니지만 독신을 위한 분명한 성서의 기본으로 자리한다.48

교회에게 주어진 미션은 모든 사람들을 향한 것이다. 그리고 이 주제에 대한 교회의 입장을 재고하라는 메시지야말로 교회에 주어진 가장 강력한 논쟁이기도 한다. 분명히 이것은 그들의 성적인 정체성과 관계없이 모든 사람들을 받아들여야 한다는 의미이다. 그러나 내가 주석을 단 것처럼 여기에서 성적인 정체성은 성자가 되는 중에 있는 죄인들의 근본적인 방식을 받아들이는 것을 의미한다. 그리고 이러한 과정 중에 성서와 교회는 항상 성적인 자유와 헌신을 포함한 다양한 방식의 생각과 행동을 전제하고 있어야 한다.

이 어려운 주제에 대한 바울의 입장 분석에 대해 결론을 맺으면서 바울이 알고 있는 하나님과의 영적인 친밀감의 깊이와 신자들을 위한 그의 기도가 어떠했는지를 귀담아 듣는 것이 중요하다. 진정으로 이 기도는 그들이 이 주제에 대해 우리처럼 생각하든 다르게 생각하든 교회에 있는 형제·자매들을 위한 기도로 사용할 수 있을 것이다.

기도

그러므로 나는 아버지께 무릎을 꿇고 빕니다. 아버지께서는 하늘과 땅에 있는 각 족속에게 이름을 붙여 주신 분이십니다. 아버지께서 그분의 영광의 풍성하심을 따라 그분의 성령을 통하여 여러분의 속 사람을 능력으로 강건하게 하여 주시고, 믿음으로 말미암아 그리스도를 여러분의 마음 속에 머물러 계시게 하여 주시기를 빕니다. 여러분이 사랑 속에 뿌리를 박고 터를 잡아서, 모든 성도와 함께 여러분이 그리스도의 사랑의 너비와 길이와 높이와 깊이가 어떠한지를 깨달을 수 있게 되고, 지식을 초월하는 그리스도의 사랑을 알게 되기를 빕니다. 그리하여 하나님의 온갖 충만하심으로 여러분이 충만하여지기를 바랍니다.

우리 가운데서 일하시는 능력을 따라, 우리가 구하거나 생각하는 것 이상으로 더욱 넘치게 주실 수 있는 분에게, 교회 안에서와 그리스도 예수 안에서, 영광이 대대로 영원무궁하도록 있기를 빕니다.

아멘. 에베소서 3:14~21

후주

1) Richard B. Hays, "Relations Natural and Unnatural: A Response to John Boswell's Exegesis of Romans 1," *Journal of Religious Ethics* 14 (1986): 200.
2) 칼 바르트(Karl Barth)는 이것을 이방인들은 자신들이 무엇을 알지 못하는지조차 알지 못한다는 것을 의미한다고 해석하였다. 왜냐하면 그들의 죄 된 행동이 하나님께서 자신을 볼 수 있도록 자연 속에 분명하게 드러내신 것을 보지 못하게 했기 때문에, 그들은 결국 보이지 않는 하나님보다 당장 눈에 보이는 자연을 숭배하게끔 되었다. 그러나 로마서 1:21과 1:32은 모두 하나님을 아는 지식에 대한 내용이다. 차이는 만약 그들의 행동이 진리를 드러내지 못하도록 하는 것이 "의도적인 거절"인가 아니면 단순히 그들이 알아야 할 내용이 가려져 알 수 없게 된 것인가에 대한 것일 뿐이다.
3) 존 테이브스(John Toews)는 『신자들의 교회 주석』*Believers Church Bible Commentary* 시리즈의 『로마서』*Romans* (Scottdale, Pa.: Herald Press)에서 이 점을 인정했다. 길리기아 다소에서 성장한 바울이 이방인들을 어떻게 카테고리로 나누어 설명하였는지, 그가 얼마나 많은 경건한 이방인들을 알고 있는지 (그리고 얼마나 유대인들이 경건한지), 마치 복음의 이야기들(마태복음 8:5~12, 사도행전 10~11장)이 제시하듯이 보여주고 있다. 더 나아가 바울은 이방인들을 향한 선교를 위해 자신의 인생을 바쳤으며, 하나님의 구원 역사의 원칙에 주 예수 그리스도의 이름을 믿고 자신의 죄에서 돌이킨 사람들이 포함되어 있다고 주장하였다. 나는 이 부분을 설명하는 전형적인 주석서들이 이 점에 있어서 잘못되었다고 생각한다.
4) Ibid. 테이브스의 관점은 Jouette M. Bassler가 "Divine Impartiality in Paul's Letter to Romans," *Novum Testamentum* 26 (1984): 47ff에서 밝힌 관점과 비슷하다. 그 리브(Grieb)는 *The Story of Romans*, 25~28에서 이 본문이 모든 유대인과 이방인들 "그러나 이방인들을 특별히 강조한 것"이라고 제안하였다. 그리브는 바울이 이방인들과 유대인들에 대한 전형적인 그림을 갖고 그 어떤 사람도 율법의 행위로 의롭게 될 수 없고, 모든 사람이 죄를 지어 하나님의 영광에 이르지 못하게 되었다고 결론을 내렸다(로마서 3:20,23). 그리브는 로마서 1:18ff에 창세기 1~3의 이야기가 다양한 암시 혹은 반향들로 반영되어 있다고 보았다. 첫 번째로 로마서 1:23의 "~형상으로 바꾸어 놓았다"는 표현은 창세기 1:26의 표현을 반영하고 있다. 둘째로 로마서 1:25의 "창조주 대신 피조물을 숭배하고 섬겼다"는 표현은 창세기 3장에 기록된 "피조물"로서 뱀의 역할을 암시하고 있다. 더 나아가 로마서 1:25와 뱀이 한 이야기는 두 본문에서 "거짓말 하는" 것으로 기록되어 있다. 남성 앞에 여성을 언급하면서 로마서 1:26~27에 기록된 바울의 질서는 창세기 3장을 반영한 것 같다. 즉 하와의 유혹이 먼저 있고, 다음에 아담의 유혹이 위치한 것을 반영한 듯하다. 이러한 반향들과 암시들은 이방인들의 죄들이 어떤 것인지 전형적인 목록을 만들어 유대인들에게도 충격적(파괴적?)으로 적용했다는 존 테이브스의 관점을 보다 구체화하는 것으로 여겨질 수 있다. (로마서 1:18~32의 본문은 이방인들에 대해 언급하지 않았다는)이러한 어려운 문제에 대한 나의 잠정적인 해결책은 로마서 1:16에서 보이는 것처럼 순서상 유대인과 이방인들 모두가 강조되고 있다는 것이다. 해석은 테이브스가 그랬듯이 만약 이 단락을 로마서 2:3까지로 확대할 때 더 강화된다. 그렇게 해석할 때 2:1절의 "그대가 누구든지"라는 표현이 제대로 의미를 갖게 된다.
5) 비록 우리가 로마서 2:15은 1:18~32이 모든 사람들을 의미하도록 "협공작전"을 펼치기 위한 것이었다는 놀란드의 관점을 인정함에도 불구하고 내게 있어 이것은 사실이

다. John Nolland, "Romans 1:26~27 and the Homosexuality Debate," *Horizons in Biblical Theology* 22:1 (June 2000):42, 46.
6) John Boswell, *Christianity, Social Tolerance, and Homosexuality* (University of Chicago Press, 1980), 112~3.
7) Richard B. Hays, "Relations Natural and Unnatural: A Response to John Boswell's Exegesis of Romans 1," *Journal of Religious Ethics* 14 (1986), 188~89, 200. Richard B. Hays, *The Moral Vision of the New Testament: Cross, Community, New Creation* (San Francisco: HarperCollins, 1996) 383~89.
8) Hays의 "Relations Natural and Unnatural,"202에 사용된 크리소스톰의 사용과 비교해보라.
9) Christopher Seitz, "Sexuality and Scripture's Plain Sens: The Christian Community and the Law of God," in *Homosexuality, Science, and the "Plain Sense" of Scripture*, ed. David L. Balch (Grand Rapids: Eerdmans, 2000), 177~96. "평이한 의미"에 대해 자세히 설명을 한 제1장의 각주 3을 보라.
10) A. Katherine Grieb, *The Story of Romans: A Narrative Defense of God's Righteousness* (Louisville: Westminster/John Knox Press, 2002), 30; William R. Schoedel, "Same-Sex Eros: Paul and the Greco-Roman Tradition," in *Homosexuality, Science*, ed. Balch, 45~46, 48, 51, 67~68; David E. Fredrickson, "Natural and Unnatural Use in Romans 1:24~27: Paul and the Philosophic Critique of Eros," in *Homosexuality, Science*, ed Balch, 도처에. 현시대에서 신약 성서에 이르는 다양한 본문들은 "순리(kata physin)"와 "역리(para physin)"사이의 차이를 잘 사용하고 있다. Victor P. Furnish, *The Moral Teaching of Paul: Selected Issue*, rev. ed. (Nashville: Abingdon, 1985), 58~67.
11) Jeffrey Satinover, *Homosexuality and the Politics of Truth* (Grand Rapids: Baker Books, 1996), 150~54.
12) Robert A. Gagnon, *The Bible and Homosexual Practice*, (Nashville: Abingdon, 2001), 256~57.
13) David E. Fredrickson, "Natural and Unnatural Use in Romans 1:24~27: Paul and the Philosophic Critique of Eros," in *Homosexuality, Science*, ed Balch, 207~18, 222.
14) Robin Scroggs, *The New Testament and Homosexuality* (Philadelphia: Fortress, 1983), 44~62. 스크로그스는 남색을 바른 관계(kata physin, 46~49)로 여긴 그리스 저자들과, 이를 바르지 않은 관계(para physin, 59~62)로 여긴 다른 저자들에 대해 언급하였다. 로마서 1:26~27에 언급된 남색에 대한 비평에 대하여는 가그논(Gagnon), *The Bible and Homosexual Practice*, 359~60을 보라.
15) 교회를 위해 현재 논의하고 있는 것이 적절한지에 대한 스크로그스의 결론에 대해서는 각주 38번을 보라.
16) 이 질문을 적용하기 위해 우리가 할 수 있는 두 가지 차원의 일이 있다: 이러한 주해가 정확한 것인지 아닌지 보스웰(Boswell과 다른 사람들은 서로 동의하지 않았다), 그리고 우리의 현재 상황이 남색으로부터 자유로운지 적용해 보아야 한다. (보스턴지역 및 버나드 로(Bernard Law) 추기경으로 인해 빚어진)로마 가톨릭 교회가 직면하고 있는 어린이에 대한 이상성욕의 슬픈 위기현상에 대해서는 별도로 다루는 것이 좋을 것 같다. *First Things*이라는 잡지의 편집인 존 리차드 노이하우스(John Richard Neuhaus)는 현재 가톨릭 교회가 직면하고 있는 스캔들은 실제로 동성애에 대한 것이라고 주장하였다. 이러한 문제는 소수의 사제들 중에 일어난 것이며, 대부분의 사제들은 그들이 세운 순결에 대한 맹세에 대해 신실한 편이다. Neuhaus, "The Public

Square: Scandal time," *Frist Things* 122 (April 2002): 61~64, *First Things* 124 (June~July 2002):75~85. 일반적으로 이를 부인하거나, 원하지 않은 동성행위를 포함한 "자아 친화적" 질환과 "자기소외적" 질환에 대해 미국신경정신과학회가 목록을 개정한 것뿐만 아니라, 아동성욕을 옹호하는 문학들이 나름 신용을 얻게 되면서 어린이에 대한 이상성욕과 동성애가 서로 밀접하게 연관되기 시작했다. 이러한 관점으로 토론한 내용은 Jeffrey Satinover, *Homosexuality and the Politics of Truth*, 62~65를 보라.

17) J. Glen Taylor, "The Bible and Homosexuality," *Themelios* 21 (Oct. 1995), 6.
18) William Countryman, *Dirt, Greed, and Sex:Sexual Ethics in the New Testament and Their Implications for Today* (Philadelphia: Fortress Press, 1988), 30.
19) *Ibid.*, 113~14.
20) *Ibid.*, 117.
21) 컨트리맨(Countryman)은 보스웰과 스크로그스의 서로 다른 제안들을 검토하면서 고린도전서 6:9을 진지하게 깊이 숙고한 후, malakos가 단순히 '약한' 의미를 갖고, arsenoloites가 분명하지 않은 모습으로 사용된 것이 이곳밖에 없기 때문에 로마서 1:24이 정결 문제를 제시하는 것처럼 여기에서도 동일한 방식으로 이해하는 것이 최선이라고 결론을 내렸다. *Ibid.*, 117~23.
22) *Ibid.*, 240~243. 이러한 원리들은 "1. 기독교 공동체 내의 멤버십이 결코 정결 법에 의해 제한되지 않으며…. 2. 그리스도인들은 자기 자신과 분리되어 있는 다른 사람들의 성적인 특성과 실행을 존중해야 하며…. 3. 지나간 과거에는 성적인 특성이 남성 가장의 통제 하에 가정에 속했던 반면, 지금 우리 시대에는 개인에게 속해 있음과… 4. 복음은 남성과 여성이 공히 하나님의 은혜 앞에 서게 됨으로써 불평등이 일어나지 않도록 분변할 수 있어야 하며…. 5. 결혼이 죽음 외에는 이들을 다시금 갈라놓을 수 없는 육체의 연합을 창조하며…. 6. 그리스도인의 성생활과 성적인 특성이 항상 하나님의 통치에 순종하는 모습이 되도록 해야 한다."
23) 최근 학자적, 교회적 관점으로 이 문단을 다룬 탁월한 토론을 보려면, Thomas Yoder Neufeld, *Ephesians, Believers Church Bible Commentary* (Scottdale, Pa.: Herald Press, 2002), 253~67, 275~89를 보라.
24) 나는 정결법과 도덕 법 사이에 존재하는 기본적인 독특함을 유지해야 한다고 믿지만, 로마서 6:16~21에서 바울은 이 두 가지를 확실하게 구분하지 않고 있다. 이 부분에 대해서는 Gagnon, *The Bible and Homosexual Practice*, 276을 보라.
25) Schoedel, "Same-Sex Eros," *Homosexuality, Science*, ed. Balch, 43~72.
26) Brian Blount, "Reading and Understanding the New Testament on Homosexuality," in *Homosexuality and Christian Community*, ed. Choon-Leong Seow (Louisville: Westminster/John Knox Press, 1996), 34에서도 바울 시대에 저술된 긴 목록의 글들을 인용하면서 유사한 접근방식을 취하고 있다. 그는 "그들은 모두 동성 행위에 대해 정죄하며, 그들은 모두 우상숭배, 탐욕, 자연의 질서를 어그러뜨리는 일과 동성애가 서로 연결되어 있는 것으로 보았다. 동성애에 대한 바울의 태도도 동시대의 저작들과 다르지 않다."
27) 이 논쟁은 Schoedel, "Same-sex Eros" in *Homosexuality, Science*, ed. Balch 전체에 걸쳐 이루어지고 있다. 그는 필로(Philo)의 저작들에서 성인 남성 가해자에게도 피해가 갔다는 내용을 언급하였다.
28) *Ibid.*, 72.
29) *Ibid.*
30) 많은 저자들이 이러한 강조점들을 예수께서 가르치시고 실천한 남성과 여성이 평등하다는 관점과 대조하였다. Elisabeth Schsler Fiorenza, *In Menory of Her* (New

York: Crossroad, 1983), 97~242. 이 논쟁에 있어서 예수와 바울 사이에 전제된 분열은 다음의 세 가지 관점으로 다시 질문해 보아야 한다. (1) 예수는 시간상 바울보다 좀 늦게 마태, 마가, 누가, 요한이 갖고 있던 신학 및 윤리적 렌즈를 통해서 소개되었으며 (2) 이혼 및 비슷한 주제들에 있어서, 바울은 예수보다 좀 더 유연한 태도를 취하고 있으며(마가 10과 고린도전서 7장 참조) (3) 복음서가 동성애에 대해 침묵한다는 근거 없는 주장은 이미 3장에서 살펴본 것처럼 그 어떤 것도 증명된 바 없다.

31) Bernadette J. Brooten, *Love Between Women: Early Christian Response to Female Homoeroticism* (Chicago: University of Chicago Press, 1996), 302. 부루텐은 로마서 1장에 대해 적혈구 과다증으로 설명하는 내용들을 비판적으로 분석하였고, 이러한 모든 설명들이 해석학적으로 설득력이 있는 것이 아님을 보여주었다(이러한 설명은 한 레즈비언주의에 헌신된 사람으로부터 온 설명이다). 부루텐이 설명한 것처럼 동일한 해석을 하는 다른 학자들이 언급되어 있다. 이 부분에 대해서는 Gagnon, *The Bible and Homosexual Practice*, 361, 각주 19번과 362~64와 각주 25번을 보라. 이것이 요즈음 많은 학자들이 견지하는 대부분의 해석이다.

32) John Nolland, "Romans 1:26~27 and The Homosexuality Debate," *Horizons in Biblical Theology* 22:1 (jule 20000): 32~57.

33) Ibid., 52. Nolland는 남성과 여성 동성애에 대해 밀접한 연관이 있는 본문을 단 하나밖에 발견하지 못했다. Plato, *Laws* 1.2 (636 B-C). 여기에서도 놀란드는 "바르지 못한 관계가 남자의 역할을 침해하는 것"이라고 기록하였다.

34) Walter Wink, ed., *Homosexuality and Christian Faith: Questions for Conscience for the Churches* (Minneapolis: Fortress Press, 1999), 48.

35) 월터 윙크와 대조적으로 Christpher Seitz, "Sexuality and Scripture's Plain Sense," in *Homosexuality, Science*, ed. Balch, 177~78, 195~96은 동성애 관계와 관련된 특별한 본문을 논할 때, "그리스도 안에서 하나님께 대한 신구약의 연관성"이라는 큰 틀을 갖고 동성애 관련 성서 본문들을 다루어야 한다고 이해하였다. Seitz는 주어진 역사적, 문화적 정황과 반대되는 "설명"함으로써 이러한 본문들을 하나하나 세분화하기보다, 신학적으로 정경의 입증을 통해 "믿음의 법칙"과 "사랑의 법칙"을 서로 연결시키도록 요청하고 있다. 이렇게 하는 것은 단순히 도덕적인 주제뿐만이 아닌, 모든 주제에 적용해야할 건강한 해석학적 방법이다. Seitz에 대하여는 제1장의 각주3을 보라.

36) *Love Between Women*, 242에서 Brooten은 그레코-로만 시대의 저술들이 동성애 성향에 대한 개념들을 보여주고 있다고 언급하면서 이 점에 대해 말하였다. 즉 계급, 지위 및 문화적 범주의 서열에 따라 동성애 관계를 선호하는 것 즉 어린이에 대한 이상 성욕을 포함한 성향이라는 개념에 대해 설명하였다. Gagnon, *The Bible and Homosexual Practice*, and Schoedel, "Same Sex Eros,"와도 일치함.

37) Scroggs는 고린도전서 6:9에서 정죄된 것은 "여성스런 소년"(malakos)의 존엄을 떨어뜨리는 것으로서 특히 어린이에 대한 이상성욕의 특수한 형태라고 했다. 이러한 소년을 적극적으로 고용하는 파트너는 arsenokoites라는 용어로 정의되었다. 그에 따르면 이것은 (비록 사람들이 이러한 습관을 발전시키는 가운데 특정 동성애 파트너 간의 우정을 상상할 수 있다 할지라도) 동성애 관계를 사랑하는 것과는 엄청난 차이가 있다는 말이다. Scroggs, *The New Testament and Homosexuality*, 106~8.
고린도전서 6:9이 단지 한 가지만의 특정한 형태의 동성애 관계를 의미하는 것이라는 제안은 고수하기 힘든데, 그 이유는 고린도전서 5장의 문학적 정황이 확대 가족 내에서 발생한 근친상간이기 때문이다 (세속의 법정[6:1~6]에서도 보기 힘든 경우라는 훈계는 바로 이 근친상간의 경우를 말하는 것 같다. 이는 지역의 법도 금지하는 내용이기 때문이다). 고린도전서 6장의 후반부는 보다 일반적인 성관련 내용의 훈계이다.

38) Brian Rosner는 바울과 동시대 유대 기록인 Sibylline Oracles 2:73에 언급된 arse-

nokoites의 사용이 후기 기독교 자료에 사용 되었을 수도 있다는 점을 지적하였다. *Paul, Scripture & Ethics: A Study of 1 Corinthians 5~7* (Grand Rapids: Baker Books, 1999), 120 및 부록 1의 끝부분.

39) David F. Wright, "Homosexuals or Prostitutes? The Meaning of ARSENOKOI-TAI (1 Cor. 6:9, 1 Tim 1:10)," *Vigiliae Christianae* 38 (1984): 128ff.
40) Jacob Elias, "Homosexuality and Scripture: Outline for Class Presentation."
41) Gagnon, *The Bible and Homosexual Practice*, 327.
42) Anthony C. Thiselton, *The First Epistle to Corinthians, The New International Creek Testament Commentary* (Grand Rapids: Eerdmans 2000), 452.
43) Ibid., 449. 티슬톤(Thiselton)은 적어도 그리스도인들이 보는 동성애의 많은 부분이 우상숭배, 노예제도 및 사회적 지배권과 긴밀히 연결되어 있다고 본 베이시(Vasey) (*Strangers and Friends*)가 옳다고 보았다(451). 그러나 그는 바울의 가르침이 어떤 사람의 성적인 속성에 적절하지 않은 생활방식만을 말하는 것 즉 사람들의 성적인 관심사는 다양할 수 있다는 데일 마틴(Dale Martin)의 관점을 반대한다. 사람들이 보이는 남성성-여성성에 대한 이해의 폭이 너무나 다른 입장으로 나타나기 때문이다 (449).
44) *Ibid.*, 451.
45) Jacob Elias, *1&2 Thessalonians, Believers Church Bible Commentary* (Scottdale, Pa.: Herald Press, 1995), 137~42.
46) Larry O. Yarbrough, *Not Like the Gentiles: Marriage Rules in the Letters of Paul* (Atlanta: Scholars Press, 1985), 75~76.
47) Jeffrey S. Siker, "Homosexual Christians, the Bible, and Gentile Inclusion: Confessions of a Repenting Heterosexist," in *Homosexuality in the Church*: Both Sides of the Debate, ed. Jeffrey S. Siker (Louisville: Westminster/John Knox Press, 1994), 178~94.
48) Kathryn Greene-McCreight는 Siker의 논문 "The Logic f the Interpretation of Scripture and the Church's Debate," in *Homosexuality, Science*, ed. Balch, 253~59에 대해 일련의 탁월한 비평을 가하였다.

5장
서구문화분석

성서 해석의 임무는 단지 그 본문을 문화적인 맥락에서 이해하는 것뿐만 아니라, 문화적 맥락에 있는 성서 해석가들인 우리 자신들에 대한 이해를 포함한다. 비록 교회가 거의 이천년 동안 일관성 있는 전통을 유지해왔음에도 불구하고 현재 우리 교회가 마주하고 있는 동성애 이슈에 대해 우리가 마땅히 알고 감당해야할 세력들은 과연 무엇이며 교회의 입장은 무엇인가?

나는 최근 몇 십 년 서구 문화에 출현한 동성애라는 현안, 특히 정치적 맥락에서 지난 200년 동안 서구 사회의 전반적인 문화유산의 열매이자, 지난 30여년 특정한 문화적 영향력을 행사한 것들이 무엇인지 파악하면서 동성애라는 현안을 바라볼 것을 제안한다.

사실 2~4장에서 이미 살펴본 성서주해 작업조차 이러한 후기 계몽주의의 영향을 반영하고 있다. 이성에 근거하여 진리를 추구하고자 했던 역사 비평이라는 방법을 본문을 설명하기 위해 사용하였고 어떤 사람들이 주장하듯 역사 비평과 아무런 상관없이 설명하기도 했다. 최근 몇 십 년 동안 역사 비평 방법은 아주 혹독한 비판을 받게 되었지만,[1] 그럼에도 불구하고 여전히 서구 사회에서 역사비평은 성서 연구의 기본적인 방식으로 자리하고 있다.

이번 장은 왜 동성애사람들의 동성애에 대한 관점이 어떻든지 간에가 문화적 대의로 자리하게 되었는지 설명하기 위해 서구 문화에 대한 이해를 도모해 보고자 한다. 문화 자체가 동성애의 동력으로 자리하고 있는 만큼, 이번 장은 동성애의 인과관계에 대해 살펴볼 것이다. 이러한 문화이론에 대해서는 여러 가지 이론들이 폭넓게 자리하고 있는데 행동적-유전적 이론부터 생득적 이론까지, 혹은 아동발달 이론부터 부모-자녀 관계이론에 이르기까지, 혹은 거시 문화적 혹은 환경적 요인들로부터 영-세상 이론이나 단순히 원인은 없다는 주장에 이르기까지 이론들이 아주 다양하다.2

어떤 문화에 속해 있든 남성들과 여성들이 어느 정도 동성에 대한 매력을 느낀다는 현상에 대해서는 일반적으로 동의한다. 그러나 세상의 3분의 2에 해당하는 제 3세계 문화 속에서 이러한 현상은 문화적인 대의로 존재하지는 않으며, 이러한 일은 서구문화에서 발견되는 주된 이슈다. 이를 좀 더 솔직하게 표현하자면, 이는 서구 사회 특히 캐나다와 미국의 중요한 문화적 현상이다.

지금부터 언급하는 서구 문화의 특징들은 서로 다른 방식으로 동성애 이슈에 공헌하게 되었는데, 어떤 것은 동성애 문제에 직접적인 연관은 없지만, 전략적으로 볼 때 다른 요소들로 하여금 가능한 요소들이 되도록 하는 중요한 환경을 제공한다. 이와 같이 이러한 특징들은 왜 동성애 문제가 문화적 대의가 되었는지에 대해 보다 직접적인 관련이 있다. 내가 판단하건대, 내가 기술한 4~7번의 요소들은 이러한 문화적 대의의 원인들을 보다 직접적으로 설명해 줄 것이다.

서구 사회에 있어서 종교의 위치는 더 이상 문화와 결합되어 있지 않다. 대신에 사회의 갈등을 유발시키는 요인들로 작용하고 있는데 특히 윤리적 이슈들에 있어서 더 많은 갈등의 원인이 되고 있다. 신앙에 있어서 서구문화는 부득이하게 인종적 종교적 다양성이 부여되는 다원주의라는 특징을 드러낸다. 종교적으로나 정치적으로 진보/보수가 대의로서 이러한 이슈를 지원하거나 충동하는 중대한 기능을 하고 있다. 이 문제를 가장 잘 다루고 기꺼운 모습으로 인정한 글이 바바라 휠러Barbara G. Wheeler의 논문인데, 진보주의자로서 그녀는 몇몇 보수주의 기독교 신학대학원 캠퍼스에 살면서 자신이 배운 것을 반영하였다.3 월터 윙크와 로버트 가그논이 서로 주고받았던 논쟁이 이와 같은 점을 잘 묘사해 준다.4

여기에서 성서적 권위와 해석 방법에 대한 이슈가 모두 연관되었는데, 이것은 이미 1~4장에서 주어진 특별한 성서본문을 예를 들면서 살펴보았다. 그러나 1960년대에 일어난 성의 혁명 이래로 우세한 성문화에 적응하려했던 또 다른 중요한 요소가 있다. 이것은 예수께서 주신 사랑의 명령 즉 "사랑하라 그리고 네가 원하는 것을 하라"는 것을 "사랑하라 그리고 네가 원하는 것은 뭐든 하라"는 대중화된 구호로써 진보진영에 의해 인가된 것이라 할 수 있다. 1960년대의 조셉 프레처Joseph Fletcher와 주교 존 로빈슨Bishop John A. R. Robinson의 도발적인 책은 이러한 식의 윤리적 사유를 잘 표현해 주었고, 60년대 성의 혁명을 거쳐 동성애 이슈가 왜 서구사회의 대의로 자리하게 되었는지 이해할 수 있도록 도와주었다. 이러한 논쟁들은 존 셀비 스퐁John Shelby Spong의 글에 잘 나타나 있다.

나는 서구 문화를 분석하는 전문가가 아니기 때문에, 나의 이 초보적인 시도가 보다 더 깊은 연구를 촉발시키는 촉매제가 되기 원할 뿐이며, 부디 이 문화적 분석에 힘을 쏟을 가치가 있고 관심 있는 전공자가 충분한 분량의 단행본으로 엮어 주길 바란다. 다음은 내가 분석한 중요한 요소들이다.

1. 개인주의의 열매로서 인간의 자율성에 우선을 둔 가치.

현대 서구 문명에 가장 큰 영향을 끼친 계몽운동은 "개인의 자아"라는 개념을 발전시킴으로써 사람들에게 안정감을 심어 주었다. 리차드 미들톤Richard Middleton과 브라이언 왈쉬Brian Walsh는 이러한 현상을 "자율적인 인간은 자신의 운명뿐만 아니라 세상의 운명을 자율적으로 규정하는 주인이 되었다…. 서구 문화는 바로 이 인간의 자율성autonomy을 근간으로 형성되었다. 이렇게 공들여 쌓은 탑은 자기결정의 자유 및 급진적인 자유의 토대가 되었다. 그러나 이러한 유효성과 생명을 부여해야할 자유는 창세기 3장에서 태초의 인간이 죽음에 이르는 죄를 범했던 모습과 너무나 흡사하다…. 이것은 우리가 하나님이 부여하신 기준을 능가하는 우리 자신의 기준을 추구한다는 것과 하나님이 부여하신 기준 대신에 우리 자신이 정의하는 옳고 그름의 한계 및 기본적인 기준을 추구하게 되었다는 사실을 의미한다. 우리는 꽤나 자율적이 되었다: 우리자신auto이 법nomos이 되었다."라고 표현하였다.5

이러한 관점은 "진보를 향한 불가피하고 피할 수 없는 행진"을 신봉하는 과학 및 기술적 신념과 한패가 되어 현대 세상에서 인간들이 "전통, 문맹, 무지, 미신과 같은 위험으로부터 방해를 받지 않고" 살아가도록 해 주었고, 그 결과 우리는 어떤 문제가 발생하든지 우리 자신들이 노력하면 충분히 방법을 해결할 수 있다고 믿게 되었다. 이러한 현대 세계관은 어떤 특별한 신념과 가치가 보다 큰 실재에 부합한지 아닌지 점검할 방법은 없기에 모든 지식에는 저마다 나름대로의 관점이 존재한다는 포스트모던 세계관과 뒤엉켜있다.6

이러한 세계관과 대조적으로, 성서의 세계와 현재 우리가 사는 여러 사회의 세계관 안에 존재하는 개인의 자아개념, 개인의 정체성, 개인의 역할은 여전히 공동체의 결속과 정해진 역할에 의해 형성된다. 개인의 자치성, 개인의 자유, 개인의 권리가 아니라, 공동체의 연대, 공동체의 목적 그리고 공동의 정체성이 최상의 가치다. 이러한 문화에서 사람들은 정체성의 결정요인으로써 개인적인 차이를 고려하지 않는다. 성서에서, 어떤 사람의 정체성은 그 사람이 속한 그룹, 특히 하나님의 백성의 소속에서 나오며, 특히 신약 성서에서는 그리스도의 몸에 의해 결정된다. 믿음의 공동체에 속한 사람의 역할은 이러한 맥락에서 자기성찰과 개인적인 정체성을 제공받는다.

개인의 정체성에 대해 성서가 가정하는 것과는 반대로, 우리가 사는 현대 문화는 성적 정체성을 가장 주요한 가치로 만들어 가고 있다. 공립학교에서는 성교육을 매우 중요하게 여기는 한편 종교교육에는 별 관심조차 두지 않는다. 세속화 및 다원주의에 의해 교육이 그런 방식으로 흘러가고 있다. 그러나 우리가 여기에서 피해서는 안 되는 한 가지 중요한 이슈 즉 개인의 정체성에 있어 가장 중요한 것으로 여겨지는 기본 전제가 있는데 이는 우리가 사는 현대 사회의 가치 및 문화가 성서가 제시하는 시대의 가치 및 문화와 엄청나게 다르다는 것이다.

2. 물질주의적 가치.

위에서 강조한 것은 물질적인 성공과 번영에 대한 서구 사회의 관념이다. 실제로 소비주의는 미국이라는 나라가 갖고 있는 아주 특이한 문화적 병폐들 중 가장 대표적인 것이다. 성서학자인 월터 브루그만Walter Bruggermann은 그의 강의에서 "소비주의는 과학기술과 치유적 군대 문화"라고 언급하였다. 로버트 벨라Robert Bellah의 세미나, '마음의 습관' Habits of the Heart은 미국 문화가 개인주의적, 치유적, 관리적 소비중심사회라는 특징을 갖는다고 설명하였다. 그는 이러한 면들과 밀접하게 엉켜있는 문화의 특성을 "개인들은 자신이 누구인지 그리고 자신의 행동을 이해하는데 다른 미국사람들과 서로 어떻게 연결되어 있는지 많은 어려움을 겪고 있거나 거의 이해하지 못하고 있다"고 설명했다.7

이러한 상황이 아주 기본적이면서도 널리 퍼져 있는 것이기 때문에, 물질적 성공을 떠나 공동의 선을 위해 자기를 부정하라든가, 섬김의 윤리를 추구하라든가, 그리고 개인적인 자유를 넘어서 생명을 위한 비전을 추구하라는 것은 우리 사회 속에서 신뢰를 얻기 힘들다. 에스겔 16:49이 주는 메시지가 교회의 교부들에게 충격적이었던 것은 부, 특히 탐욕과 불의가 동성애와 연결되어 있다는 점이었다.8 그들은 문화적으로 온전성을 추구했다. 아마도 이러한 것은 우리가 사는 시대의 문화적 실재를 그대로 드러내 주는 것일지 모른다. 여기에서 다시 언급해야 할 것은 동성애가 부유한 사회에서 성행했다는 사실이다. 그리고 이러한 것은 경제적인 면과 밀접하게 연결되어 있다는 사실이다. 이 점에 대해서는 아래의 6, 7번과도 연결된다

3. 산업혁명과 산업혁명이 가족에 끼친 영향력.

전통적인 사회에 있어서 가족은 항상 가장 사회의 기본적인 구성단위였고 모든 에너지의 중심이었던 반면, 서구 사회의 구조에 큰 영향을 미친 산업혁명의 여파가 가족구조와 가족의 결속력을 해체시켰다. 아주 최근에 이러한 가족 해체 현상은 가족에 대한 직접적인 이념 공격에 불을 붙였는데, 이는 복음서가 말하고 있는 하나님 나라의 비전에 대한 근원적 헌신 때문이 아니라, 가족이 개인의 비전을 성취하는데 방해된다고 여겨졌기 때문이다. 보다 급진적인 여성운동가들 중 어떤 이들은 가족을 아주 부정적으로 평가하며, 이들의 비평은 큰 영향력을 행사하고 있다. 가족의 붕괴는 성의 혁명 배후에 있는 근본적인 요인으로 우리 시대가 겪고 있는 동성애 위기와 직접적인 관련이 있다. 이 주제와 관련하

여 이 책의 부록 4와 7번의 각주를 보라.

4. 1960년대 중반에 일어난 성의 혁명.

비록 이것이 실제 서구 사회에 있어서 가장 오랫동안 영향력을 행사한 유일한 것으로 들릴지는 모르지만, 아마도 우리 시대가 겪고 있는 성과 관련된 위기에 가장 강력한 영향력을 행사했을 것이다. 성의 혁명은 성을 문화적으로 일반화시켰다. 이러한 풍조를 정당화하고, 성을 정당하게 표현하도록 한 성의 혁명은 옷장 속에 숨겨둔 성을 아주 끔찍한 것으로 여김으로써 사람들의 삶에 아주 부정적인 영향을 갖게 한 고리타분한 이전의 청교도 윤리와 마녀 사냥의 공포를 부정적으로 평가한다.

이러한 현상들은 1960년대 미국 문화를 삼켜버린 성의 혁명, 그리고 성과 마리화나를 자유롭게 이용하도록 촉구했던 뉴욕, 우드스톡에서 열린 대규모 연주회의 모습에 그대로 드러나 있다. 이 시기는 다른 사람에게 해를 끼치지 않으면 자신이 원하는 것은 무엇이든 해도 좋다고 정의되었으며, 사랑이 유일한 도덕기준이었고 이전의 성도덕으로부터 자유를 합법화했던 "상황윤리"의 기간이기도 했다. 성윤리에 있어서 여러 반전에 반전을 거듭하는 무대가 이미 마련되어 있었다. 성에 대한 실제 시험이 미국의 자유를 더 소중한 것으로 만들었고 이는 비극적이기에 충분할 정도로 현 십대들의 혼전 임신률을 높여 놓았다.9 헌신적인 관계를 전제로 한 개인의 정체성을 인정하면서 "능동적인 성적" 존재로 동성 결혼을 인정하도록 분위기를 조성하였다. 그리고 가능한 가족으로서의 책임성을 필연적인 결과로 몰고 온 개인의 정체성을 중요한 문화적 요인이 되도록 분위기를 조성하였다.

5. 앞의 1~3번에서 언급한 가치들과 동일한 궤적 위에 여성의 자유

와 정체성을 추구하는 기독교적이 아닌 세속적인 여성해방 이념.

가장 극단적인 형태로 여성해방 이념은 여신 숭배, 마술 숭배, 혹은 신이교주의10와 같은 새로운 종교 이념으로 부상하고 있다. 자연 숭배라는 새로운 형태로 변형하는 가운데, 특히 레즈비언주의를 표방한 성 표출의 자유는 다양성을 존중하는 사회에서 종교의 자유라는 문제로 자리한다. 이러한 "신흥 종교들" 내에 창조자로서 1:18상가 아닌 창조물 숭배로의 변질이 두드러지게 나타난다. 로마서 1장의 분석에 따르면 이러한 숭배에 동성애 행위가 뒤따라올 것이라는 예측이 가능하다.

제프리 새틴오버Jeffrey Satinover는 이러한 발달양상을 몸과 성적인 표현에 대해 금욕적 관점을 취하거나 혹은 철저히 방탕한 모습을 취하는 영지주의의 부활과 연결시켰다. 그는 이교주의의 출현을 우리 시대의 중요한 "종교"로 보았으며 영지주의의 방탕한 모습이 재현될 것으로 보았다. 이러한 것이 새 시대의 영성과 연결될 가능성을 견지하는 가운데, 기독교 교회와 예수를 구세주와 주로 여기는 기독교의 근본신앙을 무력화 시킬 것이다.11

6. 도시의 역동성.

데이비드 그린버그David Greenberg의 광범위한 사회학 연구 결과인 『동성애의 구성』*The Construction of Homosexuality*이라는 책은 동성애가 서구 도시 사회의 영향력에 의해 개발된 주요한 문화적 특성 중 하나인 사회적 영향력에 의한 것이며, 한 도시에서 전 세계의 또 다른 도시로 번져나가는 현상을 설득력 있게 설명하고 있다.12

이 책이 출판된 시기1988에 그린버그는 뉴욕대학의 사회학 교수로 재직 중이었고 범죄학, 법학 및 일탈 행동 이론을 강의하였다. 그의 연구 조사는 현대 서구 사회는 물론이거니와 고대 사회들에 이르기까지 매우 광범위했다. 원시 사회에 있어서 세대를 거쳐서 일어나는Transgenerational 동성애가 존재하였는데, 이는 나이 많은 남자 혹은 부족 리더가 젊은 남자에게 성관계를 요구하는 모습이었다. 이러한 동성애관계는 젊은 남자의 결혼과 더불어 끝났다. 어떤 사회에서는 아이들 간에 존재하는 박애주의적Egalitarian 동성애가 시행되었다. 그러나 이러한 동성애는 일생에 걸쳐 일어나는 것도 아니었고 배타적인 성행위 형태로 일어나는 것도 아니었다. 계급에 걸쳐 일어나는Transclass 동성애는 보다 수직적인 구조를 갖고 있는 사회에서 발생하였으며 나이 많고 부유한 남성이, 젊고 약하고 가난한 종이나 노예를 상대하는 방식으로 이루어졌다. 동성애의 서구적인 개념들은 사회적 조건과 시장경제, 관료주의라는 문화적 압박과 밀접한 관련 하에 발전하였다.이 장의 끝부분에 위치한 미셸 푸코의 관점과 비교해 볼 것 동성애 정체성에 대한 현대적 관점은 단순히 현대 문화의 산물이다. 동성애의 발전과 이러한 관점은 현대 도시화와 상호관련되어 있으며 그린버그는 사회적인 자료들을 문서로 제시하였다.

위에서 살펴본 1~5번의 요소들은 모두 도시 문화를 강하게 반영하는 것들이다. 이처럼 도시 환경은 기본적인 관계들을 서로 연결시키기에 부족한 면이 있지만 동성애 충동을 실현시킨 모판이 되었다. 개인주의적인 용어로 표현하자면 도시환경은 공동의 상호책임과 상관없이 자유 및 자기실현의 장이 되었고 이러한 환경이야말로 다양한 형태의 관계 속에서 동성애 실험의 문화적 필요를 충족시켜 주었다.

7. 오락, 여가, 스포츠 및 미디어 중심 문화라는 영향을 통해 문화에 성적특성이 부여됨.

무대 위의 역할들이 왜곡된 정체성을 낳게 되었다. 그레코-로만 세계에 존재했던 동성애적 관계의 특이한 현상을 설명하면서, 스미스Smith

는 실내 체육시설과 극장이라는 영향력 있는 두 가지 상황을 언급하였다.13 지난 30여 년 동안의 소설, 영화, 예술은 동성애의 방향에 있어서 사상이나 실천을 활성화하는데 강력한 영향력을 발휘하였다. 이러한 실재는 종종 대학이라는 환경에서 강화되고 증대되었는데, 이는 영화 속에서 가르치고 보여주듯이 대학이 늘 예술이라는 주제를 공개하는 장場이기 때문이다. 예술에 대한 진위를 따지기 위한 포르노 관련 재판은 연방정부에 상정되기도 한다. 물론 포르노는 이성애와 동성애 모두를 포함하고 있다.

8. 결혼에 대한 대안적인 선택이나 결혼 후 일정기간 동안 혼자 지내는 "더 좋은" 것으로써 독신에 대한 신약 성서의 가르침 실종.

예수와 바울이 모두 결혼하지 않았다는 사실을 기억하고, 고린도전서 7장이 결혼하지 않은 상태를 결혼한 상태보다 더 낫다고 언급하였다는 사실을 기억하라. 보다 영예로운 선택으로써 이러한 독신에 대한 가르침의 실종은 서구 문화와 20세기에 일어난 성의 혁명이 결혼에 대한 낭만적인 관점을 발전시킨 것과 밀접한 관계가 있다. 이는 성행위의 기본적인 목적과 이해에 지대한 변화를 가져왔다. 이러한 가치관의 변화들은 "하나님과 하나님 나라를 위한 일"보다 "하나님과 가족"을 더 우위의 가치로 만들어 놓았다.

현재 미국 인구분포가 보여주는 결혼 상황 속에서 이러한 요소들을 생각해 보자. 현재 미국에는 4,000만 명의 독신 남녀가 있으며, 1,500만 명이 이혼하였고, 1,400만 명이 과부나 홀아비로 살고 있다. 결혼 후 성관계는 혼전 성관계만큼이나 큰 이슈이며 결혼 후 금욕은 이미 결혼 생활에서 의욕적인 성생활을 알아버린 사람에게 아주 어려운 일이 되었다.14 인구로 따져볼 때, 교회 내에서조차 금욕은 동성애를 언급하는 것만큼 중요한 이슈로 떠오르게 될 것이다. 실제로, 이성간의 혼전 성교와 결혼 후 금욕에 대해 말하지 않으면서 동성애를 언급한다면, 이는 교회가 동성애적 성향을 가진 사람들에게 금욕을 요구하는 것만큼이나 성실성의 부족을 드러내는 모습처럼 보일 것이다. 하나님 나라를 위해 결혼 내에서 금욕을 행할 수 있어야 한다 15

9. 성적 선호도/성향은 변화시키기 불가능하다는 신념.

이 개념은 지난 30년에 걸쳐 점진적으로 발전했는데, 많은 사람들이 주장하는 바와는 달리 실제 경험적인 근거자료가 부족한 편이다. 이 점에 대해 아래의 토론을 보라 게이·레즈비언 옹호는 아주 강하고 양극화 되어 있어서 오래 전에 교회 내에서 언급되었던 이혼과 재혼의 주제와는 달리 동성애 욕정을 놓고 씨름하는 사람들을 어떻게 돌보아야 하는지는 매우 어려운 목회 주제이다. 보다 자세한 설명은 7장에서 다룰 것이다 16

10. 평등권과 공평성을 강조하는 문화.

휠러Wheeler가 언급한 것처럼, 평등과 공평성이란 가치는 미국 시민운동이 추구하는 탁월한 가치들이며, 게이·레즈비언을 옹호하는데 강력하게 일조하고 있다.17 이러한 가치들이 그 자체로서 성서신학이 추구하는 가치들을 확보하고 있지는 않지만, 정의를 숭상한 그리스 전통과 정의를 갈구하는 성서적 요청*misphat*: 신명기 16:20, 아모스 5:24, 미가 6:8, 이사야 42:1~4과 아주 쉽게 결합함으로써 정의 수행이라는 차원에서는 많은 것을 함께 공유한다. 정의에 대한 성서적 관점이 평등이 아닌 자비, 친절, 동정이라는 것은 이미 4장에서 언급하였다. 신약성서에서 죄인을 의롭게 하는 하나님의 칭의정의를 시행하시는 하나님의 방법는 하나님의 사랑과 은혜에서 발현된다.

이러한 미덕을 다양한 모습으로 추구하면서, 그리스인들과 그리스도인들은 서로 뒤섞여 모든 것을 "받아들여야 한다"고 강력하게 주장하였다. 그 결과 게이·레즈비언들의 주장을 옹호하는 일을 주저하는 것은 비기독교적이고 동성애공포증의 표현이라 이해하게 되었다. 이러한 것을 반대하는 보수주의자들은 정의가 아닌 거룩함이나 절제된 사랑과 같은 다른 성서적 가치들을 주장함으로써 동성애 옹호론자들의 목소리에 반대 입장을 고수한다.

예수 그리스도를 통한 하나님의 은혜로 말미암은 구원은 그들이 동일한 장점이나 권리들을 가졌기 때문에 모든 사람이 구원을 받아야만 한다는 논점에 근거하는 것이 아니다. 비록 이러한 것이 모든 미국 시민들을 대하는 기본적인 가치이기는 하지만 이것이 구원의 근거가 될 수는 없다. 오히려 구원과 그리스도의 몸으로 들어가는 것은 항상 자신의 죄를 인정하고 회개하는 사람에게 열리는 하나님의 은혜에 의해서 이루어진다. 선택이라는 교리는 아브라함으로부터 시작되고, 그리스도가 정점을 찍었는데 이는 그리스도인들에게 적용되는 하나님의 은혜로써 어떤 사람의 장점, 신분, 인물됨, 혹은 신앙심 때문에 하나님께서 그 사람을 받아들이신다는 개념과 정면으로 반대된다. 그 어느 누구도 그 사람이 백인이거나 히스패닉이거나 남자거나 여자거나 동성이거나 이성이라는 이유 때문에 하나님 앞에 제대로 설 수 있거나 그리스도의 몸으로 마땅히 받아들여질 권리를 갖고 있다고 주장할 수는 없다.

한편 신약성서는 하나님의 구원이라는 초대장과 이에 대한 반응에 있어서 그 누구도 이러한 외형적인 특징(사도행전 10:34)들 때문에 제외되어서는 안 된다는 점을 분명히 하고 있다. 그러나 구원에서 제외되거나 교회의 일원이 되는 일에 그 누구도 제외되어서는 안 된다는 말이 어떤 정의의 형태를 기본으로 하는 "인권"과 연결되어 무조건 "받아들이고 포용해야 하는 것"인양 결론지어서도 안 된다. 오히려 하나님의 구원을 얻고 교회의 일원이 되는 것은 죄의 회개와 고백, 세례, 하나님의 자유로운 칭의, 그리고 성령의 선물을 통해 이루어져야 한다.

이러한 문화적 요소들은 현재 우리가 정의하고 결정해야한 것들이다. 정신질환이라든가 신체적 질병, 특히 에이즈HIV-AIDS 등을 포함하여 건강에 대한 비용이 얼마나 드는지, 이러한 질병들이 가져다주는 비극이 얼마나 큰지에 대해 책임 있는 문화적 분석이 이루어져야 한다. HIV와 AIDS에 대한 자료는 부록 3에 정리해 놓았다.

이러한 문화의 부분으로써, 서구사회에서 선교에 충실한 교회가 된다는 것이 무슨 뜻인지 질문할 필요가 있다. 어느 교파에 속해 있든지 모든 교회는 그들이 위치한 주변 문화의 영향을 받는다. 우리가 속해 있는 문화의 본성은 다음의 세 가지 불편한 질문을 교회에 제기한다.

첫 번째 질문은 서구 문화가 로마서 1:18~32이 말하는 것과 유사한 문화, 즉 도덕적으로 아주 기초적인 기준마저 파괴되고 있는 것을 적절한 것으로 여기는 문화, 그러기에 하나님의 합법성을 인정하지 않는 문화가 되어가고 있지는 않은가? 사악한 문화가 표방하는 행동으로 진리를 억압하고, 사람들이 속아 넘어가는 것조차 명확하게 보지 못하도록 소경을 만들어가지는 않는가? 만약 서구 문화가 문화적으로 우리를 속이고 있다면, 이러한 권력을 행사하는 문화적 현실 속에서 우리가 할 수 있는 일은 무엇일까?부록 2에서 볼 수 있듯이 지배적인 문화를 거스르며 살아간다는 선택은 쉽지 않다. 이러한 점에서 어쩌면 우리는 모두 희생자들이며, 이러한 희생양이 되어있는 상황에서 생존한다는 것은 거의 상상할 수 없을 만큼 힘든 일일지 모른다. 이러한 희생자가 되는 그 개념 또한 자기 관념을 존중하는 우리 문화의 영향이기도 하다.

둘째로, 결정적인 면에 있어서 우리 모두가 동화되고 있다는 사실을 안다면, 이러한 서구 문화적 영향력에 대한 교회의 동화를 막기 위해 불공평한 방식으로 특별한 사람들혹은 회중들을 고용하고 있지는 않은지 질문해야 한다. 서구 문화의 많은 측면은 선하기에 어떤 부분은 인정할 필요가 있다. 그러나 문화의 상당부분은 정말 악하다. 교회의 도덕법에 끼친 우리 문화의 영향력은 우리가 일반적으로 인식하고 인정하는 것보다 훨씬 엄청나다. 북미 기독교는 단순히 세상 속에 있을 뿐만 아니라, 아주 세속적이다. 많은 그리스도인들이 너무 부유하며, 탐욕이 문 앞에 도사리고 있다. 에베소서 5:5과 초기 기독교 교부들은 탐욕과 우상숭배가 밀접하게 연결되어 있으며, 로마서 1:18~27은 "바르지 못한" 성적 욕망과 직접 연결되어 있다.

세 번째로 모든 동성애가 동일한 천에서 잘려 나왔는가? 진리를 알고 실천하고자 하는 노력들을 통해 나는 모든 동성애가 동일한 천에서 잘려나온 것이 아니라는 확신을 갖게 되었다. 인과관계는 쉽게 설명되지 않는다.[18] 어떤 동성애는 선택에 의한 것이고, 어떤 동성애는 보다 선천적 즉 유전 및 생물학적 형성에 기인한다. 아이들의 의지나 지식과 상관없이 인생 초기에 이러한 발달이 일어난다는 것이 지배적인 설명이다.[19] 서구 문화에 뿌리를 내리고 있는 수많은 요인들이 동성애에 영향을 미친다. 이러한 요인들 중에는 다음과 같은 것을 들 수 있다.

- 향정신성 약품의 사용
- 연극, 영화, 포르노의 영향
- 자신들은 동성애적 정체성을 갖고 있지 않지만, 교도소와 같이 강요된 상황에서 발생하는 동성행위
- 부모와 자녀 간에서 일어나는 발달 심리학적 내용들[20]
- 이성 관계의 실패 및 실망

- 아동기 혹은 청소년기에 성폭행의 결과
- 외로움에 대한 보상심리나 친밀감의 필요
- 신흥종교나 이교도들의 의식과 연결되어 있는 정숙한 문화나 가부장제의 반대에 의한 촉발된 레즈비언 욕구

이러한 목록은 한 번도 정리된 적이 없는 논쟁으로서 동성애의 최종적인 원인을 설명하기 위해 급조한 것이 아니라, 동성애 설명으로 매우 중요하다고 여겨지는 서구 문화의 요소들을 정리한 것이다. 다른 모든 성행위와 마찬가지로, 일단 동성행위가 시작되면, 비록 그것이 멈추질 가능성은 있다고 할지라도, 쉽게 습관화되기 때문에 동성행위를 중단하기 쉽지 않다.21

서구 문화의 부산물들 중 한 가지가 바로 성행위의 자유는 결코 양도해서는 안 될 권리라는 가설이다. 특히 게이·레즈비언뿐만 아니라 아마도 독신주의를 옹호하는 사람들에게 더 그렇다. 그러나 이것은 지난 수백 년 동안 교회가 가르쳐온 내용을 직접 반격하는 것이다. 그러므로 우리는 우리가 출석하고 있는 교회 내의 이성애 싱글들에게 기대하는 것이 무엇인지 잊어서는 안 된다. 주어진 문화적 현실 속에서, 우리는 결혼하지 않은 그리스도인들이마태복음 19:11~13, 고린도전서 7장에서 바울이 하나님 나라를 위해 가능한 결정의 자유가 있지만 견뎌내야 하는 고통이 어떤 것인지 이해하면서 독신의 의미를 해석할 필요가 있다. 회중에 속해 있는 결혼한 부부들을 위한 "통로"의 부족을 보상하기 위한 뭔가가 있다는 사실로 싱글들을 축하할 필요가 있다. 더 나아가 우리 사회속의 그룹들이 기꺼이 싱글들을 일원으로 받아들일 필요가 있다. 기독교 신앙은 복음과 부합하는 자아실현이나 개인의 행복추구가 잘못된 전제임을 알리고 도전해야 한다. 다른 말로 표현하자면, 성에 대한 선입견특히 동성

애와 동성애 공포증을 포함하여 서구 문화에 저항하려면 우리가 지금 시도하고 있는 것보다 훨씬 더 큰 신학적 비평을 필요로 한다. 이러한 관점에서 볼 때, 우리의 소명이 모든 사람을 사랑하는 문화적 대안 공동체를 이루는 것임을 보다 더 잘 이해해야 할 것이다. 우리는 동성애에 대해 강한 매력을 발산하는 사람들을 포함하여 형제나 자매로 상호간에 호의를 베푸는 포용의 공동체를 추구할 것이다. 동시에 우리는 성적인 성향의 개념에 대한 개인의 특성을 격하시키는 일을 거부할 것이다. 우리는 또한 우정의 관계를 애정의 관계로 변화시키려는 문화적 압력에 대해 강력하게 저항할 것이다.

    교회가 이러한 모든 일에 대해 세상이 말하는 바와 똑같이 말해야 하는가? 두말할 필요 없이 그건 절대 아니다. 목회적 돌봄의 관점에서 볼 때도 그건 분명 아니다. 교회는 이러한 다양한 현실 상황에 대해 그리고 각 사람과 상황의 독특함을 인정하는 가운데, 하나님께서 예수 그리스도의 변화시키는 능력을 통해 인간의지human will 안에 존재하는 여러 가지 다양한 행동을 능히 변화시키실 수 있다는 확신을 가져야 한다. 그리고 이러한 확신과 더불어 구속적이면서 동정적인 관점으로 기꺼이 사전 대책을 강구해야 한다. 동성애 욕구들 중 어떤 것은 유전적이며 생물학적 특징22에서 발생하는 것이기 때문에, 모든 사람이 변할 가능성이 있다고 기대하거나 주장할 때, 우리는 늘 온화하고 부드러운 모습으로 해야 필요가 있다. 그리고 우리는 동성애에서 이성애로 변하는 것이 얼마든지 가능하다는 사실, 특히 그 사람이 변화를 갈망 할 때 이러한 변화가 얼마든지 가능하다는 사실을 보여주는 과학적 문서들과 교회의 치유목회 방식을 찾는데 보다 더 많은 관심을 가져야 한다.23

    1970년대에 영국에서 서로 분리된 남성 동성애자들을 대상으로 시행된 정신과 실험은 그들 중 71퍼센트의 사람들이 안정적인 이성결혼을 유지하고 있다는 사실을 보여주었는데, 이들 중에 변화를 갈망했던 사람들의 치료는 그 효과가 더욱 분명하였다. 자신이 변화를 갈망하는지 아닌지 애매모호한 열다섯 명의 사람들로 구성된 두 번째 그룹에서는 단지 7퍼센트만이 동성애에서 이성애로 변화된 모습을 보였을 뿐이었다.24 50년대와 60년대의 학자들 대부분이 그렇듯이 새틴오버Satinover는 변화를 경험한 사람들의 퍼센트를 발표했던 일곱 명의 정신과치료사 및 두 명의 정신 분석가들이 보고한 과학 잡지자료를 인용하였다. 이는 이러한 치료를 받았던 341명 중에 50퍼센트에 해당한다. 그는 "5년 뒤인 1984년에 마스터스Masters와 존슨Johnson 프로그램에 참여한 사람들의 65퍼센트가 변화를 보였다"25고 보고하였다.

보다 최근에는 70년대 초에 미국 정신과 협회를 대변하여 더 이상 동성애를 "정신 장애psychiatric disorder"로 규정해서는 안 된다는 운동을 전개했던 로버트 스피쩌Robert Spitzer박사가 성적 성향은 고정된 것이며, 그렇기 때문에 이들을 변화시키려는 치료 시도를 받아들일 수 없다는 "새로운 정통이론"에 대해 도전하고 나섰다. 200명을 심도 있게 면담한 근거로, 스피쩌 박사는 많은 사람들이 "단순이 그들의 행동에만 변화를 보인 것이 아니라, 성적 각성과 판타지에 괄목할 만한 변화가 일어난 사실"을 발견하였다.26

약 1,000 명이 넘는 회원으로 구성된 동성애 치료 및 연구를 수행하는 협회인 NARTHNational Association for Research and Therapy of Homosexuality는 원하면 변화가 가능하다는 사람들을 대상으로 정신분석을 시행하는 주된 운동을 펼치는 산 증인이다. 이러한 변화—실재는 조셉 니콜로시Joseph Nicolosi 및 다른 연구에서도 확인되었다.27 가그논은 행동은 물론 더 나아가 욕망의 변화 또한 가능하다며, 이러한 증거가 이를 진지하게 고려하는 사람들을 놀라게 하고 있다고 하였다. 또한 다양한 전문가들의 연구를 인용하면서, 과연 우리가 과거 동성애자들의 고백을 다시금 진지하게 고려해볼 것인지 물었다. 이성애자에서 중년에 동성애자로 전환한 사람들을 포함한 이러한 동성애 행위와 욕망의 변화에 대해 잘 정리된 문서에 따르면, 성적 욕망은 한 사람의 인생에 있어 매우 유동적이라는 사실을 인정해야 한다.28 또한 우리가 속해 있는 교회 및 기관에 속해 있는 사람들이 기도만이 아니라, 치료를 받는 노력을 기울임으로써 이러한 변화가 가능하다는 사실을 배워야 할 필요가 있다.29

새틴오버Satinover는 『동성애와 진리의 정치』*Homosexuality and the Politics of Truth*라는 저서에서 지난 몇 십 년 동안 정신분석 및 신경과 연구 분야의 전문가들이 이 부분에 대해 "침묵"한 것에 대해 슬퍼하였고, 동성애를 갈망하는 사람들의 성적 성향에 대해 잠재적인 변화를 이끄는 관련 치료들이 있음을 솔직히 인정하였다. 그는 동성애를 정상적인 것으로 보도록 하는 강한 압력 특히 1970년대 중반부터 1990년대 중반까지 약 20년간 받았던 강압 때문에 의학적 문서 *MEDLINE*에 실린 출판물들과 연구논문들이 사실을 축소했다는 사실을 문서로 정리하였다.30 그는 이러한 연구 자료들은 정신과 스피쩌 박사와 함께 했던 사람들 중에 61퍼센트나 되는 사람들이 변했다고 주장하였다. 아울러 이러한 변화를 희망하는 사람들에게 치료를 받지 못하게 하는 것은 비윤리적이라고 주장하였다.

다음은 미국 정신건강 상담인협회American Mental Health Counselors Association의 전 회장이었던 워렌 드록모턴Warren Throckmorton의 기록이다.

> 만약 조사연구가 없다면, 어떻게 전문가 협회들이 성적 성향이 바뀔 수 없다는 주장을 그렇게 분명하게 할 수 있단 말인가?…. 사람들이 성적 성향이 바뀔 수 없는 것이라는 가설을 인정한다고 하자. 그렇다면 언제

그들의 성적 성향이 정해졌는지 도대체 어떻게 안단 말인가? 우리가 그들의 성적 성향이 정해져 있다는 것을 확실하게 알 수 없다고 말하면서 자신의 성적 성향을 변화시키기 원하는 사람들에게 그들의 성적성향이 바뀔 수 없다는 것을 확실하게 주장할 수는 없지 않은가? 31

5년 이상 「심리학 연구」 Psychological Report라는 전문 잡지를 정독해본 결과 이러한 연구에 대해 눈에 띄는 문학적 결핍현상이 사실로 드러났다. 비록 리앤 페인Leanne Payne과 같이 어떤 사람들은 "기억의 치유"32를 통해 모든 사람의 치유가 가능하다고 주장하지만, 모든 동성애자들이 변화 가능하다는 입장을 고수하는 것은 실증을 넘어서는 일이다. 태생적으로 욕망이 형성되어 있는 사람들이 있기 때문에, "성향"의 변화는 성서에 기록되어 있는 천상의 몸에 의해 현재 사람의 몸 안에 존재하는 동성 및 이성이 모두 사라질 때까지 기다릴 필요가 있다. 나는 이러한 종말론적 요소도 끊임없이 견지해 나가야 할 관점이며, 지금 다루는 이 이슈가 매우 중요한 것이라는 관점을 지켜나가도록 도울 것이다. 리차드 헤이스가 쓴 「구속을 기다리는 몸」 Awaiting the Redemption of the Body라는 논문은 이러한 중요성을 적절히 표현해 주었다.33

어떤 "성향"을 갖고 있다는 이유로 교회가 사람을 소외시켜서는 안 된다. 그 누구도 소외시켜서는 안 된다. 어떤 사람의 성이 그 사람의 기본적인 정체성을 규정하는 표시가 되는 경향을 보이며, 그 사람의 개성을 성적인 면으로만 축소시켜, 결국은 서구의 문화유산을 아무런 비판 없이 받아들이는 모습이기 때문에, 때때로 나는 과연 이러한 생각이 도움이 될까 의심한다. 이러한 용어를 역사적으로 사용하기 시작했던 1900년대 후반과 지난 세기의 첫 반세기 동안, 왜 사람들은 동성애자를 이상한 사람들로 낙인찍어 소외시켜 왔을까? 보다 최근에 이러한 개념은

"권리"를 보장받기 위해 애쓰거나 원하는 소집단들에게 정체성을 부여하는 원인이 되었으며, 다소간 동성행위에 정당성을 부여하는 원인이 되었다. 메리 스테워트 반 리우웬Mary Stewart van Leeuwen은 자신의 논문에서 이러한 개념을 신랄하게 비판하였다.34

"성적 성향sexual orientation"이라는 개념에는 동성애 문제를 신중히 숙고하려는 교회의 모습이 들어 있다. 그러나 교회 밖의 어떤 게이·레즈비언들은 동성 행위가 성향이 아니라 자신들의 선택이라고 주장한다.35 교회내의 토론과 공식적인 문서에서 우리는 "성향"이라는 개념을 받아들여 왔다.36 그러나 우리는 양성애bi-sexual 선호와 양성애 행위, 더 나아가 이에 대한 윤리에 대해서는 다루지 않았다.

현재 우리가 마주하고 있는 딜레마는 아리스토텔레스의 순수 지혜 natural wisdom 즉 어떤 사람의 행복eudaimonia이 자신의 본성nature의 이행에 달려있다고 여기는 문화적 영향 아래 있다는 것이다. 아리스토텔레스가 다루고자 했던 토론의 초점은 성적인 면이 아니라 직업이나 소명의 적합성에 있었다. 그러나 성에 몰입해 있는 우리 문화는 실제로 인간의 본성과 성은 분리된 것이 아닌 하나로 동일시하고 있다. 서구 문화에서 행복의 성취 또한 성적인 면과 분리하여 생각하지 않는다. 우리 문화의 이러한 압력과 더불어 우리가 대하는 딜레마는 현재 게이·레즈비언의 성 경험을 정상적인 것으로 보도록 설득하는 문화적 풍조 아래에 있다는 것과 이러한 풍조 아래에서 어떻게 교회가 동성애적 성향을 가진 사람들에게 자신들만의 정체성을 확보한 후 자신들에게 주어진 성을 즐기라고 할 수 있단 말인가? 정말 자신의 본성nature을 따라 행하는 것이 진정한 행복이라고 말할 수 있겠는가? 그리고 동성애 성향을 가진 사람들에게 독신으로 살도록 요구하는 것이 공평한가? 마르바 던Marva Dawn은 개인적으로 신체적 장애를 가지고, 여러 해 동안 혼자 살아온 사람으로 이러한 질문에 답하는데 가장 적절한 도움을 준 인물이다.37 그녀는 인생에 있어 많은 상황들은 공평하지 못하다고 말하면서 자신의 부분적인 시각 장애와 신체장애에 대해 하나하나 열거하였다. 이러한 제약들을 통해 그녀가 겪은 고통은 독신의 삶을 사는 사람들의 고통보다 더 컸다.

동성애에 관련된 글을 쓴 사람들 중 문화적 분석에 대해38 언급하며 우리가 관심을 갖고 분변하고자 하는 동성애 이슈를 다룬 사람들은 그다지 많지 않다. 동성 행위와 그들의 생활양식을 모두 받아들여야 한다고 주장한 데이빗 그린버그나 마르티 니시넨Martti Nissinen은 동성애를 바라보는 현대의 방식이나, 동성애 관련 현상이 서구 문화에 의해 형성된 것이라는 전제하에 철저히 연구를 수행했다.39 제프리 새틴오버의 책 또한 토론해 볼만한 것으로 지난 40년 동안 일어났던 문화적 압력들을 자세히 규명해 놓았다. 마이클 윌리엄스는 강간, 포르노와 같은 성적인 죄와 게이·레즈비언들의 성행위를 지배하는 욕정을 "악으로 변화되는 욕망이 우상화 된 것"이라고 보았다.40 이것이 문화적 시스템 안에서 파괴적인 영향력을 행사하는 성적, 정치적 엔트로피다.

포스트모던 성향을 고려해 볼 때, 우리는 스스로의 윤리라는 대본을 써내려가는 현대 서구 문화의 모습을 목격할 수 있다. 프랑스의 영향력 있는 포스트모던 사상가인 미셸 푸코Michel Foucault는 이야기 자체 즉 성적 이해의 역사가 현실을 창조해 나간다고 보았다. 푸코는 권력의 이슈가 대화의 중심에 놓여있다고 주장하였다. 더 나아가 서구사회의 미디어 문화는 이러한 이야기를 만들어왔고 광범위한 영역에 걸쳐 이러한 이야기는 현실로 나타났다.

우리가 교회에서 성적 성향을 두고 동성애에 대해 이야기를 하는 동안, 로버트 고스Robert Goss의 책 『예수의 행동: 게이·레즈비언 성명서』

Jesue Acted Up; A Gay and Lesbian Menifesto 41라는 책에 대한 론 포글맨Ron Fogleman의 논평이 지적하고 있듯이, 요즈음 대학사상의 급진적 경향은 이 생각에 대해 반대하고 있다. 포글맨은 자신의 관점을 구체화하기 위해 푸코를 인용하면서, 정체성으로서 동성애에 대한 고스의 주장을 반대한다. 고스는 자신의 뜻을 전달하기 위해 푸코에 지나치게 기대고 있다

> 우리는 "나는 누구인가?" 그리고 "내가 숨기고 있는 비밀스런 욕망은 무엇인가?"라는 식의 질문을 던짐으로 게이가 되는 일을 줄이려는 경향이 있음을 인식해야만 한다.… 문제는 사람들이 성에 대한 진리를 발견하려고 시도하는 것이 아니라, 현재 서로 다른 다양한 유형의 관계를 성취하기 위해 우리의 성을 사용하고 있다는 것이다. 이것은 동성애가 욕망의 한 형태가 아니라, 뭔가를 이루어 내고자 하는 이유이다. 그러므로 우리는 게이로 자신을 규정하고자 고집할 것이 아니라, 게이가 되어가고 있다고 주장해야 한다.42

포글맨Fogleman의 비평은 본질을 세우려는 그 어떤 것도 용인하지 않고 해체하려는 자신의 방침 안에서 이루어진 것이다. 그는 "정체성"이라는 용어 안에 집어넣을 수 없는 동성애의 해체를 자유롭게 시도해야 한다고 주장하지만, "'진리'의 '이름'으로 말해야 한다고 주장하는 사람들에게 윤리적 권위를 부여해야 한다는 위험한 환상을 심어주고 있다."43

어떻게 우리 문화가 스스로 윤리의 대본을 써 내려가고 있는지, 뿐만 아니라 어떻게 우리 문화가 이를 변명하고 있는지, 현재 일어나고 있는 모습이 여기에 보인다. 이런 사람들에게는 아무런 전제도 없고, "정상" 혹은 "진리"도 없다. 사람은 인생을 살아가면서 이러한 것들 대신에 뭔

가를 만들어간다. 왜냐하면 사람들은 무엇이든 간에 목적을 세우고 그것을 성취해 나가기 때문이다.

포글맨의 비평에 의해 자극을 받은 가운데, 고스는 『괴상한 그리스도: 예수의 행동을 넘어서』*Queering Christ: Beyond "Jesus Acted Up"*이라는 책을 출간하였다. 이 책에서 그는 사람을 게이 혹은 레즈비언 혹은 정상의 존재로 언급하는 것은 너무 "정체성" 편향적이며 "본질주의적" 편향을 가진 것이라고 주장하였다. 오히려 우리는 누구나 게이와 양성애 혹은 이성과 양성이 될 수 있다는 사실을 인정하면서 이러한 "정체성"의 벽을 부수어야 한다. 다양한 형태의 표현을 통해 사람이 갖고 있는 모든 잠재능력을 인정하는 가운데, 성적인 습관과 문화가 자유롭게 형성되어나가도록 해야 한다.44

우리는 엄청난 도전을 마주하고 있다. 포스트모던 세상에서 사는 우리에게 과연 성서와 믿음의 역할이란 무엇인가? 이러한 시대의 풍조 속에서 그리스도인들이 미래의 세상을 건설적으로 만들어나가기 위해 감당해야 할 역할에는 어떤 것들이 있을까?

실제로 첫 번째 형제 살인이 자행된 이후의 문화는 선과 악에 대한 지대한 잠재성을 갖고 있다. 자크 엘룰의 책 『머리 둘 곳 없던 예수-대도시의 성서적 의미』는 창세기 4:17, 20~22와 요한계시록 21:1~3 사이에 존재하는 도시와 문화가 갖고 있는 두 가지 차원이 무엇인지 분변한 책이다.

성서는 하나님께서 우리를 너무나 사랑하시기 때문에, 한 도시에서 또 다른 도시로 옮겨가는 여정, 르네 지라르가 강조했던 형제 살인에 근거한 도시에서 우리의 모든 죄를 구속하기 위해 인간 폭력에 의해 살해당한 어린 양의 도시로 옮겨가는 여정으로 우리를 데려간다.

가인이 자기 아내와 동침하니, 아내가 임신하여 에녹을 낳았다. 그 때에 가인은 도시를 세우고, 그 도시를 자기 아들의 이름을 따서 에녹이라고 하였다. 아다는 야발을 낳았는데, 그는 장막을 치고 살면서, 집짐승을 치는 사람의 조상이 되었다. 그의 아우의 이름은 유발인데, 유발은 수금을 타고 퉁소를 부는 모든 사람의 조상이 되었다. 또한 씰라는 두발가인이라는 아이를 낳았다. 그는 구리나 쇠를 가지고, 온갖 기구를 만드는 사람이다. 창세기 4:17, 20~22

나는 새 하늘과 새 땅을 보았습니다. 이전의 하늘과 이전의 땅이 사라지고, 바다도 없어졌습니다. 나는 또 거룩한 도성 새 예루살렘이, 남편을 위하여 단장한 신부와 같이 차리고, 하나님께로부터 하늘에서 내려오는 것을 보았습니다. 그 때에 나는 보좌에서 큰 음성이 울려 나오는 것을 들었습니다. "보아라, 하나님의 집이 사람들 가운데 있다. 하나님이 그들과 함께 계실 것이요, 그들은 하나님의 백성이 될 것이다. 하나님이 친히 그들과 함께 계실 것이다. 요한계시록 21:1~3

기도

주님, 주님의 길을 가르쳐 주십시오. 내가 진심으로 따르겠습니다. 내가 마음을 모아, 주님의 이름을 경외하겠습니다. 시편 86:11 주님, 주님의 길을 나에게 보여 주시고, 내가 마땅히 가야 할 그 길을 가르쳐 주십시오. 주님은 내 구원의 하나님이시니, 주님의 진리로 나를 지도하시고 가르쳐 주십시오. 나는 종일 주님만을 기다립니다. 시편 25:4,5

주님께서 "네가 가야 할 길을 내가 너에게 지시하고 가르쳐 주마. 너를 눈여겨보며 너의 조언자가 되어 주겠다."고 하신 약속을 믿습니다.

이 시대의 문화전쟁의 한가운데서, 성 프란시스코의 기도를 드림으로써 하나님의 도움을 얻으라.

주여 나를 평화의 도구로 써 주소서
미움이 있는 곳에 사랑을
다툼이 있는 곳에 용서를
분열이 있는 곳에 일치를
의혹이 있는 곳에 신앙을
그릇됨이 있는 곳에 진리를
절망이 있는 곳에 희망을
어두움에 빛을
슬픔이 있는 곳에
기쁨을 가져오는 자 되게 하소서

오, 주여!
위로받기보다는 위로하고
이해받기보다는 이해하며
사랑받기보다는 사랑하게 하여 주소서
우리는 줌으로써 받고
용서함으로써 용서받으며
자기를 버리고 죽음으로써
영생을 얻기 때문입니다.

후주

1) Marlin E. Miller, and Willard M. Swartley in Essays on *Biblical Interpretation: Anabaptist-Mennonite Perspective*, ed. Willard M. Swartley (Elkhart, Ind.: Institute of Mennonite Studies, 1984), 203~64에 실린 Gorge R. Brunk, III의 논문을 보라. 브렁크(Brunk)는 누가복음 24장의 엠마오로 가는 두 사람에 대한 이야기에 관한 연구를 역사비평 방법에 입각하여 설명하였다. 밀러는 역사비평방법에 대한 철학적 이성주의자들의 전제들을 예리하게 분석하였다. 스와틀리는 성서연구에 드러난 이러한 현재의 동향들이 역사적 방법을 능가하고 있다고 보았다. 여러 해 동안 조정이 있은 후, 1984년부터 이러한 동향들이 급격하게 증가하였다. 그러나 대부분은 계몽주의의 결과로써 "비평적"인 요소를 그대로 보유하였다. 역사비평방법에 대해 평가한 글을 위해서는 Peter Stuhlmacher, *Historical Criticism and the Theological Interpretation of Scripture: Toward a Hermeneutics of Consent* (Philadelphia: Fortress Press, 1977)을 보라. 역사적 관점에서 시도한 이야기 비평에 대한 최신의 재평가가 어떤지 보려면 Mark Allen Powell, *Chasing the Eastern Star* (Louisville, Ky.: Westminster/John Knox Press 2001)을 보라.
2) 어떤 문학에 있어서 이러한 이론들은 "순수주의자(essentialist)" 유형(유전학/생물학)으로 간주되거나 혹은 "구성주의자(constructionist)" 유형으로 간주된다. 이 장의 뒷부분에서 이 주제는 포스트모던 사고방식과 연관되어 나타나는데, 이는 구성주의적 관점에 적합한 것으로 보인다. 내게 있어서 "발전적" 이론들이 이 두 개의 중간 즈음에 위치하는 것처럼 보이는데 이는 설명의 양태가 자연/양육 방식으로 보이기 때문이다.
3) Barbara G. Wheeler, "Living Together in Light of Christ," in *Theology, News, and Notes* (Fuller Theological Seminary) 50:2 (Winter 2003): 7~11.
4) Christian Century (Issue 12 and 17, 2002). 월터 윙크에 대한 Gagnon's 긴 답변 글 "Are There Universally Valid Sex Precepts? A Critique of Walter Wink's Views on the Bible and Homosexuality," *Horizons in Biblical Theology* 24:1 (June 2002) 92~125을 보라.
5) . Richard Middleton and Brian J. Walsh, *Truth is Stranger Than It Used to Be: Biblical Faith in a Postmodern Age* (Downers Grove, Ill.: InterVarsity Press, 1995), 20~21.
6) Ibid., 32.
7) Robert N. Bellah, *Habits of the Heart* (New York: Harper & Row, 1985), 50. Middleton and Walsh, *Truth is Stranger*, 22. 이 주제에 대한 Ronald Sider and Jacques Ellul의 글도 참고하라.
8) 이러한 관찰은 탐심 그 자체를 실제적인 죄라고 보며, 이러한 맥락의 동성애 관계가 경제학적 성 착취에 이용되고 있음을 의미한다는 주장에 늘 사용되어 왔다. 그러나 나는 그러한 해석을 의심한다. 바울이 정리해 놓은 불의의 목록이 드러내는 것처럼, 탐심은 간음과 기타 성적인 죄(에베소서 5:3 "음행이나 온갖 더러운 행위

나 탐욕은 그 이름조차도 여러분의 입에 담지 마십시오")와 함께 정리되어 있다. 윌리엄 컨트리맨(William Countryman)은 신약성서 (신약성서 전후 몇 세기에 걸친) 당시의 문서들 속에 나타난 탐심에 대한 방대한 연구를 수행하여 탐심과 성적인 행동이 어떤 관계가 있는지 보여주었다. 특히 죄를 짓지 않기 위해 얼마나 착취적인 모습을 강화시켰는지 보여주었다. 그러나 이것이 곧 성적인 죄악이 탐심을 감소시켜줄 수 있다는 것을 의미하지는 않는다.

9) 15세에서 19세 사이의 약 백만 명이나 되는 미국 여성들이 매년 혼전 임신을 한다. 거의 19퍼센트의 흑인 여성들, 13퍼센트의 히스패닉 여성들, 8퍼센트의 백인여성들이 15~19세의 나이에 임신한다. 미국은 최고의 십대 임신율과 출산율을 보이고 있는데 이는 캐나다나 영국에 비해 약 두 배에 달하는 수치이다. Alan Guttmacher Institute, *Sex and America's Teenagers* (New York: Alan Guttmacher Institute, 1994).

10) Margot Adler, *Drawing Down the Moon*, 개정증보판 (New York: Penguin, 1997).

11) Jeffrey Satinover, *Homosexuality and the Politics of Truth* (Grand Rapids: Baker Books, 1996), 229~43.

12) David Greenberg, *The Construction of Homosexuality* (Chicago: University of Chicago Press, 1988). 이에 대한 적용으로써 Don Browning의 통찰력 있는 서평 "Rethinking Homosexuality," *Christian Century* (11 October 1989): 911~13.

13) Abraham Smith, "The New Testament and Homosexuality," *Quarterly Review* 11:4 (1991): 19. Martti Nissinen, *Homoeroticism in the Biblical World* (Minneapolis: Fortres Press, 1998), 70.

14) Michael J. McClymond, "The Last Sexual Perversion: An Argument in Defense of Celibacy," *Theology Today* 57:2 (July 2000): 219.

15) 이 주제에 대한 몇 가지 중요한 글들: bid., 217~21; Gerald Biescker-Mast, "Living as Though We Were Not Married," *Christian Living* 47:6 (September 2000): 21~24; Sarah Hinlicky, "Subversive Virginity," *First Things* 88 (October 1998): 14~16; Kathleen Norris, "Celibate Passion," *Christian Century* (March 1996): 331~33.

16) 1988년 지방회 목사였던 장인 John E. Lapp이 돌아가시기 전에 나와 나눈 대화에서, 그는 나에게 동성애가 목회적 돌봄의 주제이며, 각 상황에 따라 다루어져야 한다는 말씀을 해주셨다. David Schroeder는 그의 논문에서 회중들이 분변해야 할 주제로서 똑같은 제안을 하였다. "Homosexuality: Biblical, Theological, and Polity Issues," in *To Continue the Dialogue: Biblical Interpretation and Homosexuality*, ed. C. Norman Kraus (Telfor, Pa.: Pandora Press U.S. 2001), 71~72.

17) Wheeler, "Living Together in the Light of Christ," 8.

18) 동성애 원인에 대한 전문적인 관점과 문학에 대한 개관을 위해 Daniel L. Buccino, "Homosexuality and Psychosis in the Clinic: Symptom or Structure," in *Homosexuality and Psychoanalysis*, eds. Tim Dean and Christopher Lane (Chicago: University of Chicago Press, 2001), 265~87 을 보라.

19) 이것은 Mary Stewart van Leeuwen, *Gender & Grace* (Downers Grove, Ill.: Intervarsity, 1990), 225에 실린 견해다.

20) 이는 프로이트(Freud)에 의해 유명해진 견해로 아주 오랜 세월 동안 심리학 및 신경과학 이론을 지배해왔으나 더 이상 폭넓은 지지를 받고 있지 못하고 있는 추세다. 그렇지만 심리학자 Elizabeth Moberly(영국)의 연구는 동성애 부모와 자녀간의 관계는 결정적인 원인으로 작용하고 있다는 입장을 취하고 있다. 그녀의 치료 방법이 이

영역에서 점차 인정받고 있으며, 중요한 결과들을 보여주고 있기 때문이다. Homosexuality: A New Christian Ethic? (Cambridgge: James Clark & Co. Ltd., 1983)을 보라.
21) Homosexuality and the Politics of Truth, 147~51에 실린 Satinover의 토론을 보라.
22) Carl S. Keener and Douglas E. Swartzendruber, "The Biological Basis of Homosexuality," in *To Continue the Dialogue*, ed. Kraus, 148~73과 Willard Krabill, "The Gift and Same-Sex Orientation," in *Sexuality: God's Gift*, eds. Anne Hershberger and Willard Kraybill (Scottdale, Pa.: Herald Press, 2000), 99~117을 보라.
23) MIT, Harvard 그리고 Yale에서 교육받은 유대 정신과 의사인 Jeffrey Satinover는 다양한 기관들에 대해 평가하며 그들의 정체성을 밝혀놓았고 설명을 달았다. *Homosexuality and the Politics of Truth*, 196~309를 보라. 그는 Leanne Payne의 돌봄의 목회(Pastoral Care Ministry)의 가치를 대단히 높게 평가하고 있다.
24) Lee Birk, "The Myth of Classical Homosexuality," in *Homosexual Behavior: A Modern Appraisal*, ed. Judd Marmor (New York: Basic Books, 1980), 386~87. Birk는 "동성애만큼 한 가지 주제를 놓고 여러 그룹들이 하나의 목소리를 내는 주제는 없을 것이다"라는 말로 논문을 시작하고 있다(376).
25) Satinover, *Homosexuality and the Politics of Truth*, 185~87.
26) Robert L. Spitzer, "Commentary: Psychiatry and Homosexuality," *Wall Street Journal* (23 May 2001).
27) Joseph Nicolosi, "What Does Science Teach Us About Human Sexuality?", in *Caught in the Crossfire: Helping Christians Debate Homosexuality*, eds. Sally B. Geiss and Donald E. Messer (Nashville: Abingdon Press, 1994), 67~77. 데이빗 생크David A. Shank는 *Mennonite Weekly Review* (29 February 1996)에서 1994년도 Journal of American Psychoanalytic Association이 도움을 요청했던 사람들의 삼분의 일정도가 변화에 성공하였다는 자료를 이용하였다. 그러나 2001년 가을, 같은 잡지 JAPA는 회원들의 상담을 토대로 "변화의 목표들"을 다시금 생각해 보아야 한다고 지적하였다. 왜냐하면 이 주제에 대해 1998년 8월 17일자 뉴스위크지의 사설 (46~53)이 말하고 있는 것처럼, 그 "변화"라는 주제가 뜨거운 논쟁을 불러 일으켰기 때문이다. 인권 운동 재단(The Human Rights Campaign Foundation)은 Finally Free: Personal Stories: How Love and Self-Acceptance Saved Us From "Ex-Gay" Ministries (Washington, D.C.: The Human Rights Campaign Foundation, 2000)이라는 제목으로 "이전에 게이였던 사람들"을 위한 목회를 통해 "구출된" 열 네 사람의 사례를 책으로 묶어 출간했다. 게이와 레즈비언 관련 안건들을 문화적 정치적으로 증진시키며, "변화의 가능성"을 감소시키려 했던 노력에 대한 내용은 로마 가톨릭 교회 정황을 포함하여 John C. Cort, "The Unwelcome Ex-'Gay' Phenomenon," *New Oxford Review* (October 2001): 33~36.에 잘 설명되어 있다.
28) Robert A. Gagnon, *The Bible and Homosexual Practice* (Nashville: Abingdon Press, 2001), 420~29.
29) 메노나이트 내에 존재하는 그룹에 대해서는 7장에 언급된 각주 10을 보라. 2000년 9월 30일 미국 인디아나주 북쪽의 Clinton Frame Mennonite 교회에서 열린 동성애 주제 강연회에서 강사였던 Greg and Joy Wallace은 자신들이 결혼 전에 서로 게이와 레즈비언으로 오랜 생활을 하였지만 결혼 후 13년 동안 이성애자로 살고 있다는 사실을 간증하였다. 2000년 10월 5일자 Mennonite Weekly Review, 1,10를 보라.
30) Satinover, *Homosexuality and the Politics of Truth*, 169.
31) Warren Throckmorton, "Attempts to Modify Sexual Orientation: A Review of

Outcome Literature and Ethical Issues," *Journal of Mental Health Counseling* 20 (October 1998): 286.
32) Leanne Payne, *The Broken Image: Restoring Personal Wholeness Through Healing Prayer* (Grand Rapids: Baker Books, 1996), 59~121. 페인은 상처와 트라우마를 발전시키는 20가지 관련 유형을 기술하면서 한 가지 설명으로 어머니의 자궁에서부터 상처와 트라우마가 시작되면 이런저런 방식으로 성적 정체성이 왜곡된다고 설명하였다. "기억의 치유"라는 기도를 통해 이러한 상처들은 치유될 수 있으며 이성애자로서의 정체성을 회복할 수 있다. 이러한 견해는 동성애를 죄로 볼 것이 아니라, 치유되어야 하는 상처로 본 영국 심리학자인 Elizabeth Moberly (Homosexuality: A New Christian Ethic)의 보고와 유사하다.
33) Richard B. Hays, "Awaiting the Redemption of the Body," *Sojourners* 20 (July 1991): 17~21.
34) Mary Stewart van Leeuwen, "To Ask a Better Question: The Heterosexuality-Homosexuality Debate Revisited," *Interpretation* 51 (April 1997): 144, 155.
35) 어떤 게이와 레즈비언들은 뇌의 크기가 성적인 성향을 좌우한다는 Simon LeVay의 발표에 대해 부정적인 반응을 보였다. Newsweek (9 September 1991): 52를 보라.
36) John Leland가 쓴 뉴스위크지의 사설, "Bisexuality," (17 July 1995): 44~50을 보라. 리랜드는 양성애를 "애정생활의 와일드 카드"라고 표현하였다. Beth Firestein와 여러 작가들은 *Bisexuality:The Psychology and Politics of an Invisible Minority* (Thousand Oaks, Calif.: Sage Publishing, 1996)이라는 책에서 "성 정체성은 각 개인들에게 불변의 것이 아니며"(24) 최소한 성향과 관련된 다섯 가지 유형이 존재한다는 사실을 생각해 볼 필요가 있으며,(31) 어떤 사람들은 최소한 "두 가지 유형의 관계를 동시에 보이기도 한다."(191)는 사실을 언급하였다.
37) Marva Dawn, *Sexual Character: Beyond Technique to Intimacy* (Grand Rapids: Eerdmans, 1993), 105~9.
38) 출판되지 않은 논문이지만 David A. Shank, "On the Exegesis of an Ethos," 1992, 1~27을 보라. 게이 세계가 얼마나 지저분하고 탐욕스러운지를 설명한 전 가톨릭 신자 Camille Paglia로부터 인용하면서 마크 티슨 네이션(Mark Thiessen Nation)은 윌리엄스가 상술한 성적인 세계의 한 단면을 생생하게 보여주었다 (아래의 각주 40을 보라). 네이션의 "Fruit of the Spirit or Works of the Flesh? Come Let Us Reason Together," in *To Continue the Dialogue*, ed. Kraus, 234을 보라. Thomas E. Schmidt, *Straignt and Narrow: Compassion and Clarity in the Homosexuality Debate* (Downers Grove, Ill.: InterVarsity, 1995), 100~30도 참고 할 것.
39) Greenberg, *The Construction of Homosexuality*와 Martti Nissinen, *Homoeroticism in the Biblical World: A Historical Perspective*, trans. Kirsi Stjerna (Minneapolis: Fortress, 1998). *The Way Forward? Christian Voices on Homosexuality and the Church*, edited by Timothy Bradshaw (London: Hodder & Stoughton, 1997)에 실린 몇 편의 글들은 이러한 생각과 같은 방향성에서 쓰여진 글들이다. Herman C. Waetjen, "Same-Sex Sexual Relations in Antiquity and Sexuality and Sexual Identity in Contemporary American Society," in *Biblical Ethics and Homosexuality: Listening to Scripture*, ed. Robert L. Brawley (Louisville: Westminster/John Knox Press, 1996), 103~16는 "생리학, 해부학, 심리학이라는 과학들의 문화적 산물에 의해 시작된 성은 그들이 소유한 성적 편애에 따라 인간 존재에 개성을 부여해 주었고, 전통적으로 정해진 성역할 즉 남성과 여성을 분리하여 생각하도록 성 정체성을 확립시켜 놓았다."(112)는 설명과 함께 현대서구인들이 성에 대해 어떻게 생각하는지 보여줌으로써 비슷한 관점을 진일보시켜 놓았다.

40) Michael Williams, "Romans 1: Entropy, Sexuality and Politics," *Anvil* 10:2 (1993): 105~10.
41) Robert Gross, *Jesus Acted Up: A Gay and Lesbian Manifesto* (San Francisco: Harper Collins, 1994).
42) Gross의 책을 검토한 Ron Fogleman의 책, *Jesus Acted Up*, *Critical Review* 7 (1994), 508~11.
43) *Ibid.*
44) Robert Gross, *Queering Christ: Beyond "Jesus Acted Up"* (Pilgrim Press, 2002), 228~38. Leland, "Bisexuality," 또한 이와 같은 관점으로 기술하였다.

6장
성서해석학적 분석과 고찰

　이번 장에서는 동성 행위와 관련되어 있는 특별한 금지나 권고사항에 대한 우리의 이해에 보다 광범위한 정경의 증언에 근거한 기본적인 강조점이 얼마나 영향을 끼쳤으며 그것이 무엇인지 살펴보는 성서해석학적 분석을 시도할 것이다. 이러한 논쟁이 갖는 장점과 단점의 측면들은 진지한 신학적 고찰이 요청된다. 성에 대한 이해와 성관계의 목적들에 대한 성서의 기본적인 신학은 무엇이며 그 신학이 견지하는 가치에는 어떤 것들이 있을까? 본문이 기록된 시대의 영향을 받은 성서의 성 윤리를 우리 시대의 문화적 상황에 정식으로 적용할 수 있을까? 이러한 질문에 답하기 위해 나는 성서의 본문이 강조하는 내용을 기초로 몇 가지 기본적인 사항들을 살펴보고자 한다.

　우선 가장 먼저 고려해야 할 사항은 성관계의 가시적인 성취로서 출산을 높이 평가하는 유대주의에 대한 인식이다. 창세기 1:27~28, 시편 127:3~5, 시편 113:9, 잠언 17:6 자녀와 후손이 없다는 것은 하나님의 축복을 충분히 받지 못했다는 것이며 더 나아가 하나님께서 싫어 하신다라고까지 받아들여졌다. 창세기 16장, 30:1~8 성에 대한 이러한 이해는 이스라엘이 남성과 여성을 하나님의 창조에 있어 최고의 선물인 것으로 여기게 되었다. 창세기 1:26~27, 2:18~24 이처럼 동성관계를 위해 한 남자가 한 여자와의 성관계를 거부하는 것은 하나님께서 귀중하게 여기신 창조의 선물과 자녀들의 축복을 거절하는 것으로 이해된다. 로마서 1:18~29

두 번째로 고려해야 할 사항은 성서 윤리가 이스라엘과 교회가 주변 이방 나라들과 가졌던 관계 속에서 발전되었다는 사실이다. 예를 들어, 레위기 18:22, 24~30의 말씀에서 이스라엘의 성 윤리는 주변 이방나라와 뚜렷한 차이를 보여야 한다는 주장에 의해 한층 강화되었다. 그러나 많은 성서신학자들은 고린도전서 6:9에 기록되어 있는 죄의 목록을 그리스 철학서에서도 발견하였다. 구약과 신약에서 발견되는 동성애 행위는 하나님의 구원받은 공동체 내에서는 윤리적으로 받아들일 수 없는 것으로 정죄되었다.

세 번째이자 가장 중요하게 고려해야 할 사항은 성서의 메시지 속의 위대한 인물들은 인간의 "악한 사람들을 분류"해 놓은 것이 아니라, 하나님의 공동체, 즉 사랑과, 치유와 용서의 공동체로 들어가고자 진지하게 고민했던 사람들이었다는 것이다. 현재 동성애를 다루면서 교회가 반드시 풀어내야 할 과제가 바로 이것이다. 우리는 근본적이면서도 신학적인 수준에서 사랑, 용서, 치유가 동성애와 근본적으로 어떤 관계가 있는지 반드시 성서가 강조하는 것에 기초하여 물어야 한다. 이러한 논쟁의 양측에서 나오는 답은 서로 다른 것이다. 아마도 특별한 답을 추구하지 않는 것이 가장 도움이 될 수도 있을 것이다. 그렇지만, 동성애를 위해서나, 교회나 개인가족의 치유라는 입장을 붙들고 있는 이러한 강조점들이 의미하는 것이 무엇인지 탐구해보는 것도 많은 도움이 될 것이다. 이러한 논쟁을 보노라면, 개인적으로나 교회라는 공동체의 입장에서나, 병적인 모습은 물론이거니와, 너무나 터무니없는 알량한 사랑과 용서만 드러날 뿐이다. 한 사람이 갖고 있는 자신의 입장 혹은 한 교회가 갖고 있는 입장의 정당성에 기초하여 다른 사람들을 설득시키려는 확신이 가족과 교회의 건강과 안녕, 우리가 진실로 추구하는 샬롬을 질식시켜왔다. 이러한 입장이 교회의 증거와 선교에 지대한 피해를 입혔다.

성급한 답변과 특별한 답을 추구하기 보다는, 이러한 주제들이 서로 연결되어 있다는 사실을 여러 번 숙고할 것을 제안하고 싶다. 그럴 때, 이 고통스러우면서도 대립적인 이슈를 다루어야 하는 우리, 즉 교회와 개인을 위한 하나님의 치유하심이 어떤 의미가 있는지 더 잘 이해할 수 있을 것이다.

더 광범위한 성서해석학을 위해 고려해야할 내용들

노예, 안식일, 전쟁 및 여성의 역할에 대한 토론과는 달리 동성애 풍습에 대해 성서가 보여주는 일관된 모습과 일정불변의 입장을 인정하면서, 우리는 어떻게 이러한 것을 이 시대의 상황과 연결시킬 수 있는가? 질문해야 한다.

『안식, 노예, 전쟁 그리고 여성』이라는 연구를 통해 내가 배운 아주 중요한 사실은 사람들이 따로 떼어놓은 본문들이 말하고자 하는 것이 무엇인지 분명히 밝혀야 할 뿐만 아니라, 전체 성서적 계시 속에서 어떻게 그 문장들이 성서적, 신학적, 윤리적 원리라는 측면에서 평가되고 있는지 진지하게 고려해 보아야만 한다는 것이다. 물론 이렇게 하다 보면 특정한 윤리적 입장들과 정경으로서 성서가 제시하는 전체적인 윤리-신학적 방향성 간에 긴장이 발생할 것이다. 그러므로 특정 성서본문의 주해로부터 도출된 결론을 일반 원리로 지지하거나, 이미 결론에 도달한 내용에 또 다른 질문을 던지고 있지는 않은지 확인하기 위해 항상 전체적인 성서의 가르침을 재평가해 보는 것은 아주 중요하다. 더 나아가,

성서 본문과 우리가 살고 있는 이 시대 사이에 존재하는 문화적 간격 또한 다시 평가해야만 한다.1

한편으로는 설득력 있는 성서적, 신학적, 윤리적 가르침이 인간을 그저 남성과 여성이라는 대립적인 기본 본성으로 정의하기 때문에, 창조와 결혼에 대한 성서적 가르침 또한 동성애라는 선택 사항을 아예 고려조차 하지 않는 것으로 보게 할 지 모른다. 또 다른 한편으로, 비록 예수는 결혼의 영속성과 거룩함을 명백하게 지지하는 동시에 욕정을 비난하였음에도, 예수와 바울이 하나님 나라를 위해 부름받은 제자들에게 결혼과 가족을 부차적인 것으로 보게 할지 모른다.

한편으로 세상의 방식, 특히 성적인 죄에 대해 순응하지 말고 거룩한 삶을 살아야 한다는 성서적 부르심이 너무나 분명하고 강하게 다가올지 모른다. 또 다른 한편으로 이미 3장에서 살펴보았듯이 전체로서 성서가 요구하는 소외된 사람들을 향한 부르심, 특히 종교와 사회에 의해 낙인 찍힌 존재로서 게이와 레즈비언에게까지 정의와 자비를 베풀고 그들을 용납하라는 부르심이 너무 지나친 주장처럼 보일지 모른다. 이러한 긴장을 해소하는 것이 이 시대를 성서와 더불어 살아야 하는 우리에게 주어진 성서해석학적 과제이다.

그렇다면 이렇듯 성서 본문에 마구 뒤섞여 있는 윤리적 상징들을 어떻게 이해해야 하는가? 성서적 정의에 기초한 한계선과 질서유지 사이에 어떻게 균형을 잡아야 하는가? 성서적 거룩함을 동정심과 포용과 어울리게 하려면 어떻게 해야 할까? 복음의 강력한 원리인 포용력 때문에 한계선과 질서유지마태복음 18:15~18를 요청하는 성서본문이 무효가 되는 것은 아닌가? 포용력과 훈계는 서로 양립할 수 없는 것일까? 1995년 메노나이트 총회의 설교에서 제임스 랩James Lapp은 설득력 있는 질문을 청중들에게 던졌다. 포용력과 훈계 사이에서 어떤 선택을 해야 한단 말입니까? 로날드 사이더Ron Sider가 제시한 것처럼, "상대주의가 요구하는 혼동된 동정심"을 소유해야 하며, "비극적 결과로서 우리의 성 행위, 이혼율, 경제적인 삶은 전형적인 북미 사회의 모습과 거의 다를 바 없게"2 되었다. 예수께서 죄인들을 받아들이신 것이 그가 죄를 너그럽게 보셨다는 의미일까? 성적인 주제를 다룬 마태복음 5:28과 마가복음 10:1~12의 본문들이 그렇게 보일지 모르지만, 결론은 그렇지 않다. 예수께서 소외된 자들과 관계하시고 그들을 받아들이신 것은 그들에게 변화와 치유를 제공하신 행위이었기에 그 사람들이 예수에 의해 받아들여진 것일 뿐만 아니라, 변화된 삶을 담보하고 있다. 요한복음 4장에서와 같이 어떤 본문들은 예수를 만난 사람들이 윤리적으로 어떻게 변화되었는지 결과에 대해 침묵하지만, 이전에 언급했던 것처럼 침묵이 아무 증거가 될 수 없다는 의미는 아니다.

아주 기본적인 성서의 윤리적 가르침은 동성행위의 윤리적 본질에 대한 교회의 분별력과 동성애 행위를 하는 사람에 대한 반응으로 적절하다. 나는 이러한 윤리적 원리를 여덟 가지로 정리하였고 세 가지를 A 항목으로 다섯 가지를 B 항목으로 정리해 놓았다. A 항목의 원리들은 종종 교회의 전통적 입장 변화에 사용되는 한편, B 항목의 원리들은 종종 전통적인 입장을 강화하곤 했다. B 항목의 의견들 또한 A 항목의 원리들을 존중하지만, B 항목에 A를 적용하는 일은 그냥 조용히 지나칠 수 없게 된다.

A 항목의 원리들

1. 전체로서 성서, 특히 예수는 정의도 눌린 자들 편에 서 계시며, 모든 사람들을 동등하게 대하도록 하나님의 백성을 부르셨다. 동성애를 선

택하지 않은 사람들, 즉 동성애적 경향을 가졌기 때문에 억압받고 불의한 처우를 받는 사람들은 결코 비난의 대상이 되어서는 안 되며, 특별한 은혜의 대상으로 여겨야 한다. 교회는 그들의 편에 서야 한다. 예수께서 사회가 제쳐놓은 사람들을 받아주시고 함께 교제하신 것처럼, 우리도 그렇게 해야만 한다.

2. 사랑, 상호관계, 언약의 관계는 성서의 기본가치이다. 동성애 관계, 특히 언약에 따라 사랑의 상호관계, 믿음 안에서 언약의 관계를 따르기로 했다면, 교회는 이러한 사람들의 관계를 인정하고 받아들여야 한다.

3. 하나님의 나라는 사회에 새로운 질서를 소개한다. 전통적인 가족의 결속력, 성 행위, 그리고 부르심은 하나님 나라의 비전을 가장 잘 수행해 나갈 수 있도록 새로운 관습과 자유를 위해 자리를 양도할 수 있어야 한다. 그리스도 안에서 남자나 여자는 없다. 그리스도 안에서 결혼과 번식도 더 이상 하나님 나라의 기초적인 가치로 자리할 수 없다. 이러한 우선순위 아래서, 동성애 또한 이성애와 더불어 그 지위를 확보할 수 있어야 한다.

B 항목의 원리들

1. 창세기 1:26~27은 인간의 성에 대한 하나님의 기본 계획이 무엇인지 가르쳐준다. 남자와 여자가 함께 하나님의 형상을 반영하고 있다. 동성 행위는 이러한 창조 계획의 면모를 한 순간에 사라지게 만든다. 더 나아가 동성애는 하나님의 출산 명령이자 지금까지 수 천년동안 이어내려 온 기독교 윤리의 중요성을 근본적으로 부정하는 것이다.

2. 창세기 2장은 결혼이 남자와 여자, 남성과 여성의 연합을 위한 것이라고 분명히 가르치고 있다. 히브리 성서와 기독교 성서 모두, 결혼 언약 밖의 성행위를 죄로 규정하고 있으며 특히 신약성서에서는 porneia부정로 규정하고 있다. 더 나아가 죄로 연결되는 정욕은 물론이거니와 난잡한 성행위를 금지하고 있다.

3. 성서의 언약은 결혼을 사적인 행사가 아니라 공적인 사건으로 이해하는 신학적 기초이자 법과 연결되어 있다. 언약은 사회 및 공적인 구조로서 법과 공동체 인가의 모습으로 자리한다. 하나님의 공동체 안에서 산다는 것은 결혼의 언약을 축하하고 인가한다는 의미, 즉 공동의 사회 일원이 된다는 의미이다. 수 천 년 동안 문학에서든 공동체의 풍습에서든, 히브리 및 기독교 공동체들은 동성애 언약관계를 인정하지 않았다. 오래된 교회 전통에 상처를 주고 너무나 쉽게 발전을 도모하는 최근의 교회 현상에 대해 경고하는 존 로스〈John Roth〉의 글을 참고하라. 3

4. 정의와 하나님 나라의 우선순위를 강조하는 예수의 가르침은 남녀 간의 연합 즉 결혼을 깨는 것에 대해 아주 자세하면서 분명한 입장을 보이고 있다.마가복음 10:1~10 남녀 결혼 연합의 영원함에 대한 말씀을 지키기 너무 어렵다면, 바울과 예수가 직접 모범을 보였던 것처럼 아예 결혼을 하지 말고 독신으로 살라고 조언하고 있다. "그리스도 안에서는 남자와 여자가 없다"갈라디아서 3:28는 바울의 분명한 선언은 대안적인 성생활을 합법화하려는 것이 아니라, 하나님 나라 공동체에서 남자들과 여자들을 연합하게 하려는 것이다.

5. 창세기부터 요한계시록에 이르기까지 하나님의 백성들에게 기대하

는 것은 이 세상의 풍조에 순응하지 말라는 것과 세상의 풍조를 따라 살아서는 안 된다는 것이다. 윤리적 분변은 이 세상의 유혹으로부터 자유하며 신실한 하나님의 백성으로 살아야 할 필수적인 내용이다. 어떤 형태의 동성애는 하나님의 계시를 알지 못하는 이방 로마 세계를 묘사하기 위한 것으로 인용되고, 오늘날 교회는 이러한 상황 하에서 무엇이 죄이며 무엇이 하나님께서 받아들일 만한 온전한 뜻인지 검증해야만 한다. 성서 전체에 스며들어 있는 기본적인 가르침은 윤리적 분변과 훈계 모두를 필수적인 것으로 보고 있다.

그러나 우리의 상황은 다르지 않은가?

지난 수십 년 동안 진행되어온 동성애 논쟁을 통해 중요한 내용들이 발전되었다. 어떤 내용은 구약과 신약 본문을 우리 시대의 게이/레즈비언 상황에 적용하는 것에 대한 적절하지 않은지 언급하고 있다. 현재 우리 시대의 문화는 성서 본문이 기록될 당시의 문화와 너무 다르다. 그래서 아마도 성서가 제시하는 법과 교리은 더 이상 우리 시대에 적용할 수 없다고 말할 수 있을지 모른다.

이러한 관점에서, 로버트 가그논은 동성애 풍습을 반대하는 성서적 윤리적 규범과 현재 우리의 상황 사이에 존재하는 간격을 주의 깊게 연구함으로써 해석학적으로 도전하였다. 그는 일곱 가지 해석학적 도피법에 대해 장황하게 설명하였다.4 가그논은 『신약 성서의 윤리적 비전』이라는 책을 저술한 리차드 헤이스의 방법을 종합하여 설명하고, 해석학적이면서도 실용적인 차원으로 차용하고 보완하였다. 그는 현재 동성애에 대한 성서 본문들의 적절성에 대하여 함구하거나 무시해야 하는 주된 이유들을 다음과 같이 고찰하였다.

- 성서는 남색과 착취 형태의 동성애만 정죄하고 있다.
- 성서는 기본적으로 남성우월주의의 위협 때문에 동성애를 정죄하고 있다.
- 성서는 동성애 성향과 "동성애"를 별도로 분류하지 않는다; 동성애의 욕망은 지나치게 성에 집착한 개인들에게 나타나는 것으로 여겨진다.
- 동성애에는 성서의 저자들이 채 인식하지 못하는 유전적인 요소가 존재한다.
- 동성애에 대해 직접적으로 언급하고 있는 성서 본문은 채 몇 구절 되지 않는다.
- 성서의 다른 구체적인 성 관련 권고들을 많이 알고 있으면서 이를 따르지 않으면서, 왜 사람들은 동성 행위는 그토록 집착하며 반대하는가?
- 어찌되었든 우리 모두가 죄인이면서, 왜 그렇게 동성애라는 죄만 중요한 것처럼 다루는가?

이러한 논점에 대한 답변으로 가그논은 왜 사람들이 세밀한 조사를 지속하지 못하는지 그 이유를 설명한다. 이러한 논점을 지지하는 성서 주해는 설득력을 이끌기에 너무나 큰 약점이 있을 수 있다. 어떤 경우에는 잘못된 논리 혹은 잘못된 증거를 갖고 있어서 올바른 결론을 내리지 못하였다. 가그논이 말한 중요한 관점 한 가지 중, 고대 세계가 성적 성향에 대한 개념을 갖고 있지 않았다는 생각은 더 이상 견지할 수 있는 입장이 아니다. 베르나데트 브루텐Bernadette Bruten과 협력했고, 그가 일전에 인용했던 그레코-로만 본문의 진술에서, 가그논은 어떤 사람들이 동성애 관계에 편향적이며, 아이스키네스Aeschines, 프루트아치Prutarch의 프로토게네스Protogenes, 파우사니아스Pausanias와 같은 몇몇 그리스 작가들은 플라톤과 소크라테스 저작의 사랑에 대한 의견을 언급하면서 어느 정도 최고의 형태로서 동성애를 격찬하였다고 기술하였다.5 이러한 증거는 우리에게 그리스 동성애 풍습뿐만 아니라 1세기 유대 작가들이 인용한 것까지, 어떤 사람과 특정 유형의 관계는 자연적인 성적 성향을 초월해 있었다는 사실을 상기시켜준다. 특정 지위의 사교 관계에 및 어떤 모임들에는 이러한 일이 만연되어 있었다. 어떤 동성애 관계는 평생에 걸쳐 일어났다. 이러한 사실들은 현재 동성애에 대한 이해가 역사 소설에 근거한 것이라는 주장을 더 이상 할 수 없도록 만들었다.

가그논이 이러한 공헌을 한 반면, 브루텐과 스오델이 주장했던 것처럼,6 그리스 문학에 "성향"으로 분류한 개념이 존재한 것이 아니라 현재 우리시대의 이해라는 설명은 더 이상 정당화될 수 없다. 그럼에도 불구하고, 나는 성향이 정해졌다는 개념은 성향이 정해져있다는 사람들의 인생 전반에 걸쳐, 일단 동성이었다가 후에 양성이 되었다가 어떤 경우에는 이성의 모습을 보이는 것으로 보아, 성적 욕망의 적합성이 명백하지 않으므로 적용할 수 있는 주장이 아니라고 본다. 또한 이 이슈에 있어 세속의 전방위적인 목소리를 내는 사람들은 이미 사람들의 성적 성향이 정해져 있다는 개념을 그렇게 중요시 여기지 않고 있다. 오히려 인간은 자신이 원하는 대로 성적인 매력을 발산할 수 있다고 강조하기 때문에 이 주장은 별로 설득력이 없다.5장 마지막 부분을 참고하라

유전적인 요인뇌의 크기, 유전자 등을 주장을 고려해 볼 때, 가그논은 폭력이나 알코올중독의 영향에서 오는 유전자 잠재성의 요소를 무시하지 않으면서, 자신의 토론을 지지할 만한 구체적인 통계수치를 근거로 한 다양한 과학적 연구를 인용하며 환경적 영향이 보다 더 결정적이라는 입장을 고수하고 있다. 마찬가지로 변화를 원하는 사람들에게 행동의 변화는 물론이거니와 더 나아가 욕망의 변화도 가능하다는 증거가 훨씬 압도적이다. 가그논은 5장에서 이미 살펴본 다양한 전문 연구 결과를 인

용하고 있다. 변화가 가능하다는 이러한 문서화된 잠재력과 관련하여, 그는 성적 욕망이란 나면서 결정되는 것이 아니라는 사실을 인정할 필요가 있다고 주장한다. 그의 글 중 교회와 사회에 유해한 영향을 미치며 건강을 악화시킨다는 지적은 성서해석학적으로도 적절하다. 왜냐하면 이러한 것이 분명한 성서적 가르침을 너무 쉽게 처분해 버리지 못하게 하기 때문이다. 그의 결론은 그리스도의 날에 흠이 없고 순전한 모습이 되기 위해서 이러한 것들이 무엇인지 우리에게 가능하도록 하는 그리스도의 몸 안에 사랑, 기쁨, 평화가 넘쳐나도록 해야 한다고 주장한다.

  이 주제에 대한 가그논의 역작을 평가해 본 바에 따르면, 이러한 이슈들의 대부분이 주해적으로나 혹은 해석학적 기준들과 반대되는 것이라 보기 어렵다고 생각한다. 이 주제에 대한 방대한 해석학적 연구를 시행했던 앤소니 티슬톤Anthony Thiselton은 동성애 관계를 금지하고 있다는 본문들이 제안하는 다양하면서도 새로운 설명들은 "단지 사람들에게 착각을 불러일으키는 문제들"일 뿐이라고 했다.7 나 역시 이러한 본문들에 대해 우리가 처해 있는 현재 상황에 대해 지나치게 쉬운 설명과 더불어 그들이 보여주는 윤리적 태도인 침묵에 대해 의문을 갖고 있다. 동시에 나의 성서해석학적 과제는 서구문화에 대한 진지한 비판과 분석 없이 이루어질 수 없고 완성시킬 수도 없다는 신념하에 관련된 신념을 발전시켜왔다. 왜냐하면 서구 문화가 동성애 관계를 충동했을 뿐 아니라, 이를 합법적으로 받아들이도록 판을 깔아주었기 때문이다.5장을 보라 우리는 우리가 살고 있는 문화, 구체적으로 말하자면 이러한 이슈를 갖고 토론을 관장하는 정치에 비판적으로 관여해야 하는 도전에 직면하고 있다. 이렇게 우리를 몰아가는 문화적 힘들을 우리가 기꺼이 떠맡을 것인가? 내가 느끼기에 이러한 것은 우리가 "구속적 폭력의 통념"에 이의를 제기하는 것과 마찬가지로 생활 속의 너무 많은 것들이 서양 문화의 부분이 되어 있는 느낌이며, 이를 위해 월터 윙크〈Walter Wink〉의 글들을 보라 8 우리 문화의 개인주의적 풍조와 "권리" 특히 공동체 안의 한 인물의 가치를 평가절하 하는 모습에 적극 도전해야 한다. 그리스도인들에게, "그리스도 안에서in-Christ"라는 정체성은 성적인 정체성을 초월하는 것이어야 한다.

해석학적 유비에 대한 고찰

나는 해석학적 입장에서 여성의 역할과 노예의 유비에 대해 이미 언급하였다. 예수는 이혼과 재혼에 대하여 반대하는 입장에서 분명한 가르침을 주셨다. 그러나 구약과 마태복음, 그리고 바울은 최소한 어떤 특정한 상황에서 이혼을 허락하였다. 구약 신명기 24장과 마태복음 5:32은 특정한 상황의 재혼을 허락하였지만, 신명기는 첫 번째 남편에게 다른 남자의 아내였던 이전 아내와 재혼하지 말도록 금지하였다. 대부분의 주석가들이 다음과 같이 주해하고 있는 것으로 보아, 아마도 이 예외조항은 마태에게 동일한 원리로 작용했던 것 같다. "만약 아내가 이미 다른 남자와 성관계를 가졌다면, 그 결혼 관계는 이미 더럽혀졌으므로," 이혼을 허락해도 된다는 의미다.9 만약 별거나 이혼이 필요한 것으로 간주된다면, 재혼하지 말며 혼자 살거나 독신으로 지내라고 권면하고 있다. 그러나 고린도전서 7장의 전반부에 나타난 그의 논리는 만약 정욕이 너무 강하다면 재혼을 해도 좋다고 허락하는 것처럼 보인다. 이 문제에 대해 성서가 보여주는 가르침의 편차를 실제 동성애를 반대하고 처벌하기 위한 건강한 논리로 적용하기에는 그다지 적절하지 않다.

3장에서 이미 나는 전쟁과 왕권에 대해 검토하였다. 전쟁의 문제를 볼때, 그리스도인은 전쟁에 참여해서는 안 된다. 이러한 평화주의의 윤리적 기본이 원수를 사랑하라는 예수의 윤리적 명령을 견지하기 때문에 원수를 기꺼이 죽이려는 전쟁에 참여해서는 안 된다는 논리가 성립되는 것이다. 마찬가지로 남자와 여자가 한 몸을 이루는 연합에 대한 예수의 가르침은 실제 동성애를 인정해서는 안 된다는 말이다. 왕권에 대한 도전은 또 다른 차원의 비슷한 점이 있다. 비록 하나님께서 왕권을 기꺼워하지 않으셨지만, 하나님은 윤리적 이상을 추구하도록 왕들을 지도하시고, 시편 72, 82편 왕권을 통해 메시아적 희망을 이끌어 내심으로 일을 진행해 나가실 것이라고 말씀해 주셨다.

  가그논은 동성애 이슈에 종종 사용되는 이러한 유비들을 철저히 연구하였다. 이방인들, 이혼/재혼, 여성 목회 이슈와 관련하여 사도행전 15장의 할례 문제를 다룸 그는 이러한 예들이 유비가 아님을 보여주었다. 오히려 그는 실제 동성애와 견줄만한 다른 성 관련 죄 즉 근친, 수간, 간통, 매춘, 성매매자 의 죄상을 지적하였다.10

  나 또한 동의하는 내용으로 가그논은 이러한 성적인 유비에 더하여 진지하게 고찰해야 할 두 가지 항목을 추가로 언급하였는데, 독신과 돈에 대한 여러 가지 다양한 이유와 방식이다. 만약 사람이 갖고 있는 동성애적 욕망의 합법성을 허락하면서 실제 동성애를 금지한다면, 이 상황은 이성애 독신자의 상황과 꽤 유사한 모습이 된다. 이는 틀림없이 대부분의 사람들이 성적 욕망을 갖고 있지만, 성관계를 하거나 성관계로 발전시켜서는 안 된다고 하는 것과 똑같은 상황이 된다. 이러한 유비는 모든 사람에게 너무나 명백한 문제로 다가올 것인데 왜냐하면 성적 연합은 이성간의 결혼으로만 엄격하게 제한되어야 한다는 현 기독교 윤리의 기대치에 부합하는 것이기 때문이다. 이 점에 있어서 우리 문화의 탈선은 우리가 서구 문화를 올바로 분석하고 비평해하는 것이 얼마나 중요한가 다시금 강조하는 것이기도 하다.

혼자 살기로 결심하여 독신을 선택하는 것은 성적 욕망에 대한 더 깊은 통찰력을 촉구한다. 이에 대해 나는 성과 성적관심이 인생이라는 보다 더 큰 목적, 즉 그리스도 안에서 드러난 하나님의 형상에 부합하도록 어떻게 변화할 수 있는가누가복음 9:23, 고린도후서 5:17에 대해 연구한 월터 모벌리Water Moberly의 글을 인용하고자 한다.

> 우선, 인간의 삶에 있어서 "성"은 꼭 필요한 것도 아니고, 더 나아가 우선시 되는 것도 아니다. 인간의 삶에 있어서 가장 중요한 것은 성이 없어도 이루어질 수 있고, 성과 아무런 상관이 없이 지나가기도 한다. 고린도전서 13장, 갈라디아서 5:22, 유명한 구약 성서의 요약본이라고 할 수 있는 신명기 10:12~22이나 미가 6:8을 생각해 보라. 이에 대한 독특하면서도 늘 반복되는 형태의 기독교적 실증은 충만한 인생을 살기 위해 없어서는 안 될 것이라 여겨지는 돈이나, 성, 그리고 권력을 갖지 않고 가난, 간소함, 복종의 삶을 살겠다는 구체적인 맹세와 더불어 시작되는 수도원 생활인데, 이는 예수께서 이러한 것들 없이도 충만한 삶을 사셨기 때문이다. 이는 정말로 따라 살기 어려운 완전한 실증이지만, 성서의 핵심적인 내용을 붙들고 있다.11

더 나아가 모벌리는 "완성된 인간의 모델"로서 예수에 대해 언급하였고, 사회적으로나 영적으로 온전하면서도 매력적인 모습으로 예수의 삶을 제시하였다. 바울의 삶 또한 같은 방식으로 언급하였다 분명히 이것은 우리가 속해 있는 현대 문화에서는 실패한 모습으로 보일 것이다. 부록 4에서 지적한 것처럼 우리는 복음의 이러한 차원을 표현해내는데 턱없이 부족할 따름이다.

어떤 사람들은 동성애적 욕망을 알코올 중독과 비교하곤 한다. 아마도 이렇게 비교하는 것이 어떤 측면에서는 그럴듯해 보일지 모른다. 알코올 중독이나 동성애적 욕망의 경우에 있는 사람은 자유로운 선택을 할 수 없는 상황에서 살아가기에 그 원인을 설명하기 쉽지 않다. 더 나아가 일단 사람이 알코올 중독이 되거나 동성애적 성욕에 사로잡혀 살기 시작하면 이를 멈추기 매우 어려운데, 이는 이성애적 욕망의 경우도 마찬가지다. 그러나 지나친 음주를 반대하지만, 해석학적으로 이러한 유비를 서로 연관시키기에는 상당한 제한이 있다. 그 이유는 성서가 이러한 것을 뚜렷이 분류해서 금지하는 않지만 이러한 것에 연루된 사람을 어리석고 타락한 것으로 여기기 때문이다. 이 두 가지 사이의 유사성은 아마도 알코올 중독 또는 동성애에 대해 지금 우리 시대가 이해하고 있는 식의 이해를 성서에서 발견하기 힘들기 때문에 존재하는 것일 수 있다. 어떤 사람들이 말하는 것처럼 이 두 가지 사이에 존재하는 또 다른 유사성은 두 가지가 모두 만성적인 사회적 병리현상이라는 점이다. 현재 게이와 레즈비언 옹호자들은 이 부분에 대해 반대할 것이다. 비록 그들이 알코올 중독자들이 음주를 사회적 병리현상으로 간주할지는 몰라도, 자신들의 성적인 편향성은 사회적으로 위험한 것이 아니라고 주장할 것이다.

    모벌리는 돈을 언급하면서 성서가 가르치고 있는 돈과 이 시대가 보여주는 돈의 이해 사이에 얼마나 큰 간극이 존재하는지 유추해보도록 통찰력 있는 제안을 하였다. 성서와 초기 교회 교부들은 고리대금업자들이 이익을 챙기는 것을 엄격히 금지하였고, 부의 위험성에 대해 끊임없이 경고하였다. 그러나 현대 문화는 이점을 완전히 다르게 변화시켜 놓았는데, 빚, 탐욕, 수탈이 사라졌기 때문이 아니다. 새로운 경제 시스템이 돈의 속성을 바꾸어 놓았고, 돈을 바라보는 방식을 바꾸어 놓았기 때문이다. 이처럼 이전의 금지사항은 더 이상 같은 의미로 적용할 수 없게 되었다. 모벌리는 이러한 현상에 대해 신랄하게 비판했다. "여전히 돈이라는 이름은 동일하게 사용되고 있지만, 그 실재는 다르게 변하였으며, 아마도 동성애적 매력이라는 말 또한 동일한 생각으로 적용할 수 없을지 모른다."12 일전에 언급한 것처럼, 성적인 죄나 탐욕은 종종 성서와 초기교회가 제시하는 불의의 목록에 항상 쌍으로 등장한다. 이러한 모습은 매우 흥미로우며, 아마도 윤리적 논쟁에 중요한 단초가 될 수도 있을 것이다. 과학이 성적 욕망에 대한 새로운 이해를 도모하듯이 우리가 갖고 있는 자본주의 경제 개발에 대해 이해와 돈에 대해서도 똑같이 새로운 이해를 제공한다고 생각하는가? 우리가 경험하고 있는 것처럼, 만약 사람들이 동성애 현상이 대체적으로 문화속에서 형성되는 것이라고 할 때, 이러한 유비는 꽤 적절해 보이는데, 이는 자본주의 또한 사회적으로 형성된 것이기 때문이다. 명백한 사실은 이러한 상황에서 자유란 거의 찾아보기 힘들다는 것이다.

본문에서 현실로: 그러면 어떻게?

문화와 세계관이 이렇게 다르게 나타날 때, '과연 성서의 가르침이 후기 여러 세대에 나타난 예수의 제자들에게 제대로 권위를 행사하는지 아닌지 어떻게 평가할 것인가?' 라는 질문이 생긴다. 이 질문에 대해 가그논은 현재 우리에게 주어진 상황에서 성서적인 동성애 금지 조항을 넘어서야 한다는 주장의 부적절성에 대한 이유들을 보여줌으로써 적절히 대답하였다. 나는 이러한 문제들을 평가 할 때, 리차드 헤이스와 윌리엄 웹이 제시한 또 다른 편의 유용한 모델들을 주의해서 살펴보고자 한다.

『신약 성서의 윤리적 비전』이라는 책에서 리차드 헤이스는 어떻게 성서가 교회에 제대로 기능하도록 평가할 수 있는지 그 방법론을 발전시켰다. 이러한 방법론은 네 가지 과제로 구성되어 있다. 첫 번째 우리는 독자로서 주어진 본문을 주의 깊게 읽고 설명하는 임무를 수행해야 한다. 두 번째로 우리는 독자로서 공동체, 십자가 그리고 새 창조라는 성서의 핵심적인 이미지들이 신학적-윤리적 평가를 위해 기능할 수 있도록 종합적으로 분석해야 한다. 헤이스는 이 세 가지 이미지들이 신약 성서 전체에 스며들어 있으며 그러기에 크리스천 공동체의 지속적인 삶 즉 특정한 가르침에 권위를 결정하기 위한 필수적인 "척도"가 되어야 한다고 주장한다. 세 번째로 헤이스는 이슈에 대해 성서가 말하고자 하는 방식을 고려하여 해석학적으로 고찰하였다. 이러한 해석학적 방식들이란 규칙, 원리, 패러다임 그리고 상징적인 세계다. 헤이스는 주어진 특정한 이슈에 대해 성서가 어떻게 말하는지 그 방식을 세밀하게 살피도록 배려하고 있다. 이러한 과정을 위해 그는 전통, 이성, 과학 및 경험과 같은 다른 권위들도 진지하게 고려하였다. 마지막 네 번째로 그는 어떻게 성서의 가르침이 현시대 믿음의 공동체 즉 공동의 삶과 윤리적 삶에서 적용할 수 있는 지 분변하도록 실용적인 과제를 제시했다.13

이 책의 2~4장에서 나는 각 본문이 성서 전체의 맥락과 어떠한 통일성을 갖고 있는지 살펴보았다. 뿐만 아니라, 본문의 특별한 배경을 이해하는 가운데 본문을 읽어야 하며 이러한 과정을 어떻게 수행할 수 있는지에 초점을 맞추었다. 이번 장에서는 이 이슈에 대해 성서가 끊임없이 내리는 윤리적 명령을 평가하기 위해 리차드 헤이스의 핵심적인 이미지를 보다 직접적으로 고찰해 보고자 한다. 동성애 행위에 대해 성서적 가르침이 공동체, 십자가 및 새 창조와 관련되어 있음을 어떻게 평가할 수 있는가? 헤이스는 하나님께서 성을 창조적으로 고안하신 것2장에서 살펴봄, 인간의 타락한 상황, 그리고 성에 대한 성서의 탈신화적 관점이라는 보다 폭넓은 신학적 신념들을 간단하게 지적하면서 토론을 시작하고 있다. 물론 이러한 것은 로마서 1:18~3:20에 나타난 바울의 주장으로 하나님의 구원의 놀라운 복음을 언급하는 방식이기도 하다.14 십자가라는 핵심적인 이미지와 관련된 성서적 가르침을 평가함에 있어서, 헤이스는 "동성애 행위에 대한 성서의 비난과 혹평들은 단지 각각의 개인적인 윤리를 위한 것만이 아니라, 선택된 공동체의 건강과 순수함과 온전함을 이루기 위한 것"으로 보았다.15 고린도전서 5~6장에서 바울은 성적인 행위에 대해 훈계하면서 이점을 분명히 했다. 특히 "여러분은 하나님께서 값을 치르고 사들인 사람입니다. 그러므로 여러분의 몸으로 하나님을 영화롭게 하십시오"고린도전서 6:20라는 근본적인 이유를 들어 결론을 짓고 있다. 이는 다음과 같은 경배 찬송의 가사에서도 잘 표현되어 있다.

"주님, 나를 주의 성소 만드소서
순결과 거룩 진실
감사로써 당신을 위해
살아있는 주의 성소되리."

교회를 수많은 지체들로 구성되어 있는 몸으로 이해한 바울의 방식 또한 한 사람을 다치게 하거나 공격할 때, 혹은 한 지체가 다쳤거나 공격을 받았을 때, 그 결과가 온 몸에 영향을 미치게 된다는 점을 분명히 밝히고 있다.

리차드 헤이스의 관찰에 따르면 십자가라는 핵심 이미지와 동성애가 직접적으로 관련되어 있는 신약 성서 구절이 없기 때문에, 십자가는 "타락한" 인간들을 악의 권세, 즉 로마서 1:18에 기록되어 있는 하나님의 진노로부터 구원해내는 능력이 된다. 수많은 본문들 중 로마서 6:12~14나 8:1~17과 같은 구절들은 예수 그리스도께서 가능하게 하신 새로운 삶에 대해 분명히 말한다.16 십자가와 동성애의 뜻을 갖고 있는 구절들 사이에 존재하는 보다 직접적인 연결이 3장에서 언급한 하나님 나라를 위해 스스로 고자가 된 것에 대한 예수의 가르침이다. 여기에서 십자가의 길에 신실하기 위해 동성애자든 이성애자든 독신으로 살 필요가 있다는 것은 너무나 분명한 사실이다.

특히 새 창조new creation는 이러한 이슈를 대할 때 매우 중요하다. 고린도전서 6:9,10에 죄에 대한 목록을 기록한 후, 이어지는 11절에서 바울은 "여러분 가운데 이런 사람들이 더러 있었습니다. 그러나 여러분은 주 예수 그리스도의 이름과 우리 하나님의 성령으로 씻겨 지고, 거룩하게 되고, 의롭게 되었습니다."라고 말했다. 이것은 우리 모두가 다룰 수 있는 문제 그 이상의 것에 대한 설명으로, 그리스도 안에서 새 창조가 우리 인생, 즉 공동체로서 더불어 사는 교회에 너무 충만하여 단번에 그리고 영원히 이전의 모든 죄가 사라지게 되었다고 주장하는 것이다. 우리는 우리가 "이미already"와 "아직not yet"사이의 긴장 속에서 살고 있음을 잘 알고 있다. 하나님의 구원이 가져다 주는 "모든 좋은" 것들이 아직까지 충만하게 실현되고 있지 못함을 알고 있다. 바울은 로마서 8:18~23절의 "만물이 신음하고 있다"는 표현을 통해 이러한 사실을 인정하였다. "그뿐만 아니라, 첫 열매로서 성령을 받은 우리까지도 자녀로 삼아 주실 것을, 곧 우리 몸을 속량하여 주실 것을 고대하면서, 속으로 신음하고 있다"23절고 표현함으로써 이 말씀이 동성애를 위한 아주 중요한 구절임을 우리에게 상기시켜주고 있다. 8장에서 보게 될 것이지만 이 말씀은 특별한 사례들을 어떻게 다루어야 할 것인지 고민하는 회중이 의사결정을 하고자 할 때, 분변의 과정을 위해서도 매우 중요하다. 이 본문은 과연 우리가 동성애 성향과 관련된 변화의 정도에 대해 겸손한 모습으로 접근하도록 요청한다. 우리는 구원의 선물이 이 세상의 모든 것을 "변화"시키는 것은 아니라고 순수하게 인정해야만 한다. 하나님의 원래 창조의 모습인 샬롬으로 완전히 회복될 때인 새로운 몸을 입을 때까지 기다려야 한다는 것을 인정해야 한다.

리차드 헤이스는 레위기 본문이 보여주듯이 동성애에 대해 성서가 말하는 방식에 관하여, "신약 성서에는 동성애 행위에 반대하는 어떤 분명한 규칙을 제시하는 구절이 없다"고 보았다.17 그러나 우리가 이미 4장에서 살펴본 것처럼 만약 데살로니가전서 4:1~8이 동성애 관계에 대한 설명처럼 보인다면, "또 이런 일에 탈선을 하거나 자기 교우를 해하거나 하지 말아야 합니다"라는 것이 규칙이 될 것이다. 또한 헤이스가 기록하고 있듯이, 만약 사도행전 15:28~29에 기록된 *porneia*라는 말이 동성애 행위를 나타내는 것이라면, 이 또한 금지 규정이 되어야 할 것이다.

원칙상 그렇다고 말하려면, 로마서 1:18에 있는 가르침이 '순리'와 '역리' 4장의 설명 참고 사이에 분명한 차이가 있는지 보여줄 것이다. 이는 하나님께서 받아들이실만한 방법으로의 성교와 그렇지 못한 방법으로의 성교 유형이 있다는 것을 의미한다. "몸으로 하나님께 영광을 돌린다"는 것은 동성애 이슈에도 적용할 수 있는 원칙이다. 헤이스는, 신약 성서의 주요한 부분들에서 이들을 발견할 수 없기 때문에, 자신이 제시한 주요 형상들에서 사랑과 해방을 제외시켰지다. 하지만, 내게는 "네 이웃을 네 몸과 같이 사랑하라"는 말씀이 잠재적인 건강의 위험요소라는 측면에서 볼 때 원칙으로 작용한다고 생각한다.5장과 부록 3을 보라

헤이스는 "바울이 쓴 세 개의 본문들로마서 1:18~32, 고린도전서 6:9, 디모데전서 1:10이 절대적으로 부정적이며 판에 박힌 동성애 관련 설명들"이라고 설명하였다. 더 나아가, 헤이스는 동성애자들의 성관계를 금지시

켜야 한다는 패러다임을 적용하는 것에 대해 다음과 같이 기록하고 있다. "신약성서에는 동성애 그리스도인들에 대한 아무런 설명도 없고, 동성 연애자들에 대한 아무런 이야기도 없고, 동성애 관계에 대해 적극적인 해석을 요하는 비유도 없다."18

인간을 위한 하나님의 창조 의도를 거스르는 세상에 대한 로마서 1장의 설명은 바울의 동성관계 이해 속에 있는 상징적인 세상을 반영한 것이다. 그것은 "하나님 앞의 인생에게 주어진 질서가 어떻게 왜곡되었는지에 대한 설명이다."19

헤이스의 해석학적 평가 단계로 다른 권위들을 검토함에 있어서, 그는 전통이 분명한 권위로 자리하고 있으며, "이성reason과 과학적 증거는 그 그림이 불분명하다"고 말하였다. 비록 발생학적 기원처럼 증거가 분명하다 할지라도, 내가 이 책의 다른 부분에서 주장하고 있듯이 "동성애 성향의 원인은 규범적인 기독교 윤리를 형성하는 중요한 인자는 아니다."20 경험에 대한 그의 검토 또한 도움이 될 만하며, 내가 견지하고 있는 입장과 같다. 이미 1장에서 언급한 것처럼, 여기에서 다루기 힘든 이슈는 경험이 사람마다 다르다는 점이다. 『문 앞의 낯선 사람』*Stranger at the Gate*이라는 책과 이와 유사한 이야기들에 나타나는 멜 화이트의 경험이라든가, 밥 데이비스Bob Davies와 로리 렌트젤Lori Reltzel의 『동성애 공표』*Coming Out or Homosexuality*와 같은 책에 실려 있는 경험들을 사람들이 어떻게 평가할까? 간단히 말해서, 동성애 이슈에 있어서 경험은 신뢰할 수 없는 원리다.

어떻게 윤리적 비전을 올바로 분변하며 그 비전에 따라 살 것인가 하는 패러다임 관련 작업은 도덕적 분변에 중점을 두고 8장에서 다루었다. 헤이스가 제시하고자 한 것은 현재까지 내가 아는 한 최고의 방법론으로써 예수를 따르는 제자들이 어떻게 성서에 기록된 거룩한 이야기와 여러 세기라는 큰 시간적 간격을 두고 성서의 윤리적 명령으로 이동할 수 있는지를 적용할 수 있게 만든 방법론이기도 하다.

현 시대의 여러 가지 이슈들에 대해 어떻게 성서본문으로부터 윤리규범 지침을 올바로 분변해 낼 수 있는가를 강조하기 위해서는 수고할 내용들이 너무나 많다. 찰스 코스그로브Charles Cosgrove는 다섯 가지 해석학적 전제를 통해 가치점검과정에 필요한 세밀한 이성적 분석방법을 제시하였다.21 이러한 전제들은 헤이스의 작업과 지금부터 언급하고자 하는 윌리엄 웹William Webb의 작업에 모두 적용 가능한 것들이다.

윌리엄 웹은 성서에 나타나 있는 동성애 관련 유비에 대해 광범위하면서도 심도 깊은 연구를 수행함으로써 해석학적으로 큰 공헌을 하였다. 그의 연구는 노예, 여성의 역할, 그리고 동성애 이슈를 집중적으로 다루고 있다. 그는 열여덟 가지 해석학적 분석 틀을 사용함으로써 이러한 이슈들의 유사성과 차이점이 무엇인지 제시하였다. 그의 주장은 도덕적 명령이 해당 시대와 문화만을 의도하고 있는지 아닌지, 아니면 그들이 보편적인 도덕적 중요성을 표방하면서 전 문화에 걸쳐 적용할 수 있는 것인지 아닌지 평가가 가능하다는 것이었다. 그는 자신의 접근 방법을 "구속적 운동"이라고 이름을 붙였다. 즉 자신이 "X-Y-Z원리"라고 부른 모델을 평가할 수 있다는 것이다. 여기서 Y는 성서 본문에 나타난 단어들을 의미하고, X는 원 문화로서 본문의 세상을 의미하며, Z는 최종적이며, 권위적이며, 전 문화적 윤리를 의미한다.22

절차를 보다 상세하게 설명하기 위해, 그의 열 여덟 가지 범주들 중 한 가지인 "발생Break Out"에 대해 알아보자. 예를 들어 "가서 노예를 사라"거나 "여자들은 잠잠하라"든가, "남자들은 남자와 잠자리를 같이 하지 말라"는 본문 안에 주어진 가르침은 X상황 즉 당시 문화의 실재와 일치한다. 그렇다면 전체 정경이라는 좀 더 큰 성서적인 증거가 이러한 명령

너머 "발생한" 일들을 제대로 보여주고 있는지 질문해야 한다. 웹은 그의 열 여덟 가지 분류를 성서적인 증거가 이러한 주제들과 각각 어떻게 연결되어 있는가를 살펴봄으로써 증거라는 세 가지 범주, 즉 설득적이다, 수긍할 수 있다, 결론을 내릴 수 없다는 세 단계의 범주로 나누었다. 이 "발생"이라는 범주에서, 웹은 노예제도와 여성의 역할이라는 주제, 그리고 또 다른 한편으로 동성애라는 주제 사이에 존재하는 대조적인 모습이 무엇인지 보았다.23 노예제도와 여성의 역할이라는 두 개의 이슈는 정경의 본문에 분명하게 드러나 있고 노예제도와 여성의 침묵에 대한 비평이 있다. 그러나 동성애에 관해서는 이러한 비평이 없다.

마찬가지로, 왜 특정한 규제들이 주어졌는지에 대해 "목적/의도 진술"이라는 범주를 살펴보자. 이러한 범주들 보다 더 큰 목표는 무엇인가? 웹은 남편에 대한 아내의 복종을 다룬 수많은 본문들을 인용하였다. 여섯 가지 경우 마다, 교회의 사명과 연결되어 있는 목적 성명서가 있는데 이는 그 어느 누구도 하나님의 말씀을 비방할 수 없게 하거나디도서 2:4,5, 아내의 행동으로 믿지 않는 남편이 구원을 얻을 수 있게 베드로전서 3:1, 2:12 함이었다. 특별한 목적 혹은 의도를 나타내는 성명서는 훈계와 연결되어 있기 때문에, 보편적으로 적용할 수 있을 만큼 완전한 명령은 아니다. 그러나 동성애에 자격을 부여할 만한 의도나 목적은 아예 존재하지 않는다. 웹은 이러한 범주에 있어 "발생"을 위한 것이라는 동일한 결론에 도달했다.24 제한 요소들을 두지 않고 이러한 열여덟 가지 범주로 분석하였을 때, 동성애 풍습을 금지하는 성서적 자료에 있어서 뚜렷한 불일치도 없다는 사실을 견지하는 가운데, 동성애에 대한 성서적인 명령들은 모든 문화에 적용된다.25 그들은 도덕적으로 전 문화적이며 보편적이다.

웹이 Y-Z 간의 관계를 검사하기 위해 사용한 열 여덟 가지의 범주들 중에, 동성애를 위한 본문이 모든 문화를 위한 규범적인지 아닌지 살펴보았을 때, 도덕적으로 분명한 결과를 위해 여섯 가지가 설득력이 있는 것으로 나타났고, 여섯 가지는 수긍할 수 있는 것으로 나타났고, 나머지 여섯 가지는 결론을 내릴 수 없는 것으로 나타났다.26 결론을 내릴 수 없는 것들을 위해, 몇 가지는 이 주제에 적용할 수 없는데, "신학적 유비"가 그 예다. 남편-아내의 관계하나님이 이스라엘의 남편이고, 교회를 사랑하는 그리스도가 교회를 위해 자신을 주었다는 표현으로 표현한 신학적 혹은 그리스도론적 비유에 동성애에 대한 생각을 적용할 수는 없다. "구속적 운동"을 반영한 다양한 여성의 역할에 대한 양상들과는 달리, 동성애를 위한 "해석학적 구속 운동"에 대한 단서를 갖고 있는 본문은 없다.

웹의 연구는 내가 위에서 설명하면서 발견했던 사실들과 일치한다.27 웹은 이러한 복잡한 주제를 진실로, 올바로, 온전히 이해하기 위한 우리의 모든 노력들이 "만약 내가 잘못되었다면"이라는 가정 아래에서 진행되어야 한다는 사실을 재확인하기 위해 책의 한 장을 할애하였다. 이 장에서 그는 아주 겸손한 모습으로 진리를 추구해야함을 절실히 깨닫게 해준다.

역사의 궤적

많은 저자들이 동성애 관련 기독교 교회사를 기술하고 있다. 존 보스웰John Boswell은 4세기 초부터 중세시대 말기까지 동성애 관계를 특별한 제의적 축복으로 담고 있는 어떤 의식을 설명해 놓은 관련 본문들이 있다고 주장해왔다.28 그러나 그가 인용한 증거자료들은 왕국을 이루기 위한 특별한 임무, 대개 교회의 선교와 관련되어 있는 두 명의 형제들 혹은 자매들을 축복하는 의미 외에 더 이상 증명할 만한 내용이 없다.29 성적연합이 구체적으로 명시되어 있지 않다.

오히려 이 주제에 대해 스탠리 그렌츠Stanley Grenz가 2세기 초부터 중세시대를 거쳐 후기 종교개혁 기간에 이르는 연구하였는데, 주로 교회가 지속적으로 동성관계를 정죄하였다는 내용이다.30 바나바 서신의 시작부분에서 많은 금지조항들은 남색을 근절하도록 명하고 있다. "남자 아이들을 타락시키지 말라." 4세기 후반 시리아 문서인 『사도적 규약』 *Apostolic Constitutions*은 "남자 아이들을 타락시키지 말라. 이는 소돔에서 발원한 것이자 본성을 거스름으로써 하나님께서 소멸하시는 불로 철저한 멸망을 자처하는 사악함이다"31라고 했다. 남색의 경우만 구체적으로 언급하고 있지만, 보스웰과 그렌츠는 모두 이러한 설명들이 단지 소년들에게만 적용되는 협소한 의미가 아니라, 연령에 관계없이 동성관계의 모든 파트너에게 적용되는 것으로 보고 있다. 다양한 교회저술가들이 사용한 인용문들은 동성애 관계를 반대하는 레위기서의 금지조항들과 바울의 판단을 모두 지지한다. 그들은 또한 이러한 관계들이 출산으로 인도되지 않기 때문에 순리를 거스르는 관계이며알렉산드리아의 클레멘트 그러한 실행이 하나님과의 관계를 깨는 것어거스틴이라 주장한다.32

동성애 행위에 반대하는 출산에 대한 이러한 역사기록 중 한 가지 흥미로운 측면은 여성 동성애자 관계에 대해서는 별로 언급하고 있지 않다는 사실이다.33 그렌츠는 이 점에 대해 사회가 아주 강한 가부장적 사회였으며, 여성들이 그러한 선택을 하지 못한 사회였기 때문이라고 지적하였다. 결론적으로 그렇게 이야기하는 것이 문제가 되지는 않는다. 한쪽 측면에서만 금지시키고 추방하는 모습은 우리시대가 빚어내고 있는 수태에 대한 이해오해, 즉 밭에 씨를 심는 것처럼 남자의 "씨"를 여자의 태에 심는 것처럼 이해하는 것과 관련되어 있다. 그러나 그렌츠의 판단으로 볼 때, 이러한 수태는 동성애자 중 여성 역할을 하는 남자에게

수치심을 안겨다 주기 때문에 적절하지 않을 뿐 아니라 치명적인 결점이 되고 있다.34

오랜 역사를 살펴보면 이에 대한 더 많은 인용문들을 발견할 수 있을 것이다. 그러나 진정 새로운 것은 없을 것이다. 이러한 전통은 중세를 거쳐, 개혁후의 글들을 통해 계속 진행되어 왔다. 어떤 중세 자료들을 보면 동성애가 불법으로 기록되어 있는데, 제네바의 칼빈의 글에도 뉴잉글랜드의 청교도의 글에도 불법이라고 기록되어 있다. 헨리 8세가 영국을 통치하는 동안에, 소돔의 남색이 중죄로 다루어졌고, 시민 법정에 교회재판으로 이송된 기록이 있다. 그러나 아주 드물게 나타난 사건이지만 1750년대 파리에서 동성애 공격자들이 공적인 참수형을 당한 경우가 있다. 이것은 1967년까지 영국에서 법을 어긴 사건으로 남아있었다.35

어떻게 우리가 역사에 편만하게 나타난 본문들로부터 현재의 상황에까지 이르게 되었는지 원인을 추적하면서 알게 된 이러한 짧고 긴 해석학적 방침들은 헤이스와 웹의 해석학적 결론이 옳다는 사실을 확인시켜 주었다. 특히 1960년대에 일어난 성의 혁명의 결과로서 지난 반 세기에 일어난 "큰 변화"를 제외한다면, 과거의 그 때부터 지금까지 연결되는 직접적인 통로는 존재하지 않는다. 그러나 5장에서 이미 살펴본 바처럼, 서구 사상에서 볼 수 있는 초기 변화들과 가치의 우선순위들은 1960년대 일어난 그 위대한 성의 혁명을 부추기게 되었다. 오랜 역사의 과정을 살펴볼 때, 1960년대 이후를 사는 우리들은 이제 이런에 없던 새로운 도전에 직면해 있는 셈이다.

이러한 상황 하에서 우리에게 필요한 하나님의 인도하심이 무엇인지 깊이 숙고하며 이 장을 마무리 한다.

기도

사람의 헤아림을 뛰어 넘는 하나님의 평화가 여러분의 마음과 생각을 그리스도 예수 안에서 지켜 줄 것입니다. 마지막으로, 형제자매 여러분, 무엇이든지 참된 것과, 무엇이든지 경건한 것과, 무엇이든지 옳은 것과, 무엇이든 순결한 것과, 무엇이든 사랑스러운 것과, 무엇이든지 명예로운 것과, 또 덕이 되고 칭찬할 만한 것이면, 이 모든 것을 생각하십시오. 빌립보서 4:7,8

후주

1) Willard M. Swartley, *Slavery, Sabbath, war, and Women: Case Issues in Biblical Interpretation* (Scottdale, Pa.: Herald Press, 1983), 54, 146~47, 213, 221, 231는 이에 대한 언급이다. 서구 문화가 이러한 내용들을 어떻게 처우했는지에 대해서는 5장을 보라.
2) Ronald Sider, "Loving people the way Jesus loved people," *Gospel Herald* (21 November 1995): 2.
3) John D. Roth, "Binding and Loosing: Why the Mennonite Church does not regared same-sex marriages as a Christian option," part 1 and 2, *The Mennonite* 2 (19 January 1999): 4~6; (26 January 1999): 5~8.
4) Robert A. Gagnon, *The Bible and Homosexual Practice* (Nasville: Abingdon Press, 2001), 341~486. *The Mennonite Quarterly Review* 76 (April 2002)L 220~221에 실은 가그논의 책에 대한 나의 서평을 조금 수정하여 이곳에 실었다.
5) Robert A. Gagnon, *The Bible and Homosexual Practice* (Nasville: Abingdon Press, 2001), 350, 각주 8과 다른 작가들이 갖고 있는 유사한 관점들 (351~60). Robin Scroggs, *The New Testament and Homosexuality* (Philadelphia: Fortress Press, 1983), 45~46은 Aeschines를 인용하였다.
6) Bernadette J. Brooten, *Love Between Women: Early Christian Responses to Female Homoeroticism* (Chicago: University of Chicago Press, 1996), 242. William R. Schoedel, "Same-Sex ErosL Paul and the Greco-Roman Tradition," in *Homosexuality, Science*, and the "Plain Sense" of Scripture, ed. David L. Balch (Grand Rapids: Eerdmans, 2000), 43,~72.
7) Anthony Thiselton, "Can Hermeneutics Ease the Deadlock?" in *The Way Forward?: Christian Voices on Homosexuality and the Church*, edited by Timothy Bradshaw (London: Hodder & Stoughton, 1997), 184. 티슬톤은 관련 본문에 대한 자신의 해석을 현 시대의 해석학적 이론들의 분석틀 안에 위치시켰다. 동성행위를 받아들이지 않는 자신의 입장에 동의하든 동의하지 않든 상관없이 가그논의 책에 대한 그의 칭찬은 이러한 연구가 성서적 해석과 해석학적 논쟁에 있어 얼마나 철저하고 중요한 분석을 해놓았는지 알 수 있다. Marion Soards는 이것을 "쉽게 정리되지 않는 강요된 여행"이라고 묘사했다. Jügen Becker는 여기에 "현재까지 성서적 자료에 대한 가장 정교하며 설득력 있는 조사들이 포함되어 있다"고 표현했다. 이와 마찬가지로 Martti Nissinen은 이것을 "미래의 논쟁에서 무시할 수 없는 것"이라고 했다. John Nolland는 이것을 "신물이 난 전통적인 논쟁으로부터의 유쾌한 탈출"이라고 표현했다. James Barr는 이것을 "비록 저자의 생각에 동의하지 않는 사람들에게조차 없어서는 안 되는 매우 신중한 연구로서 탁월하고, 독창적이며 아주 중요한 업적"으로 간주했다. Jerome Murphyu-O'Connor는 이것을 "날카로운 논리, 신중한 판단, 방대한 연구"라고 평가했다. J. I. Packer는 그의 최근 논문 "Why I Walked," *Christianity Today* 47 (January 2003): 48~49에서 이

것을 꼭 읽어야 할 책이자 이 주제에 대한 진지한 토론으로부터 천시되고 자격조 차 되지 않는 글로서 간주되었다고 말했다.
8) Walter Wink, *Engaging the Powers* (Minneapolis: Fortress Press, 1996).
9) 여기에서 재혼은 유대인의 이혼 풍습과 일치하는 계약의 부분으로 고려되었다. 이러한 이혼과 재혼이 서로 연결되어 있다는 것은 당시 이혼 소송 청구서를 설명해 놓은 유대 미슈나 기팀 (Jewish Mishnah Gittim) 9.3에 잘 표현되어 있다. 이 이혼 청구서에, 남편은 자신이 아내와 이혼하게 되었으며 이제부터 그녀가 다른 남자와 결혼할 자유가 있다고 발표해야 한다. 이렇게 이혼을 허락하는 하는 이유 중 한 가지에 아들을 낳지 못하는 것이 들어 있다. 결혼한 다음 10년 후, 생육하고 번성하라는 명령을 위해, 무자하면 남편이든 아내든 이혼해도 좋다는 내용이다. 이혼과 결혼을 온전히 다룬 내용을 보려면 Geroge Ewald, *Jesus and Divorce* (Scottdale, Pa.: Herald Press 1991)을 참고하라.
10) Robert A. Gagnon, "The Bible and Homosexual Practice: Theology, Analogies, and Genes," *Theology* 103 (July-August 2000): 254.
11) Water Moberly, "The Use of Scripture in Contemporary Debate about Homosexuality," *Theology* 103 (July-August 2000): 254.
12) *Ibid.*, 253.
13) Richard B. Hays, *The Moral Vision of the New Testament: Cross, Community, New Creation* (San Francisco: HarperSanFrancisco, 1996), 3~10, 책 전체에 걸쳐 이 사실을 설명하였다.
14) *Ibid.*, 390.
15) *Ibid.*, 392.
16) *Ibid.*, 392~93.
17) *Ibid.*, 394.
18) *Ibid.*, 395.
19) *Ibid.*, 396.
20) *Ibid.*, 397~98.
21) Charles H. Cosgrove, *Appealing to Scripture in Moral Debate: Five Hermeneutical Rules* (Grand Rapids: Eerdmans, 2002). 코스그로브는 "서론"에서 자신의 연구 범위를 개관해 놓았다. 그는 성서해석학 법칙으로 사용되는 다섯 가지 전제들을 다음과 같이 정리하였다.
목적의 법칙. 성서적 도덕 규칙의 이면에 존재하는 목적 (혹은 정당화)을 규칙 자체보다 더 무겁게 다루어야 한다는 전제.
유비의 법칙. 비유적으로 원인을 밝히는 것이 성서를 현재 도덕적 이슈에 적용하기 위한 적절하고 필요한 방법이라는 전제.
반문화적 법칙. 각 시대마다 우세한 문화를 추구하는 시대조류를 따르는 사람들보다 힘없고 소외된 사람들의 목소리를 표현한 것이 성서의 반문화적 경향이라는 것에 보다 더 무게중심을 두어야 한다는 전제.
성서의 비과학적 영역 법칙. 과학적 혹은 경험적 지식은 성서의 범주 밖에 있다는 전제.
도덕-신학적 판결의 법칙. 현재 갈등을 빚어내는 해석들을 위해서는 도덕적-신학적 가치로 해석학적 선택을 이끌어가야만 한다는 전제.
코스그로브는 이러한 전제들은 자신이 계통화한 것은 맞지만, 자신이 만들어낸 법칙이 아닌 해석학적 논쟁에서 사용되는 "법칙들"임을 분명하게 밝혔다. 그의 책은 어떻게 이러한 규칙들이 기능하며, 어떤 것이 적절하며 어떤 것이 부적절 한지 세밀하게 분석한 내용으로 구성되어 있다. 그는 각주에서 지난 몇 십 년간의 성서해석 관련 주요자료들과 우리 시대의 도덕적인 이슈들에 대한 주요자료들을 독자들에게 소개하고 있다. 여섯 가지 대안적 관점과 서로 다른 모델들에 대한 요약을 보고자 하면 Swartley, *Slavery, Sabbath, war, and Women*, 204~24를 보라. 보다 총괄적인 분석을 위해서는 Hays, "Five Representative Hermeneutical Strategies," in *Moral Vision*, 215~90과 "Normative Proposal," 291~310를 보라.
22) William J. Webb, *Slaves, Women, and Homosexuals: Exploring the hermeneutics of Cultural Analysis* (Downers Grove, Ill: InterVarsity Press, 2001), 30~31.
23) Ibid., 95~101.
24) Ibid., 106~10.
25) Ibid., 250.
26) Ibid., 69에 있는 Webb의 도표를 보라.
27) Ibid., 250~53에 있는 요약을 참고하라.
28) John Boswell, *Same-Sex Unions in Postmodern Europe* (New York: Villard Books, 1994), 178~93, 298~99, 333-41, 350-51. 보스웰이 번역하고 인용한 여러 기도 중 하나를 여기에 실었다. 그의 각주에 보면 가능한 두 가지 번역본이 있다. 하나는 시대에 맞지 않는 문학적 표현인 "형제관계를 형성하기 위한 기도"라는 제목이 붙어 있고, 또 다른 하나는 어떤 뚜렷한 목적을 띤 "동성 결혼을 위한 기도"라는 제목이 붙어 있다. 여기에 실은 것은 두 번째 번역 기도이다.

동성 결혼을 위한 기도
구원을 위해 필요한 모든 것을 베풀어 주시고,
우리의 실패에도 불구하고 서로 사랑하고 용서하라 명령하시고,
당신의 거룩함으로 우리를 보호해 주시는 우리의 주님.
선을 사랑하는 주님께서는 사랑의 영을 따라 서로 사랑하기 원하며,
주님의 거룩한 교회에 와서 주님께서 내리시는 축복을 받으며 거룩해지기 원하는 당신의 종들이 여기에 있습니다. 그들이 조금도 부끄러움이 없도록 신실함을 베풀어 주시고, 주님께서 당신의 거룩한 제자들에게 평화를 끼치셨던 것처럼 참 사랑을 베풀어 주시고, 이 종들에게도 그들의 구원과 영원한 삶을 위해 필요한 모든 것들을 베풀어 주십시오.
(응답) 주님은 자비로우시고 사랑이 많으신 하나님이십니다. 아버지와 아들과 성령님께 영광이 세세무궁토록 있을지어다.

이 기도는 축복을 위해 목사들이 널리 이용하는 기도가 되었다. 보스웰은 299페이지의 각주 85번에 "이 기도는 동성애 결혼식에서 가장 많이 사용되는 기도 중 하나이며, 이 기도는 동성애 결혼 기도의 최초의 역본"이라고 설명해 놓았다. 이는 1027/29년 그리스어로 기록되었으며 사본은 파리 국립 박물관에 소장되어 있다(#213).
29) *First Thing* 47 (November 1994), 43~48에 실린 Robin Darling Young의 뜻 깊은 평론을 보라. 미국 가톨릭 대학 the Catholic University of America에서 교회사를 가르치는 신학 교수로서 영은 자신과 함께 여행한 브라운 대학(Brown University)의 학자 Susan Ashbrook Harvey가 터키 동부와 시리아에서 함께 험난한 여행과 연구 여정을 마친 후 예루살렘에 있는 성 마가 교회를 방문했을 때 주교에 의해 이러한 기도를 선물로 받았다고 고백하였다. 이것은 그들이 들인 수고와 더불어 그들을 자매들로 인정한다는 축복의 선물이었다. 물론 그들에게나 주교에게 이 기도는 어떤 성적인 의미가 함축되어 있는 것은 아니다. 역사가로서 영은 어떻게 보스웰이 원래 맥락과 상관없이 역사적 기록인 이러한 본문들을 완전히 다른 의미의 게이결혼문서가 되

도록 왜곡했는지 보여주었다(한 곳에서 보스웰은 이러한 사실을 인정했다). 문제는 *adelphopoiesis*라는 단어 즉 "형제들 혹은 자매들 관계 형성"이라는 문자적 번역과 의미가 엄청난 범위를 내포한다는 해석과 맞물려 있다. 실제로 의식은 형제, 자매들이 교회를 위해 함께 특별한 일을 수행하기 전, "형제들(혹은 자매들)"이 논쟁과 갈등을 피하며, 영적인 우애관계를 돈독하게 만들고자 시행하기 위함이었다. 영에 따르면, 보스웰이 이 본문을 읽었던 것과 같은 의미로 중세 시대에 이러한 축복을 사용했던 사제나 주교는 없었다. 특별히 아직도 동료 관습적으로 교회 멤버들을 형제, 자매라고 말하고 바울이 여러 편지에서 언급했던 거룩한 입맞춤을 여전히 시행하고 있는 우리 메노나이트들에게도 이는 충분히 납득되는 설명이다.

30) Stanley J. Grenz, *Welcoming, But Not Affirming: An Evangelical Response to Homosexuality* (Lousville: Westminster/John Knox Press, 1998), 64~80. 그렌츠는 Derrick Sherwin Bailey와 David Greenbert의 역사적 작업을 이용하였다.
31) *Ibid.*, 65.
32) *Ibid.*, 66.
33) Councils at Paris (1212) and Rouen (1214)에는 수녀들이 함께 자지 못하게 하는 금지조항이 있다. Ibid., 69.
34) *Ibid.*, 73~75.
35) *Ibid.*, 71~72.

7장
교회의 신념과 이에 대한 반응

특별히 5장에서 살펴본 문화적 분석이라는 관점을 통해 볼 때, 게이·레즈비언의 실재에 대해 신중하게 반응해야 한다. 진퇴양난의 상황에서 교회가 할 수 있는 일은 과연 무엇일까? 동정심을 보이면 될까? 아니면 호세아 4:1~3처럼 우리 교회들이 갖고 있는 성의 가치에 대한 왜곡으로서 동성애 행위에 대해 예언자적 심판의 메시지를 외쳐야 할까? 성서적으로 볼 때, 이러한 두 가지 방식에 앞서 선행되어야 할 것이 있으며, 결국에는 두 가지를 모두 다 행해야 한다. 우리가 갖고 있는 성욕을 자유롭게 표출하도록 촉구하는 문화 즉 동성애적인 이 문화가 우리 모두 위에 권력을 행사하고 있다는 사실을 기억해보자. 이러한 문화는 너무나 강력해서 우리 모두를 능히 유혹하고 선동하여 우리를 희생시키고도 남는다. 비록 우리의 유전자적 경향에 대한 접근이 이러한 주제를 올바로 분변하고자 할 때 제외시킬 수 있는 내용이 아니라 할지라도, 나는 우리 현대 문화가 우리의 유전자나 뇌의 크기가 감당할 수 있는 것보다 보다 더 많은 책임감을 떠안아야 한다고 믿는다.[1]

이러한 문제에 대해 반응하는 것은 결코 쉽지 않다. 한편으로 나는 종종 동성애 행위로 말미암은 아픔, 특히 극심한 고통이 유발될 때, 결혼이 파경에 이르렀을 때, 혹은 젊은 사람이내가 아는 한 사건은 미성년의 경우였다 나이 많은 사람에 의해 당했을 때, 예언자적 심판의 메시지를 선포해야 함을 느낀다. 또 다른 한편 나는 자신들도 왜 그런지 이해할 수 없을 만큼 강렬한 동성애 성욕에 사로잡혀 있는 사람들에 대한 무한한 동정심을 느낀다. 아마도 우리는 은혜와 사랑이 허다한 죄를 덮을 수 있도록 그리고 용서를 베푸시는 하나님을 신뢰해야 한다. 그러나 나는 이러한 것이 성서를 강조하는 것이든 아나뱁티스트들이 강조하는 것이든 사랑 안에서 훈계해야하는 위험한 책임을 너무나 쉽게 회피하는 방법이 될 수 있다는 사실을 잘 안다.2

이러한 문제에 대한 리차드 헤이스의 말은 큰 도움이 된다. 본문 읽기, 종합적 분석, 해석학적 고찰이라는 가능한 여러 수준에서 이 주제를 다룬 후에, 그는 마지막 장의 제목을 "본문과 함께 살기: 창조와 함께 고난받는 공동체로서의 교회"로 정하였다.3 그리고 다음과 같은 질문을 던지고 있다. "동성애자들이 교회의 멤버가 될 수 있는가?" 이에 대한 그의 답은 다음과 같다.

> 그렇다. 이러한 질문은 오히려 다음과 같이 바뀌어야 할 것이다. "질투심이 강한 사람들이 교회의 멤버가 될 수 있을까?"로마서 1:29 혹은 "알콜 중독자가 교회의 멤버가 될 수 있을까?" 물론 이들은 실제 교회의 멤버들이다. 교회를 죄가 없는 완벽한 사람들만이 모이는 곳이라고 생각하지 않는 한, 우리는 다른 죄인들과 함께 불의한 사람들로마서 5:4을 의롭게 만드시는 하나님을 신뢰하는 동성애 성향을 가진 사람들을 환영해야 한다. 만약 그들이 환영을 받지 못한다면, 교회 안에 단지 가장 먼저 돌을 던진 사람들임이란 표시를 남겨두고 나는 그들과 함께 교회 문을 나갈 것이다.4

그리고 그는 다음과 같은 질문을 던진다. "동성애 성향을 가진 사람들이 계속해서 동성애적 애정행위를 계속하면서 스스로를 그리스도인이라고 하기에 적절한가?" 이에 대한 그의 대답이다.

> 아니다. 돌을 맞는 대신 자비로 방면을 받은 그 사람은 "가서 다시는 죄를 짓지 말아야 한다." 이성애자 그리스도인들이 간통이나 간음을 지속해서는 안 되는 것과 마찬가지로 동성애자 그리스도인들이 동성애 행위를 지속하는 것은 더 이상 적절하지 않다. 그들이 자신의 성향을 변화시키거나 이성애 관계의 결혼으로 변화할 수 없다면, 동성애 그리스도인들은 성적으로 훈련된 금욕의 삶을 살아가기 위해 노력해야 한다.5

나는 교회가 분변의 공동체, 그리스도를 따르는 제자들의 공동체로 부름 받았다고 믿는다. 그리고 이러한 것은 당연히 교회를 교육하는데 있어 도덕적인 모습을 띠어야 한다고 믿고 있다. 교회의 예배라는 맥락에서 이러한 모습의 성장과 도덕발달이 이루어지도록 자료를 갖추어야 한다. 교회의 기준이 무너지면, 히브리서 12:4~11이 사랑하는 신자들에게 하나님의 길을 제시하며 훈계하듯이, 모델을 제시할 수 있어야 한다. 일전에 교회의 제자화나 훈계에 대한 핵심적인 자료들의 필요성에 대해 언급한 적이 있다. 제3장의 각주 8을 보라. 회중의 삶을 위해 이러한 측면을 진지하게 취하는 것은 이 장에서 언급한 내용만큼이나 매우 중요하다.

교회는 어떻게 반응해야 하는가?

이에 대해 나는 1 현재 상황에 대한 교회의 반응 및 반응해야 할 범위 2 내가 생각하기에 가장 필요한 것들 3 동성애자들을 받아들이기로 결정한 교회들에 대해 교단이 어떻게 반응해야 하는지에 대한 몇 가지 생각들 그리고 동성애 행위에 관련된 사람들이 교회에 멤버십을 요청하였을 때, 교회는 어떻게 반응해야 하는지에 대한 몇 가지 생각들을 언급하고자 한다.

우선, 우리는 교회가 어떻게 반응해야 하는지 그 범위를 철저히 검토해야 한다. 『구현』Embodiment이라는 책에서 제임스 넬슨James B. Nelson은 교회가 취할 수 있는 네 가지 반응에 대해 다음과 같이 상당히 길게 설명하였다.6

1. "징벌 형식의 거부" 반응. 동성애는 죄다. 교회는 동성애 행위를 하는 사람들을 거부해야 할뿐만 아니라, 그들의 행동에 대해 처벌해야역사적으로 돌로 치거나, 화형에 처하거나, 생식기를 절단하였다 한다.

2. "징벌 없는 형식의 거부" 반응. 동성애자가 아니라, 동성애 행위를 정죄해야 한다. 이성간의 결혼이 성서적인 기준이며, 다른 형태의 성적인 결합이나 결혼은 창조주 하나님의 뜻을 거스르는 것이다. 넬슨은 이러한 입장을 대변했던 칼 바르트에 호소하였다.7 비록 이러한 입장은 매우 가혹한 입장처럼 보이지만, 바르트는 동성애 행위를 언급하기 위해 성도착이란 종종 용어를 사용하였다 이는 여러 세기 동안 견지해온 성서와 교회의 가르침과 일치한다. 그러나 끝내 바르트는 그 죄의 상황이 어떠하든지 간에 모든 사람들, 모든 죄인들을 향한 하나님의 넘치는 은혜를 강조하였다.8

3. "제한된 용납" 반응. 우리는 많은 사람들이 바뀔 수 없다는 실제 성적성향의 모습에 대해 제대로 파악해야만 한다. 성서가 동성애 행위를 죄로 규정하고, 동성애 성향을 가진 사람들에게 독신을 추천하는 반면, 여전히 교회는 이러한 주제에 대해 새로운 이해를 추구

하며, 동성애 성욕을 가진 사람들을 환영할 수 있어야 한다. 헬무트 틸리히Helmut Thielicke가 1964년에 쓴 『성윤리』*The Ethics of Sex*라는 책은 이러한 접근 방식을 대표하는 책이다.

4. "완전 용납" 반응. 동성애 욕망들도 하나님께서 주신 것이기에 창조를 거스르는 것이 아니다. 그리스도인의 사랑은 이러한 면에 있어서 남녀를 구분하지 않고 완전히 받아들여야 한다. 넬슨은 십대 때 위의 2번의 입장을 견지하다가 나중에 3번으로 바뀐 자신의 입장을 설명하였고, 여러 훌륭한 친구들이 4번의 입장을 견지하고 있다고 설명하였다.

틀림없이, 사람들은 이 네 가지 분류 그 어디에도 해당되지 않는 입장을 가질 수 있다. 나 자신의 가치도 2번에서 4번에 이르는 측면을 어느 정도 가치 있게 보고 있으며, 이러한 입장이 갖는 긴장과 가변성을 인정하고 있다. 이러한 긴장들은 성서 본문의 권위를 인정하는 것에서부터 동성애 행위를 용서하지 않으나 게이나 레즈비언을 인정하고자 하는 자세에서 비롯된다.

제럴드 콜맨Gerald D. Coleman은 이러한 네 가지 반응 중 그 어느 것도 이 주제에 대한 가톨릭의 입장을 명확하게 표현하지 못한다고 주장한다. 그는 동성애 행위를 도덕적으로 평가함에 있어 로마 가톨릭의 반응은 세 가지 일반적인 접근방법 중 하나라고 분류하였다. 1〉 동성애 행위는 잘못된 것이다. 2〉 동성애 행위는 중립적이다. 그리고 3〉 동성애 행위는 잘못된 것이지만, 어떤 사람들에게 동성애 행위는 첫 번째 입장과 같이 완전히 정죄 받을 행위는 아니다. 이와 함께 가톨릭 접근 방법을 찾고자 했던 콜맨은 동성애에 이끌리는 사람을 위한 규범으로서 순결한 삶을 요구하였다.9

두 번째, 그렇다면 동성애자들에게 가장 필요한 것은 무엇인가? 그들에게 가장 필요한 것은 가르침과 목회적 돌봄으로 나타났다. 이러한 필요를 위해 콜맨의 책은 매우 유용하다. 이러한 가르침의 과제는 매우 거대하게 보이겠지만, 본질적으로 동성애에 초점을 맞추어서는 안 된다. 보다 더 광범위한 성적 기준에 대한 이슈들과 난잡한 문화적 영향력이 언급되어야 할 것이다. 공식적으로 몇몇 교단들은 현재 혼전 성행위를 금지하는 운동을 지지하는데 매우 소극적으로 움직인다. 왜 그럴까? 시대에 뒤진 사람들이라고 여겨질까 두려운 것일까? 아마도 부모로서 우리가 어렵게 여기는 것을 자식들도 어렵게 생각할까봐 두려움을 가질 수도 있다. 내가 느끼는 바로는 현 우리가 겪는 동성애 위기의 대부분은 우리의 입장으로써 적극적인 성적 행동 즉 혼전 성서험을 반대함으로써 충분히 피할 수 있었던 것들이라고 생각한다. 내가 아는 여러 사건들에 있어서, 이성 간에 탕아가 되는 것이 동성애 시험을 위한 정황을 만들었던 것임을 알 수 있었다. 혹은 이성간의 성적인 활동을 제대로 하지 못하도록 한 압력들이 사람들을 동성애로 인도하였다. 동성애에 대해 가르칠 때 우리는 엄청난 양의 임무를 갖고 있고, 이를 실행에 옮기려면 임무에 필요한 용기와 하나님의 능력을 필요로 한다.

이유야 어떻든지 간에 우리는 목회 돌봄이라는 목적 아래 동성애에 기울어있는 사람들을 향한 무한한 동정심으로 목양해야 한다. 그렇다고 우리가 모든 것을 똑 같이 다룰 수는 없을 것이다. 동성애자들에게 성적 매력을 느끼거나, 동성애 관계에 강한 성욕을 느끼도록 만드는 역동적인 원인들은 목회 돌봄이라는 맥락에서 구체적으로 평가되어야 한다. 그리고 이러한 과제를 위해 대부분의 목사들을 훈련해야 할 필요가 있다. 그렇다면, 언제 어떤 사람에게 특별한 치료를 받아야 한다고 조언해야 할까? 많은 상담자가 동성애의 욕구나 실행을 변화시키는 일에 전혀 동정적이지 않은 현 상황에서, 치료를 받게 하기 위해 어디로 사람을 보낸단 말인가? 가족의 역동성, 개인적 여정, 과거의 상처, 그리고 실패한 목표 등에 대해 기꺼이 반성하고 듣는 것은 목회의 중요한 부분이다. 가장 중요한 것은 그 사람을 한 사람의 동성애자로서 보는 것이 아니라, 온전한 사람 혹은 인격체로 이해하려는 노력이다.10

교회는 이러한 과정을 이해할 수 있도록 목회자를 위한 세미나를 마련할 수 있어야 한다. 동성애 관련 상담과 목회 돌봄에 대한 솔선은 교회의 멤버십에 대한 질문보다 훨씬 전에 이루어져야 한다. 이러한 것이 선행되지 않으면, 교회의 멤버십에 대한 질문은 엉터리가 되고, 모두가 사람에 관심을 갖는 것이 아니라, 세례를 줄 것인가 말 것인가 하는 이슈에 관심을 쏟게 될 것이다. 우리가 치유와 희망을 말하기 이전에 그리고 형제 혹은 자매들을 돌보겠다고 맹세하기 이전에 우리는 그 사람이 어떤 사람인지 잘 알아야만 한다. 더 나아가, 만약 다른 회중에 속해있던 어떤 동성애자가 우리 회중으로 와서 멤버가 되고 싶어 한다면, 그가 이전 회중에서 어떤 상황에 놓여있었는지 잘 알아보고 조심스럽게 평가해야 한다. 이런 상황에서 나는 회중이 멤버십을 주기 전에 그 사람을 보다 더 잘 알고 목회적인 돌봄을 위한 충분한 시간을 확보할 필요가 있다고 생각한다. 만약 그러한 돌봄이 있은 후, 그 사람이 아직까지 교회의 기준에 헌신할 준비가 되어 있지 않다면, 멤버십을 연기하거나, 멤버가 되기 위한 재평가의 시간을 가져야 할 것이다. 왜 그렇게 신중해야 하는가? 그 이유는 지금 이러한 문제를 다루고 있는 교회들이 이러한 과정을 제대로 밟지 않기 때문이다. 실제로 각 사람을 교회 멤버로 받아들이기 위해 목회적 돌봄과 영적인 분별력을 행사하면서 이러한 단계를 꼭 밟아야 한다.

이와 관련된 아주 중요한 일들 중 하나가 게이나 레즈비언 자녀를 두고 있는 부모들에 대한 목회적 돌봄이다. 어떻게 하면 그들의 관점에서 그들이 겪고 있는 고통, 견해, 이야기들에 귀를 기울일 수 있을까? 회중의 관점에서, 돌봄을 수행할 수 있는 가능한 소그룹 속에서 함께 듣고, 돌보고, 기도하고, 후원할 수 있도록 이야기를 나누게 하는 것이 지혜로운 방법일 것이다. 이 문제에 대해 그룹의 모든 사람이 동일한 관점을 가져야 할 필요는 없지만, 기도를 통해 이러한 상황 아래서 하나님께서 무엇을 말씀하시는지 경청하고, 분변하고, 사랑 안에서 말하는 일에 헌신되어 있어야 한다. 목회를 한다는 것은 자신의 아픔을 통해 뛰어난 감각을 갖고 돕는 일에 헌신하는 일이며, 자신의 슬픔 속에서 하나님께서 어떻게 일하시는지 발견하는 것이다.

그리고 우리가 할 수 있는 최선을 다하면서도, 이러한 주제가 회중의 존재 목적과 에너지를 압도하지 않도록 하는 것이 중요하다고 생각한다. 교회내 그룹 및 회중 리더들은 동성애가 모든 교회의 에너지를 삼켜 버리거나, 이것 아니면 저것이라는 식으로 흥정하지 않도록 주의해야만 한다. 이러한 모습은 토론이나 분변의 시간에 흔히 발생하기 쉬우며, 더 나아가 어떤 입장에 있는가에 의해 발생하기 쉽다. 이점에 있어서, 교회는 이슈에 따라 양분되기 쉽고, 교회의 운명까지 옥죄는 상황을 경험할 수 있다. 이러한 현상을 실제로 목격할 때마다, 나는 과연 어디에서 이러한 논쟁의 힘이 솟아오르는지 종종 소스라치게 놀라기도 한다. 이러한 이유 때문에, 이러한 과정의 순간마다, 그리고 모든 측면을 다룰 때마다 영적인 경각심을 갖는 것이 매우 중요하다. 사람들이 이 이슈를 분변하고 과정을 밟기 시작하면, 이를 분변하는 사람, 회중 혹은 기관에 어떤 테스트 신호가 나타난다. 기도 생활을 어떻게 해야 하나요? 우리를 죄와 사망과 악에서 구원하신 구세주 예수 그리스도와 하나님을 찬양하는데 얼마나 자유 할 수 있나요? 형제들과 자매들을 향한 우리의 사랑이 얼마나 따뜻해야 하나요? 우리가 동의하지 못하는 사람들에 대한 우리의 느낌은 무엇인가요?

세 번째, 지방회나 교단 혹은 감독기관들은 게이와 레즈비언을 멤버로 받아들이고자 하는 지역교회와 회중들에게 어떻게 반응해야 하는가? 이 질문은 교단의 정책이 어떤지에 따라 서로 다른 틀을 필요로 한다. 고린도전서 5장의 사건처럼 근친상간의 경우에 성서는 추방을 명할 수 있다.11 그렇지 않으면 감독 기관아마도 교단 리더들로 구성된 위원회은 채택한 성명서가 교회의 기준에 부합하는지 상호책임을 물음으로써 그 지역교회/회중을 견책할 수 있을 것이다. 이는 예언자적 말씀을 시행하는 것으로써 교회 규율을 재정립하는 형태를 띨 것이다.12 교회 규율이란 비판과 동정심을 동시에 드러낼 때 최상의 모습이 될 것이다. "네, 동성애와 양성애 행위는 잘못된 것입니다. 그렇지만 이 주제는 개인들이 처한 상황보다 훨씬 큰 문제입니다. 이는 지난 몇 백 년 동안 우리 서구 문화에 의해 뿌려진 씨앗이 맺은 열매이기도 합니다"라고 말하거나, 혹은 주어진 상황의 복잡성을 완전히 이해할 수 없다고 해도, 우리가 가장 잘 알고 있는 동성행위는 하나님께서 인류를 위해 원래 의도하셨던 뜻에서 떠나 있는 것이라고 밝히면 좋을 것이다. 교회의 기준에 상호책임을 지는 동시에, 우리는 이 상황이 어떤 의미를 갖든지 간에 당신이 치유를 향해 나아갈 수 있도록 우리가 함께 일할 마음이 있다고 알려주는 것이 좋을 것이다.

교회 안에서 동성애 행위를 받아들이는 것은 성서와 교회 전통 모두를 떠나는 근본적인 변혁이기 때문에,13 교회를 치리하는 당회나 위원회는 회중이 자신들이 갖고 있는 입장을 총회나 지방회에서 주창하지 않도록 미리 요청해야 한다. 이러한 요청이 이 주제에 대한 토론에서 침묵하라는 의미는 아니다. 오히려 주어진 기간에 모이며 어떤 적절한 규율에 관련된 행사를 할 수 있어야 한다. 우리가 회중 안에 발생하는 이혼이나 적절하지 않은 재혼을 반대하듯이, 총회 지도부나 위원회는 회중의 리더들이 동성애 행위를 반대하도록 가르치도록 요청할 수 있다.14

이렇게 하면서 우리가 반대하는 사람들과 사랑의 관계를 갖는 것이 가능할까? 그리스도인의 사랑을 넓혀가는 것이 아무런 생각 없이 어떤 행위를 인정한다는 의미는 아니다.

성서가 분명하게 강조하는 내용들 중 하나는 하나님은 끊임없는 사랑으로 오래 참으시는 하나님이라는 내용이다. 또한 하나님의 사랑과 자비는 하나님의 분노와 심판보다 더 영원하다.시편 30:5, 이사야 54:8, 예레미야, 호세아 예수는 하나님의 자비와 심판을 모두 강조하셨다. 원수를 사랑하라는 마태복음 5:44~48 말씀은 가장 놀라운 예수의 가르침으로 악한 사람에게나 선한 사람에게 똑같이 해와 비를 내려주시는 하나님의 자비로운 본성을 드러내는 말씀이다.15 다른 상황에서 예수께서는 불순종, 부정적인 태도, 혹은 기회를 놓치게 된 것과 관련된 다양한 반응으로써 심판에 대한 비유를 들려주셨다.가장 유명한 비유는 누가복음 19:11~27 동성애 반대에 가장 큰 목소리를 낸 바울은 가장 강렬한 모습으로 모든 사람들을 향한 선교를 촉구했던 신약성서의 증인이기도 하다. 바울은 바로 이러한 선교를 위해 살았다. 이런 점에 있어서 그는 모든 사람들이 하나님과 화해해야 한다는 기대를 갖고 있었다.로마서 5:15, 18~19, 11:26, 에베소서 1:9~10, 골로새서 1:20 바울은 비록 각 사람들이 몸으로 행한 모든 행위에 의해 보응을 받게 되리라고 언급하긴 했지만, 어떤 사람들이 반드시 지옥에 가야 한다는 식으로 정죄하며 이야기한 적이 없다.고린도후서 5:10 바울은 하나님의 심판이 반드시 이루어질 것이라고 언급하였지만,고린도전서 3:12~17 하나님의 창조물 안에 그 어떤 피조물도 우리를 주 예수 그리스도 안에 있는 하나님의 사랑으로부터 끊을 수 없을 것이라고 선언하기도 했다. 로마서 8:39

　이러한 성서의 강조점은 결국 우리 각 사람을 에워싸고 있는 죄에 대한 우리의 판단을 누그러뜨리며, 그럼으로써 우리 모든 사람들이 하나님과 다른 인간 동료들과 화해하며 변화를 추구할 수 있게 될 것이다. 이렇듯 우리를 이끌어가는 이러한 비전이 교회를 위한 거룩한 비전이며, 예수 그리스도께 충성을 다하고, 예수 그리스도와 하나가 되는 비전이다.

기도

각 나라로부터 선택하셨으나 모든 땅위에 하나가 되게 하신 하나님,
믿음도 하나이며, 주도 하나이며, 출생도 하나인
구원의 특권을 부여하신 주님,
하나이신 거룩한 이름으로 축복하시고,
거룩한 성찬에 참여하게 하시고,
하나의 희망으로 은혜를 부여하신 하나님,

비록 세상이 그녀를 경멸하고 박해하는 모습에,
분열로 찢기고 흩어지고, 이단에 의해 괴롭히지만,
여전히 성자들이 돌보고, 외치기를 "언제까지입니까?"
눈물을 흘리며 지새운 밤이 지나고 기쁨의 새벽이 곧 다가오리라.
사무엘 스톤 Samuel J. Stone

후주

1) Peter L. Berger and Thomas Luckmann, *The Social Construction of Reality* (Garden City, N.Y.: Doubleday, 1955), 36~37과 철학자 Martha Nussbaum, *Love's Knowledge* (Oxford University Press, 1990), 286~313은 우리가 사회성을 습득하듯, 신념을 배우는 것과 똑같은 방식으로 감정을 배우고 있다고 주장한다.
2) 나도 이에 대한 또 다른 대안이 교회의 분열로 작용한다는 사실을 너무나 잘 알고 있다. 우리가 교회에서 훈계하고 규율을 적용하고자 할 때, 이것이 분열의 원인이 되기도 한다. 그러나 만약 사랑과 돌봄의 정신으로 이를 시행한다면, 이러한 훈계와 규율은 회복적 혹은 치유의 결과를 가져다 주기도 한다.
3) Richard B. Hays, "Homosexuality," in Richard B. Hays, *The Moral Vision of the New Testament: Cross, Community, New Creation* (San Francisco: HarperSanFrancisco, 1996), 400.
4) Ibid.
5) Ibid. 401.
6) James B. Nelson, *Embodiment: An Approach to Sexuality and to Christian Theology* (Minneapolis: Augsburg Press, 1979), 189~96.
7) 바르트에 대한 넬슨의 방대한 비평(ibid.) 중 한 가지 즉 바르트가 "자연법과 우상숭배"(Nelson, 190)에 대해 말한 점은 분명히 잘못된 비평이다. 바르트가 1938년 에밀 부루너에게 보낸 저 유명한 글 "Nein"에 따르면, 그가 주장한 두 가지 내용 중 첫 번째 것은 교정할 수 없는 것이다. 이 점에 대한 칼 바르트의 토론은 G.W. Bromiley (Edinburgh: T. & T. Clark, 1961)가 번역한 *The Doctrine of Creation*, vol. 3, pt. 4 of *Church Dogmatics*에 가장 포괄적인 형태로 기록되어 있다. 이는 "교제의 자유"에 대한 내용으로 "남자와 여자(Man and Woman)"(116~240)라는 항목과 더불어 약 124페이지에 달하는 긴 분량으로 정리되어 있다. 남자와 여자로 창조된 인간에 대한 장황한 토론 안에서, 바르트는 신적인 창조를 거스르는 반역의 성향에 대해 기록하였다. 자연법이 아니라 "하나님의 명령" 혹은 "신적인 명령에 대한 복종"이 글 내용의 대부분을 차지하고 있다. 바르트는 "자신의 본래 성으로부터 도피"하는 모습을 설명하기 위해 시몬느 드 보봐르(Simone de Beauvoir)를 언급하였고, 이러한 개념과 강조점은 사르트르의 실존주의에 연유한다고 정리하였다 (*ibid.*, 161~62). 후에 바르트는 여러 가지 이유들 때문에 빚어진 "남자와 여자의 상호 별리" 즉 어떤 것들은 강요에 의해 어떤 것들은 비상사태에 대한 반응으로 빚어지는 별리에 대해 언급하였다. 그러나 자유라는 상황 하에서 이러한 것을 추구하고려는 욕망은 하나님의 창조 의도로부터 멀어지게 한다. 그에 따르면 이러한 첫 번째 단계는 "동성애라는 질병으로 나타난다. 이것은 육체적, 정신적, 사회적 질병이자, 사람들이 신적인 명령의 유효성을 저버릴 때 나타나는 타락과 퇴폐 현상 혹은 도착증이다" (*ibid.*, 166). 나는 역사적 관점을 제공하기 위해 이 글을 인용하였다. 현재 몇몇 신학자들만이 동성애를 이러한 식으로 접근하지만, 어떻게 초기 신학자들이 동성애를 이해하였는지 숙고해 보는 것과 우리가 겪고

있는 여정 속에서 우리 자신의 입장을 상기해 보는 것은 중요한 일이다.
8) 바르트의 입장은 *To Continue the Dialogue*: *Biblical Interpretation and Homosexuality, ed Norman Kraus* (Telford, Pa.: Pandora Press U.S., 2001), 183에 실린 A. James Reimer, "Homosexuality: A Call for Compassion and Moral Rigor," 라는 글에서도 자세히 설명되어 있다. 다양한 신학적 입장들을 설명해 놓은 논문집, Edward Batchelor, *Homosexuality and Ethics* (New York: The Pilgrim Press, 1980)을 활용하면서, 라이머는 "어떤 극단적인 상황이라는 예외를 기꺼이 추구하고자 하는 동성애 행위를 성서적인 관점을 떠난 본질적인 결함"으로 이해한 Helmut Thielicke의 입장을 설명해 놓았다. 틸리케는 만약 가능하다면 변화를 적극적으로 추구해야 한다고 주장하였다(Reimer, 183~84). 라이머는 동성애 행위를 도덕적 중립에 놓고 생각해 보도록 제 3의 방법에 대해 조사하였지만, 상호관계에 대한 열린 자세, 권력거부, 관계우위 등에 대한 도덕적 평가(이러한 견해에 대해 그는 그레고리 바움(Gregory Baum)을 인용함)가 필요하다고 보았다. 라이머는 "관계우위의 죄 및 상호관계의 중요성에 무게"를 둠으로써 이러한 관심을 갖으면서, 또 다른 한편으로 "이성 관계의 '규범'에 대한 성서적 관점에 대해서는 별로 고려를 하지 않는"데 대해서는 반대 입장을 취하였다. 이와 같이 그는 틸레케의 입장에 의존하였지만, 창조질서로부터 빗나간 것으로써 동성행위를 도착(perversion)이라는 용어로 규정하는 것을 불편하게 여겼다.
9) Gerald D. Coleman, *Homosexuality*: *Catholic Teaching and Pastoral Practice* (Mahwah, H.J.: Paulist Press, 1995), 8~9.
10) *Day Seven* (Enos Martin in Harrisburg, Pa.)이나 *Transformed by Grace* (Reba Place, Evanston, Ill.)과 같은 그룹들이 주는 교훈은 이러한 분야에 어떻게 목회 상담을 제공해야하는지 알려준다. 동성애 사고방식과 행동을 향해 강제적인 권력을 행사하지 못하도록 하는 일을 직접 목격한 나는 어떤 경우에 목회의 공식적 의견을 명확하게 하는 것이 효과적일 수 있다고 생각한다.
11) Walter Moberly, "The Use of Scripture in Contemporary Debate about Homosexuality," *Theology* 103 (July-August 2000): 256은 근친상간과 동성애 사이에 존재하는 해석학적 유비에 대해 지적하였다. 월터는 만약 근친상간이 무해한 방법으로 행해진다면 일단 성인들이 서로 합의해야 하며, 유사한 동성애 관계에서 일어나는 사건들과 이러한 주장 사이에는 아무런 차이가 없다고 설명하였다. 이러한 용어들에 대해 우리가 꼭 알아야 하는 것은 고대의 금기라는 개념이며, 우리가 그러한 것을 금기시 여길 필요가 있는지 없는지 다시 물어야 한다.
12) 우리가 위험한 회중이라고 여기는 교회 즉 동성애를 "받아들이는 회중(accepting congregation)"에 대해 말할 때는 이러한 개념이 무엇을 뜻하는지 좀 더 명확하게 이해할 필요가 있다. 성적으로 적극적인 동성애자들을 받아들이고 동성애 관계를 인정하는 것을 하나님 나라의 일로 받아들이는 사람들에게, 이는 하나님 나라를 위해 자신과 회중의 안전을 포기하는 것을 의미하며 긍정적인 면에서 위험을 감수하겠다는 뜻으로 풀이된다. 우리가 신-이교주의적 세상 문화의 영향, 즉 타락한 인간들의 자유의지라는 속박 아래 들어가는 것으로 여기는 사람들에게 이렇게 하는 것은 개인과 회중의 구원뿐만 아니라 하나님 앞에 올바로 서지 못하게 하는 일로 보일 수 있다. 어떤 사람들은 그러한 회중을 게이와 레즈비언들에게 자유로운 피난처 즉 도피성을 제공하는 회중으로 규정하기도 한다. 이러한 것은 장점이 되기도 하지만, 모든 것을 그런 식으로 말할 필요는 없다. 이 점에 있어서 나는 위험한 회중과 도피성을 제공하는 회중 두 가지를 모두 제안하고 싶다. 실재 이 두 측면은 인정되어야 한다.

13) *Same-Sex Unions in Premodern Europe* (New York: Villard Books, 1994)의 존 보스웰의 주장에도 불구하고 이것이 나의 입장이다. *First Things* 47 (November 1994): 43~48에 실린 Robin Darling Young의 뜻 깊은 비평을 보라. 제6장의 각주 28~29를 참고하라.
14) 회중은 결혼 관계로 들어가는 동성애 언약이 불완전한 결함이 있는 언약이라는 사실을 가르쳐야 한다. 말린 밀러(Marlin Miller)는 첫 번째 결혼으로부터 부과된 경험과 의무를 피할 수 없는 가운데 치르는 재혼의 언약을 위해서도 이 단어를 사용하였다. 그러나 실제 삶에 있어서, 동성애자 결혼을 위한 언약은 전혀 결혼이 아니다. 왜냐하면 이것은 하나님 나라를 위한 일과 결혼하기 위한 독신언약이 아니라면, 이성간의 성교, 자녀 출산이 가져다주는 결혼이라는 두 기본적인 범주와 전혀 무관하기 때문이다.
15) 이 본문에 대한 탁월한 논문인 William H. Willimon, "Matthew 5:43~48," *Interpretation* 57 (2003):60~63을 보라.

8장
회중의 분변을 위한 모델

서론에서 이미 밝힌 것처럼, 기본적인 성서적 가르침을 중심에 두는 것은 지역 회중이 되었든 교단이 되었든 윤리적 주제에 대해 인도를 받고자 하는 기독교인들에게 매우 중요하다. 이러한 분변을 위한 성서본문으로 골로새서 3:12~17을 살펴보자.

그러므로 여러분은 하나님의 택하심을 입은 사랑 받는 거룩한 사람답게, 동정심과 **친절함**과 겸손함과 온유함과 오래 참음을 옷 입듯이 입으십시오. 누가 누구에게 불평할 일이 있더라도, 서로 용납하여 주고, 서로 **용서**하여 주십시오. 주님께서 여러분을 용서하신 것과 같이, 여러분도 서로 용서하십시오. 이 모든 것 위에 사랑을 더하십시오. 사랑은 완전하게 묶는 띠입니다. 그리스도의 평화가 여러분의 마음을 지배하게 하십시오. 이 평화를 누리도록 여러분은 부르심을 받아 한 몸이 되었습니다. 또 여러분은 **감사하는** 사람이 되십시오. 그리스도의 말씀이 여러분 가운데 풍성히 살아 있게 하십시오. 온갖 지혜로 서로 가르치고 권고하십시오. 감사한 마음으로 시와 찬미와 신령한 노래로 여러분의 하나님께 마음을 다하여 찬양하십시오. 그리고 말이든 행동이든 무엇을 하든지, 모든 것을 주 예수의 이름으로 하고, 그분에게서 힘을 얻어서, 하나님 아버지께

감사를 드리십시오. 표준새번역-강조는 저자가 한 것임

사도행전 15장의 예루살렘 총회 과정은 공동체로서 우리가 어떻게 의사결정을 하며 분변의 과정을 함께 걸어갈 수 있는지 기본적인 모델을 제시한다. 비록 나는 동성결혼의 언약을 받아들이고 축복하는 식으로 예루살렘 총회과정1을 설명한 제프리 사이커Jeffrey Siker와 의견을 달리함에도 불구하고, 이 성서말씀이 동성관련 주제의 윤리적 분변을 위한 기본적인 원리들을 제공해 준다고 믿는다. 메노나이트 연합성서대학원의 학장이었던 로스 벤더Ross T. Bender는 얼마 전 이 주제에 대해 다음과 같이 요약한 바 있다.2

- 모든 관점이 충분히 드러나도록 제시되어야 한다.
- 요구된 사건이 역사적으로 정리되어야 한다. 어떻게 우리가 여기까지 왔는가?
- 요구된 사건이 성서적으로 정리되어야 한다. 성서가 그것에 대해 어떻게 말하고 있으며, 성서가 말하고자 하는 의미는 무엇인가?
- 요구된 사건이 기본적으로 신학적 신념으로 정리되어야 한다.
- 기독교인들의 경험이 고백되어야 한다.
- 제시된 내용들은 말로 발표하고 청중들이 들을 수 있어야 한다.
- 존경받는 한 형제 야고보가 했듯이 그의 판단을 이야기해야 한다.
- 총회는 합의를 이루어야 하며 모든 사람이 공통적으로 이해하는 바를 발표해야 한다.

이 과정은 아주 단순하게 보이지만, 비유대인들이 메시아를 믿는 공동체의 구성원이 되기 위해 할례를 받을 필요가 있는지 다루었던 사도

행전 15장의 주제는 그리 간단한 것이 아니었다. 그리고 현재 회중들이 게이와 레즈비언 관계에 있는 사람들을 멤버로 받아들일 것인지 말 것인지 합의를 이루어 내고자 하는 과정을 밟고 있는 기독교 공동체에게도 문제는 결코 간단하지 않다. 예루살렘 위원회는 유대 믿음의 교리에 있어서 공동체에 들어오려 하는 할례 받지 않은 이방인들의 입회여부에 있어 절대로 타협할 수 없는 어떤 부분이 있다는 사실을 재차 확인하였다. 성적인 부도덕은 이러한 타협할 수 없는 교리들 중 하나였기 때문에, 동성애 주제에 있어서 이를 분별하고 적용하고자 할 때 이를 "하나로 묶어서" 결론을 내리려면 문제가 매우 어렵게 된다.

의사결정과 분변의 과정을 위해 우리에게 도움이 될 만한 또 다른 성서적인 지침으로는 우상에게 바친 음식을 먹음으로 거룩한 의식이 더럽혀져 회중이 분리될 위협에 놓인 상황을 로마서 14~15장을 통해 다룬 폴 미니어Paul Minear의 방식이 있다.3 이 성서본문은 믿음이 "강한 사람"으로서 우상에게 바친 음식이 그들을 더럽히는 것이 아니기에 그 음식을 먹을 수 있다고 주장하는 사람들에 대해 언급한다. 그러한 음식을 먹으면 더럽게 된다고 믿는 사람들은 이러한 문제에 대해 믿음이 "약한 사람"이라고 고린도전서 8~10장에 기록되어 있다. 미니어가 지적하고 있는 것처럼, 실제 이러한 논쟁을 하는 사람은 다섯 가지 그룹 혹은 입장을 견지한다.4

- "반대하는" 사람들을 꾸짖거나 경멸하는 사람들의 몸을 "위한다"는 입장
- 몸을 "위한다"는 사람을 꾸짖거나 경멸하는 "반대하는" 사람들의 입장
- 이쪽 혹은 저쪽으로 왔다 갔다 하며 확신 없는 의심 많은 사람들의

입장
- "위한다"는 사람들을 받아들이되 정죄해서는 안 된다는 "반대하는" 사람들의 입장
- "반대하는" 사람들을 받아들이되, 경멸해서는 안 된다는 몸을 "위하는" 사람들의 입장

마지막 두 그룹이 화해를 위해 보다 명확한 여지를 남겨두고 함께 가까워지고자 하는 반면에, 처음 두 그룹은 그룹 내에 존재하는 어떤 잠재적인 분열을 악화시키고 지속한다.5 로마서 14장은 모든 사람들이 "그리스도 안에서 서로 받아들이기 위해"로마서 14:3, 15:7 꼭 염두에 두어야 할 진리의 네 가지 입장을 분명히 하고 있다.

- 각 사람들이 하나님께 설명하게 될 것이다.
- 만약 어떤 사람이 다른 사람을 잘못된 일로 인도했다면, 그것은 사람을 타락하게 하는 행위이다.
- 만약 어떤 사람의 행동이 다른 형제나 자매에게 상처를 입혔다면, 그것은 사랑으로 한 행위가 아니다.
- 무엇이든 믿음으로부터 나온 것이 아니면 죄다.6

이러한 지침에 덧붙여, 진리에 비추어 주제를 분별하는 또 다른 강한 신학적 입장들이 있다. 나는 노먼 크라우스 C. Norman Kraus가 편집한 『지속적인 대화를 위하여』To Continue the Dialogue라는 책에 이러한 입장들이 무엇을 뜻하는지 "나의 생각"을 밝혀놓았다. 여기에서 우리가 해야 할 중요한 임무는 기독교 교회들에 의해 폭넓게 인정받고 있는 네 가지 권위의 출처들 가운데 적절한 판결을 내리는 것이다. 이러한 각 각의 입

장에 대한 관계는 다음 페이지에 그려져 있는 그림에 잘 나타나 있다.

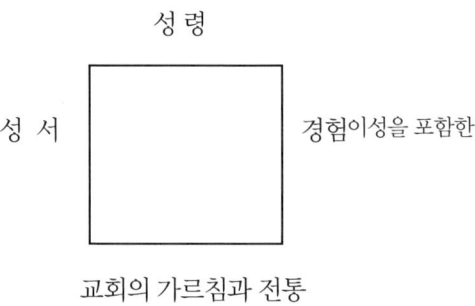

성서와 교회의 전통은 분명히 동성애 관계를 도덕적으로 잘못된 것으로 본다.7 설령 많은 사람들이 현 동성애 행위에 관련된 아주 중요한 일곱 가지 핵심 성서본문들이 중립적인 입장을 보인다는 해석을 받아들인다 해도,8 도덕적으로 동성애 관계를 옳은 것으로 인정하는 **성서적 사례를 만들어 낼 수는 없다.**9

성서를 해석하는 공동체의 권위에 대해 이의를 제기하는 것은 문제해결에 별 도움이 되지 않는다.10 경험에 근거하여 많은 목소리들이 이 주제를 다시 생각해보도록 요구하고 있지만, 몇몇 저자들이 지적하는 바와 같이, 경험에는 다시 검토해야 할 많은 측면들이 있다. 마리온 소아즈Marion Soards는 도덕적 권위를 주장하는 근거로서 경험은 애매모호하다고 정의한 후, 그 이유를 다음과 같이 설명하였다. "경험은 객관적인 동시에 주관적이다. 다른 방식으로 질문해보면 모든 경험들이 동일하지 않음을 알 수 있다. 어떤 경험을 진정한 경험으로 칠 것인가? 왜 어떤 경험은 되고 또 어떤 경험은 아닌가? 모든 사람들이 경험을 같은 방식으로 인식할까? 누구의 인식이 가장 타당할까?"11 리차드 헤이스는 경험의 역할을 진지하게 고려해 볼 때, 그것이 개인적인 간증의 차원을 넘어서 공동체의 경험으로 확장되고, 도덕적인 분변에 있어서 어떤 규범적인 위상을 제시할 때 타당성을 갖게 된다는 점을 분명히 하였다.12 이처럼 경험은 윤리적 권위로서 카멜레온과 같은 존재다. 나름 가치가 있는 경험은 공유되어야 하지만 결정적이지 않다. 마르쿠스 스머커Marcus Smucker는 동성애자들과 그 가족들에게 목회적 후원이 필요하다는 것을 강조하기 위해 자신의 경험에 호소하였다.13 그리고 또 경험을 통해 들려오는 목소리들이 동성애를 선호하고 실행하는 것으로부터 이성애를 선호하고 실행하는 것으로의 전환에 대해 말하였다.

종종 사람들은 생물학, 심리학, 사회과학 등 다양한 분야로 나뉘어 있는 과학이 권위의 또 다른 근거가 되어야 한다고 말한다.14 이 점에 대해 나는 반대 입장이다. 과학이 도움이 될 만한 혹은 어떤 결정적인 정보를 줄 수는 있다. 그러나 과학이 도덕적 권위로서 기능하지는 않는다. 실험관찰에 의한 것은, 그리스도에서 정점을 이루고 있는 구원 역사에 있어 하나님의 존재와 반대되며, 의무를 산출해내지 못하기 때문이다. 이러한 문제를 쉽게 설명해보자. 자동차 혹은 인터넷의 발명은 가히 우리의 삶을 가히 혁명적으로 바꾸어 놓았다. 그러나 이러한 것이 십계명의 도덕적 권위를 변경시키지는 못한다. 물론 과학이 어떤 현상에 대해 설명함으로써 우리가 새로운 방식들을 이해하는 것을 도와주는 것을 사실이다. 동성애를 설명하기 위한 과학적 제안이라든가 노력이 현재 증명된 결과들을 만들어낸 것은 아니다.15

우리가 과학으로부터 도출된 실험관찰 자료들을 포함시킬 때, 5장에서 살펴보았듯이 사회과학과 문화적 분석들이 어떤 역할을 감당할 것이다. 만약 정말로 문화의 영향력이 현 상황에 크게 기여했다면, 이러한 문화적 영향력들을 평가하고 이에 대해 교회가 어떻게 반응해야 하는가? 문화의 어떤 측면들을 교회가 인정해야하는가? 즉 어떤 측면을 받아들이고 어떤 측면을 반대해야 하는가? 교회의 반응이교회의 많은 부분은 분노를 잘못 표출하는 것과 관련되어 있다 개인적으로 게이나 레즈비언을 반대하는 일에 초점을 맞추어야 하는가? 아니면 현재 진퇴양난에 빠져 있는 근거들을 비판하면서 문화적인 요소들에 보다 더 많은 초점을 맞추어야 하는가? 오랜 기간 동안 발달된 문화적 유물의 "희생자"가 될 때, 사람들은 개인적 희생자가 될 수밖에 없지 않은가? 어떤 부분에는 아주 자연스럽게 문화적인 동화를 받아들이면서, 과연 어느 정도까지 교회가 반문화적이 될 수 있는가?

우리는 이러한 점에 대해 성령님의 인도하심을 지속적으로 구해야 한다. 나는 이러한 분변의 과정을 돕기 위해 동성애 파트너들과 그들이 속한 회중 혹은 후원자 그룹들이 다양한 방식으로 우리와 연결되어 있는 성령님에 관한 본문인 로마서 8:1~27과 하나님 사랑과 서로사랑에 관한 본문인 요한일서 4:7~21을 40일 동안 기도하는 마음으로 읽고 묵상해 볼 것을 제안한다. 또한, 함께 언약을 맺은 커플로서 성적인 욕망뿐만 아니라 생각, 태도, 헌신과 행동에 어떠한 일이 일어나는지 분변해 보라는 하나의 실험안을 제안한다. 파트너 모두가 기독교인의 정체성을 고백하는 가운데 열 가지가 넘는 사례를 서로 보고하는 것은 도움이 될 것이다. 이를 위해 동성애를 주제로 쓴 마크 티슨 네이션Mark Thiessen Nation의 논문16을 살펴보는 것은 분변을 위해 좀 더 분명한 현실적 방법이 될 것이다.

네이션은 사람들이 이러한 분변의 과정을 시작하면서 기독교 그룹에 의해 인정받을 만한 여덟 가지 중요한 내용을 제안하였다.17

1. 사회과학 및 생물학은 어떻게 사람들이 게이가 되고 레즈비언이 되는지 아주 복잡한 질문들을 제기하고 있으며, 우리가 완전히 이해하고

있다고 말하기에는 당혹스러운 질문들을 제기한다.
2. 우리는 성서가 기독교 믿음과 다른 것들을 정의 하는데 있어 중요한 권위를 갖고 있음과 도덕적으로 살아간다는 것이 무엇을 의미하는지 가르침을 제공하고 있다는 사실을 긍정한다.
3. 성서에 동성애 관계를 직접적으로 다루는 본문은 단지 몇 개 밖에 없다. 이 주제에 대해 언급하고 있는 몇 안 되는 성서 본문은 가치에 있어 부정적인 입장을 보인다.[18]
4. 성서 안의 동성애 관계에 대한 토론은 그 본문은 물론이거니와 여러 성적인 내용을 묘사하고 있는 다른 본문들과 연결하여 연구해야 한다. 뿐만 아니라, 신학적으로 윤리학적으로 폭넓은 이해를 추구하기 위해 보다 종합적인 성서적 틀을 갖고 진행해야 한다. 또한 과연 이러한 토론이 기독교인들에게 무슨 의미가 있는가라는 종합적인 틀 안에서 진행해야 한다.
5. 현재 이러한 문제들과 씨름하면서 우리는 전 역사를 통해 교회가 일반적으로 성을 어떻게 다루어 왔으며, 특별히 동성애에 대해 어했는지는지 여러 다양한 방식으로부터 새로운 것들을 배워야 한다.
6. 우리는 기독교인들이 자기 몸처럼 이웃을 사랑하라는 명령을 받았다고 믿는다. 이 명령에는 동성애에 관계되어 있는 사람들특히 친구, 가족구성원, 직장동료를 포함한 사람들을 향해 우리가 보이는 잔인한 행동도 포함되어 있어야 한다. 또한 이것은 게이, 레즈비언과 동성애 행동이 나쁜 것이라고 믿는 사람들을 사랑해야 한다는 것을 말한다.
7. 우리는 이성 결혼 커플들그리고 자녀들을 후원하고 돌보는 것이 중요하다고 믿는다. 또한 만약 교회가 동성애 관계에 대한 입장을 전환해야만 한다면, 게이와 레즈비언들에게 일부일처관계처럼 일대일 관계를 채택하는 것이 중요하다고 믿는다.저자의 설명: 어떤 회중들은 이 마

지막 문장이 토론을 시작하기 위해 적합하지 않을 수 있는데 그러할 경우에 아마도 이 부분을 삭제하는 것이 좋을 것이다

8. 동성애 행위는 실제로 우리가 씨름해야하는 문제다. 물론 이 문제는 동성애 관계에 있는 사람들의 삶으로부터 분리할 수도 없고 성과 관련된 주제로부터 분리시킬 수도 없다.

가능한 한 이러한 내용들을 받아들일 때, 비로소 그룹이 통상적으로 일어나는 일들이 아주 중요하다는 사실을 보기 시작한다. 이것은 다른 영역에 대해 생각하도록 신뢰를 형성해줄 것이다.

성서, 교회/전통, 성령님, 경험의 상대적인 역할에 대해 분변하는 것과 더불어, 현재 갈등해결 분야에서 사용되고 있는 여러 기법들이 분변의 과정에 큰 도움을 줄 수 있다.19 이러한 갈등해결 기술을 이 주제 혹은 과정에 적용하기기 매우 어렵고 비효율적인 이유는 이 주제가 매우 감정적이고 신학적이기 때문이다.20 그리고 주제의 복잡성과 공동체의 신학적 헌신이 또다른 갈등해결의 과정을 더 복잡하게 하기 때문이다.21

선을 추구하기로 인정한 후, 서로 언약을 나눈 게이·레즈비언 기독교인에 대해 토론하는 것이 분변의 과정을 위해 도움이 될 것이다. 캐서린 그린 맥크레이트Kathryn Greene-McCreight가 만든 다음의 성명서는 이러한 토론을 활성화하며 우리가 속해 있는 가족과 교회 내의 동성 커플과 관계를 맺도록 도와줄 것이다. 동성커플들을 차별하고 추방시킴으로써 지은 죄 그리고 그들이 겪는 고통에 냉담함을 표출함으로써 지은 증오와 실패라는 죄를 회개하는 모습에 더하여,

교회는 동성애와 관련해서 이루어지는 "선함"을 인정하는 곳까지 나아가야 할 것이다. 자신을 내어주기로 헌신한 두 사람의 개인은 결국 그리

스도의 희생적인 사랑의 모습을 서로에게 보여줄 수 있을 것이다. 동성애 관계를 받아들이면서 보다 넓은 공동체에 헌신하는 것이 그들이 갖고 있는 시간과 재능들을 전체 교회를 위해 사용함으로 "선"을 이루어 나가는 것이며, 게이·레즈비언 커플이 입양한 아이들을 사랑하고 돌보는 모습으로 인정될 수 있을 것이다. 교회는 그리스도께 헌신된 게이·레즈비언들이 사람들을 돌보고, 설교하고, 가르치는 목회를 "선"으로 인정할 수 있다. 그러나 이러한 선함을 인정하는 것은 그러한 관계 내에서 일어나는 성적인 활동까지 인정하는 것은 아니다. 이러한 선함을 인정하는 것은 교회의 자유에서 비롯되는 것이 아니라, 동성 관계로부터 비롯되는 것이며, 교회는 이러한 관계를 축복할 자유가 있다. 교회는 그러한 자유도 그러한 권위도 가지고 있지 않다. 이렇게 주장하는 것은 소위 말하는 "목적이 수단을 정당화 한다"는 결과론적 윤리를 고집하는 것이 될 뿐이다.22

    모든 것을 말하고 끝낼 때, 우리 대부분의 일은 살든지 죽든지 우리가 "그리스도 안에" 있는가 하나님의 영에 의해 인도를 받았는가에 달려있다. 이것이 바로 성적인 정체성이 아닌 우리의 정체성을 위한 가장 중요한 주제이다. 성적인 정체성은 하나님의 은혜와 능력으로 다시 태어난 사람들의 특징을 결정하는 핵심 정체성이 아니다. 우리가 살든지 죽든지 정말로 관심을 가져야 할 것은 우리 안에 있는 이가 예수 그리스도인가 하는 점이다.

    그리스도인들에게 함께 기도하는 것은 필수다.23 만약 우리가 이 주제에 대하여 하나님의 뜻을 분변하기 원한다면, 우리는 개인적으로 기도해야 하고 동시에 공동으로 함께 기도해야 한다. 야고보서 3:15에 기록된 것처럼 "외식하는 모습, 위선된 모습으로" 하지 말고, 하나님의 말씀을 들을 기회와 교회를 위한 복음이 우리 문화에 생명력을 부여해 주는 방향을 갖고 해야 할 일이다.

기도

그러므로 우리가 여러분의 소식을 들은 그 날부터, 우리도 여러분을 위하여 쉬지 않고 기도합니다. 우리는 하나님께서 여러분에게 모든 신령한 지혜와 총명으로 하나님의 뜻을 아는 지식을 채워 주시기를 빕니다. 여러분이 주님께 합당하게 살아감으로써, 모든 일에서 그분을 기쁘게 해 드리고, 모든 선한 일에서 열매를 맺고, 하나님을 점점 더 알고, 하나님의 영광의 권능에서 오는 모든 능력으로 강하게 되어서, 기쁨으로 끝까지 참고 견디기를 바랍니다. 그리하여 성도들이 받을 상속의 몫을 차지할 자격을 여러분에게 주신 아버지께, 여러분이 빛 속에서 감사를 드리게 되기를 우리는 바랍니다. 아버지께서 우리를 암흑의 권세에서 건져 내셔서, 자기의 사랑하는 아들의 나라로 옮기셨습니다. 우리는 그 아들 안에서 구속 곧 죄 사함을 받았습니다. 골로새서 1:9~14표준새번역-강조표시는 저자

영원한 언약의 피를 흘려서 양들의 위대한 목자가 되신 우리 주 예수를 죽은 사람들 가운데서 이끌어내신 평화의 하나님이 여러분을 온갖 좋은 일에 어울리게 다듬질해 주셔서 자기의 뜻을 행하게 해 주시기를 빕니다. 또 하나님께서 예수 그리스도로 말미암아 우리 가운데 자기가 기뻐하시는 바를 이루시기를 빕니다. 예수 그리스도께 영광이 영원무궁히 있기를 빕니다. 아멘. 히브리서 13:20~21표준새번역-강조표시는 저자

후주

1) Jeffrey S. Siker, "Gentile Wheat and Homosexual Christians: New Testament Directions for the Heterosexual Church," in *Biblical Ethics and Homosexuality: Listening to Scripture*, ed. Robert L. Brawley (Louisville: Westminster/John Knox Press, 1996), 135~51.
2) 해롤드 벤더(Harold S. Bender)가 오래 전에 이러한 내용을 발표했었다. 비슷한 내용을 위해, *Text Reader Series*, no. 8 (Elkhart, Ind.: Institute of Mennonite Studies, 1997): 179~97에 실린 그의 논문, Education for Peoplehood: Essays on the Teaching Ministry of the Church "Seminary and Congregation: Communities of Discernment" 을 보라. 교회가 내리는 의사결정을 위해 사도행전 15장을 분석한 Luke Timothy Johnson의 글 *Scripture and Discernment* (Nashville: Abingdon Press, 1996), 87~108을 보라.
3) Paul S. Minear, *The Obedience of the Faith: The Purposes of Paul in the Epistle to the Romans, Studies in Biblical Theology*, Second Series 19 (Naperville, Ill.: Alec R. Allensen Inc., 1971).
4) *Ibid.*, 8~20.
5) 동성애라는 주제와 관련된 이러한 설명을 위해 Mark Thiessen Nation, "Fruit of the Spirit or Works of the Flesh? Come Let Us Reason Together," in *To Continue the Dialogue: Biblical Interpretation and Homosexuality*, ed. C. Norman Kraus (Telford, Pa.: Pandora Press U.S., 2001). 223~44를 보라. 그의 논문에서 네이션은 Wolfhart Pannenbert 와 Eugene R. Rogers Jr.의 관점들을 인용하였다. Pannenberg에게 동성애 행위를 교회가 용납한다는 것은 "하나 되고 거룩한 사도들의 교회"가 되기를 멈추는 것을 의미한다. 로저스는 다른 편의 패를 치켜 올리면서, "만약 직설적인 기독교인들이 일부일처식의 게이 레즈비언 결혼을 인정하려 들지 않는다면, 그들은 자신들의 구원을 잃을 위험에 처하게 된다."고 했다. 만약 교회가 충실하고 결실있는 모습으로 이 문제를 다루기 원한다면, 우리는 (미니어의 목록) 네 번째와 다섯 번째를 지지하는 그룹들의 목소리가 필요하다.
6) Minear은 *The Obedience of the Faith*, 17~20에서 로마서 14장을 통해 총 12개의 핵심 원칙들 혹은 원리들을 목록화했다.
7) A. James Reimer, "Homosexuality: A Call for Compassion and Moral Rigor," in *To Continue the Diaologue*, ed. Kraus, 175~77을 보라. 교회 전통에 대한 훌륭한 조사를 보려면 Stanley J. Grenz, *Welcoming But Not Affirming: An Evangelical Response to Homosexuality* (Lousville: Westminster/John Knox Press, 1998), 64~80을 참고하라. 그리고 내가 정리해 놓은 112-113의 내용을 보라.
8) Don Blosser, "Why Does the Scripture Divide Us? A Conversation on Same-Sex Attraction," 과 Ted Grimsrud, "Six Perspectives on the Homosexuality Controversy,"는 모두 *To Continue the Dialogue*, ed. Kraus, 121~47; 187~208에 실려 있다. 이 책의 2-4장에서 보여주듯 이러한 해석들은 문제가 있다.
9) 이런 면에서, 동성애 주제는 내가 1983년에 썼던 노예, 전쟁, 여성 주제와 그 성격이 다르다.

10) 아내뱁티스트-메노나이트들에게는 성서의 권위 못지않게 믿음의 공동체 또한 권위의 출처가 된다. 그러나 믿음의 공동체가 항상 한 마음인 것은 아니다. 아이러니 한 것은 교회의 입장이 다르다는 견해를 취하는 사람들이 분변의 공동체로서 (종종 회중으로 정의되는) 교회의 권위에 호소한다는 것이다. 그러나 이러한 그룹은 다른 관점을 갖고 있는 보다 큰 공동체가 교회에 관여하여 질서를 정돈하려 할 때 이를 불쾌하게 생각한다.

11) Marion Soards, *Scripture and Homosexuality: Biblical Authority and the Church Today* (Louisville: Westminster/John Knox Press 1994), 46. 누구의 이해가 반영되는지 정의와 이성의 관점에 대해 적용하려면 Alasdair MacIntyre, *Whose Justice? Which Rationality?* (Nortre Dame, Ind.: University of Nortre Dame Press, 1988)을 보라.

12) Richard B. Hays, *The Moral Vision of the New Testament: Cross, Community, New Creation* (San Francisco: HarperCollins, 1996), 210~11, 398~400.

13) Marcus Sumcker, "Psychological Dynamics: Being Gay or Lesbian," in *To Continue the Dialogue*, ed. Kraus, 45~61. 비록 그의 관점과 나의 관점은 서로 다르지만, David K. Switzer는 자신의 책 *Pastoral Crea of Gay, Lesbian, and Their Families* (Minneapolis: Fortress, 1999)에서 유용한 지침을 제공해 주었다.

14) Carl S. Keener and Douglas E. Swartzentruber, "The Biological Basis of Homosexuality," in *To Continue the Dialogue*, ed. Kraus, 148~173. Charles H. Cosgrove의 "The Rule of Nonscientific Scope," in *Appealing to Scripture in Moral Debate: Five Hermeneutical Rules* (Grand Rapids, Eerdmans, 2002), 116~53을 보라.

15) To Continue the Dialogue, ed. Kraus에 실린 키너(Keener)와 스바르첸트루버(Swartzentruber)의 논문에 대해 논평하면서, 나는 그 논문이 이 분야를 잘 다루었고, 생물학적 유전과 환경적 영향이 뒤섞여 있는 그 복잡한 인과관계라는 민감한 주제에 맞게 잘 다루었다고 썼다. "The Church and Homosexuality: Review Essay," *The Mennonite Quarterly Review* 76 (April 2002): 215-30. 크라우스의 책에 실린 나의 "대답"에 있어서, 나는 존재가 의무를 결정하지 않는다고 언급하였다(287~88). 우리가 싸우든 싸우지 않든, 악이나 전쟁이 우리에게 말하는 도덕적 권위를 부여해주지 않는다. 사람들이 경험하는 그 무엇이 그 자체로 도덕적 의무의 기본이 되는 것은 아니다. 실제로 대부분의 도덕적인 처방과 처벌은 욕망에 근거한 행동의 도덕성을 보호하기 위해 생긴 것이다. 이점은 철학적 역사를 갖고 있다. *The Virtue of Selfishness*에서 Ayn Rand는 기독교 윤리로 볼때는 이상하겠지만, 기본적인 덕으로써 우리가 본래부터 갖고 있는 이기심을 실현해야 한다는 입장을 옹호하였다. 과학과 동성에 대한 더 많은 자료를 위해 David L. Balch가 편집한 *Homosexuality, Science, and the "Plane Sense" of Scripture*에 들어있는 Stanton L. Jones와 Mark A. Yarhouse의 논문 "The Use, Misuse, and Abuse of Science in the Ecclesiastical Homosexuality Debate," (Grand Rapids: Eerdmans, 2000), 73~120을 보라. *Homosexuality: The Use of Scientific Reserach in the Church's Moral Debate* (Downers Grove, Ill.:Inter-Varsity, 2000)을 보라. Robert A. Gagnon, *The Bible and Homosexual Practice* (Nashville: Abingdon Press,

2001), 396, 주 83을 보라. 최종 분석에 있어서 본성과 양육에 영향력들을 분류하는 것은 어렵다. Anne Hershberger와 Willard Kraybill이 편집한 *Sexuality: God's Gift* (Scottdale, Pa.: Herald Press, 2000)라는 책의 Willard Kraybill, "The Gift and Same-Sex Orientation"을 보라. 만약 동성을 선호하는 것이 유전적인 것에 기인한다고 결정한다면, 동성애 관계를 갖는 것을 도덕적으로 옳다고 해야 하는가? 폭력 범죄가 생물학적으로 거의 관계없다는 증거는 이미 존재한다. "Gray Matters," *Newsweek* (27 March 1995): 53.

16) 크라우스가 편집한 *To Continue the Dialogue*에 실린 Mark Thiessen Nation, "Fruit of the Spirit or Works of the Flesh?" 223~44. *To Continue the Dialogue*에 실린 모든 논문들이 분별의 과정에 대한 것인데 Schroeder, Reimer와 Nation의 논문들은 매우 중요하다. 의사결정을 위한 Schroeder의 지침은 매우 유용하다.

17) *Ibid.*, 225~26.

18) 이에 대해 나는 왜 일곱 번 혹은 여덟 번 밖에 되지 않는 이유를 알기 원했었다. 만약 내가 성서의 그 본문들에서 회해/화해하다라는 단어가 하나님과 인간 사이의 관계적 맥락 속에서 나타나는 곳을 따지는 것이라면, 바울서신에서 나는 단지 다섯 곳 밖에 발견할 수 없었다(로마서 5:10~11, 11:15, 고린도후서 5:18~20, 골로새서 1:20~22, 에베소서 2:16). 로마서 5장과 고린도전서 5장에서는 같은 단어가 세 번씩 반복되어 사용되었고, 로마서 1장에서는 동성행위를 강조하기 위해 비슷하게 사용되고 있다. 그렇다면 이러한 것이 도덕적인 명령으로써 화해의 중요성을 경감시키는 것일까? 이러한 두 주제가 드러내는 신학적 중요성 비교하고자 하는 것이 아니다. 정경 전체에 비연속적으로 흩어져 있는 본문의 일곱 혹은 여덟 개 밖에 되지 않는다는 것을 고려 할 때 그다지 편하지가 않다.

19) 이에 대한 유용한 자료로는 John Paul Lederach, *The Journey Toward Reconciliation* (Scottdale, Pa.: Herald Press, 1999)와 Carlyn Schrock-Shenk and Lawrence Ressler이 편집한 *Making Peace with Conflict: Practical Skills for Conflict Resolution* (Scottdale, Pa.: Herald Press, 1999)를 보라

20) 크라우스가 편집한 *To Continue the Dialogue*에 실린 Carolyn Schrock-Shenk, "Commanded to Keep Wrestling and Wrestling and Wrestling," 245~55.

21) 성서와 관련한 분변에 관한 주요 연구는 Luke Timothy Johnson, *Decision Making in the Church: A Biblical Model* (Philadelphia: Fortress Press, 1983)과 *Scripture and Discernment: Decision Making in the Church* (Nashville: Abingdon Press 1996)을 보라. 두 책 모두 다 유용하다.

22) Balch가 편집한 *Homosexuality, Science*의 259페이지에 실린 Kathryn Greene-McCreight, "The Logic of the Interpretation of Scripture and the Church's Debate." 이 점에 대해 *John Stott, Same-Sex Partnership: A Christian Perspective* (Grand Rapids: F. H. Revell,1998)을 보라.

23) 기도에 대한 탁월한 두 권의 책, Arthur Paul Boers, *Lord Teach Us to Pray* (Scottdale, Pa.: Herald Press, 1992)와 John Koenig, *Rediscovering New Testament Prayer* (San Francisco: Harper SanFrancisco, 1992)를 보라.

9장
맺는 말: 우리가 가야할 길

최근에 「종교학보」Religious Studies Review라는 학술지에 "과연 우리가 어딘가로 가고 있기는 한가?"라는 질문과 함께 데어드레 굿Deirdre Good 이 최근 저술한 다섯 권의 동성애 관련 책들에 대한 서평이 실렸다.1 우리시대의 대학의 흐름을 고찰해 볼 때, 이 서평은 우리가 다섯 가지 중 어디에도 존속하지 않는다는 사실에 대해 슬퍼하고 있다. 동성애를 정상적인 것으로 받아들여 교회와 사회가 받아들일 만한 생활 방식이 되게 하려는 모습에 대해 슬퍼하고 있다. 결론부에서 데어드레 굿은 1999년 미국 개혁교회가 총회에서 내린 결정을 지적하였다. 1994년 이 총회가 "동성애적 삶을 살아간다는 것은 성서를 거스르는 것이다"라는 입장을 재차 단언하였다고 언급하면서, 1999년 성명서는 어떻게 동성애자들이 우리 교회 내에서 고통을 받고 있는지, 그리고 교회의 회원들을 "목회에 있어 회개, 기도, 배움 및 성장의 과정"으로 부르고 있는지 촉구하였다.2 저자는 그러한 쉽지 않은 주제가 다가오는 몇 년 동안 교회 및 사회 내에서 지속될 것임을 알리고, 이 주제에 대해 일해야 할 시간임을 외치며 자신의 서평을 끝내고 있다.

앞으로 교회가 가야할 길에는 세 가지 핵심적인 사항들이 놓여있다. 첫 번째로, 우리는 예전의 근본주의자들과 자유주의자들이 벌인 논쟁

을 계속 반복하는 일 없이 성서의 권위에 대한 입장을 보다 분명히 해야 할 필요가 있다. 1장을 보라

두 번째로 우리는 세계의 교회로부터 들려오는 목소리, 서구 사회 밖에서 들려오는 목소리에 귀를 기울일 필요가 있다. 이 세상에서의 삶은 전 세계에 존재하는 그리스도의 몸을 포함한다. 우리는 현 시대의 서구 사회 특히 미국의 정치적, 경제적 관심사가 지구상에 존재하며 살고 있는 사람들의 삶과 얼마나 얽히고설켜 있는지 알아야 한다. 우리는 세계 도처에서 들려오는 목소리를 귀담아 들어야 하며, 우리 자신의 문화 특히 성적인 자유는 개인의 몫이라는 주제넘은 전제를 보다 철저히 자기 비판 할 수 있어야 한다.

세 번째로 우리는 성적인 주제들이 어떠하든지 간에 회중 안의 모든 사람들을 돌아보는 목회를 주도해 나가야 할 것이다. 이러한 목회는 성적인 정체성을 두고 씨름하는 사람들, 성적인 문제로 뼈아픈 경험을 갖고 있는 부모들을 부둥켜안을 수 있어야 한다. 많은 경우에 있어서 이러한 목회는 동일한 주제로 씨름하는 확대된 가족들까지 염두에 두어야 한다. 이러한 노력과 함께, 우리는 죄와 은혜의 역설적인 관계를 새롭게 이해할 수 있어야 하며, 사람을 변화시키는 구원의 능력과 예수 그리스도 안의 정체성이 사람들의 성품과 도덕적 선택까지 포함한다는 것을 인정하며, 서로를 향한 사랑과 제자됨으로 각 사람을 부둥켜안는 "제3의 길"3로 나아가는 삶이 있음을 감사해야 한다.

이러한 노력 안에서 우리는 바울이 여실히 보여주었던 복음의 비전과 예수 그리스도를 통한 하나님의 은혜와 하나님으로부터 비롯된 우리의 선교적 핵심내용을 끊임없이 지속시켜 나가야 한다. 고린도후서 5:16~21에 기록된 바울의 편지는 우리가 어떤 길을 향해 나가야 하는지 초점을 제시해 준다. 여기에서 나는 이 성서본문을 기초로 한 묵상설교

를 나누고자 한다.

하나님과 화해 함

고린도후서 5:16~21

그러므로 이제부터 우리는 아무도 육신의 잣대로 알려고 하지 않습니다. 전에는 우리가 육신의 잣대로 그리스도를 알았지만, 이제는 그렇지 않습니다. 누구든지 그리스도 안에 있으면, 그는 **새로운 창조**new creation 다. 옛 것은 지나갔습니다. 보십시오, 새 것이 되었습니다.

이 모든 것은 하나님에게서 났습니다. 하나님께서는 그리스도를 내세우셔서, 우리를 자기와 **화해하게** 하시고, 또 우리에게 **화해의 직분** ministry of reconciliation을 맡겨 주셨습니다. 곧 하나님께서 사람들의 죄과를 따지지 않으시고, 화해의 말씀을 우리에게 맡겨 주심으로써, 세상을 그리스도 안에서 자기와 화해하게 하신 것입니다. 그러므로 우리는 그리스도의 사절입니다. 하나님께서는 우리를 시켜서 여러분에게 권고하십니다. 우리는 그리스도를 대리하여 간청합니다. **여러분은 하나님과 화해하십시오.** 하나님께서는 죄를 모르시는 분에게 우리 대신으로 죄를 씌우셨습니다. 그것은 우리가 그리스도 안에서 **하나님의 의**가 되게 하시려는 것입니다.

본문의 말씀 중에 중요한 단어와 표현들은 굵은 글씨로 강조하였고, 17절의 새 창조new creation라는 표현은 문자적으로 번역한 것이다. 이 중요한 본문은 그리스도 안에서 하나님 자신이 우리와 화해를 주도하시고 계심을 선언하고 있다. 이것이 바로 우리가 추구해야하는 화해라는 목회의 기본이다.

본문은 16절에 나타난 것처럼 그리스도를 바라보는 두 가지 방식과 함께 시작된다. 즉 예수를 인간적으로 보는 방식과, 예수를 단순히 육체를 가진 사람으로 보지 않는 새로운 방식이다. 바울이 예수를 단지 인간으로만 보았을 때, 그는 그리스도인들을 박해하는 사람이었다. 그는 그리스도인들을 죽였는데, 그 이유는 그들이 유대주의를 서서히 잠식해 나갔기 때문이었다. 바울은 자신이 예수를 그리스도 곧 메시아로 알기 전에 길에서 엎드러져, 완전히 정신이 나갔다가 회복되었다. 이후로 그는 180도로 달라진 사람이 되었다. 그리고 모든 것이 그에게 새로워졌다.

이러한 일은 우리에게도 일어난다. 우리에게 아마도 다마스커스로 가는 길에서 바울이 만났던 것처럼 문자적으로 쓰러지는 경험은 필요하지 않을 수도 있지만, 우리의 죄성, 아담과 하와가 하나님으로부터 돌아서듯 죄에 참여한 일들에 대한 고백은 반드시 필요한 일이다. 우리는 하나님께서 우리 인생에 비추어 주시는 그리스도의 빛을 향해 우리 자신을 열어 놓아야 한다. 죄 짓는 삶의 방식을 회개하면서, 우리는 하나님의 용서와 화해의 능력을 위해 그리스도를 추구해야 한다.

개인적으로 17절을 번역할 때 나는 거기에 감탄사를 집어넣어 "와우! 새 창조다!"라고 읽는다. 이렇듯 근본적으로 새로운 실재가 의미하는 것은 우리가 그리스도를 더 이상 인간적인 관점으로 보지 않는다는 말이다. 이는 내 아내 메리와 함께 최악의 눈보라 속에서 북 펜실바니아 주의 고속도로를 운전하고 나온 느낌과 비슷하다. 눈보라 속에서 운전을 하다가 산 속의 아주 긴 터널을 빠져나왔을 때, 터널 맞은편에 현기증이 날 정도로 맑은 햇살과 뽀송뽀송한 도로가 우리를 맞아주었다.

교회는 그리스도 안에 있는, 아니 오직 그리스도 안에만 있는 하나님의 새 창조다. 이전 것들은 다 지나갔다. 그리고 이제 모든 것이 새롭게 되었다. 우리는 새로운 삶을 살도록 해주는 하나님의 의를 받아들인다. 우리가 우리 스스로의 노력으로 이를 이루어낼 수 없다. 그리스도 안에서 하나님께서 우리에게 새창조를 가능하게 하신다. 단지 하나님만이 우리를 새로운 사람으로 만드실 수 있다.

화해는 이 본문의 중심에 놓여있다.4 나는 화해가 문장의 핵심에 놓여 있다는 것을 보여주기 위해 핵심 사상을 보여주는 그림으로 문장을 배열해 보았다.

1. 그리스도를 통해, 새 것이 되었습니다.
    2. 이 모든 것은 하나님에게서 났습니다. 하나님께서는 그리스도를 내세우셔서, 우리를 자기와 화해하게 하시고,
        3. 또 우리에게 화해의 직분 ministry of reconciliation을 맡겨 주셨습니다.
            4. 곧 하나님께서 사람들의 죄과를 따지지 않으시고, 화해의 말씀을 우리에게 맡겨 주심으로써,
        3a. 세상을 그리스도 안에서 자기와 화해하게 하신 것입니다. 그러므로 우리는 그리스도의 사절입니다. 하나님께서는 우리를 시켜서 여러분에게 권고하십니다.
    2a. 우리는 그리스도를 대리하여 간청합니다. 여러분은 하나님과 화해하십시오.
1a. 하나님께서는 죄를 모르시는 분에게 우리 대신으로 죄를 씌우셨습니다. 그것은 우리가 그리스도 안에서 하나님의 의가 되게 하시려는 것입니다.

2부터 2a까지 각 단위는 "화해"라는 어떤 형식을 취하고 있다. 화해는

하나님의 주도권을 통해 이루어진다. 처음부터 끝까지 그것은 사람들을 하나님과 화해하도록 하시는 그리스도 안에서 **하나님**의 행위다. 때때로 지나치게 강조되고 있듯이 하나님은 신적인 진노를 달래시지 않고, 인간들을 자신에게 데려오기 위해 화해를 강행하신다. 그리고 하나님은 우리를 화해의 사람들로 삼으시고 화해의 사역을 위임하신다.

2줄과 2a는 이러한 점을 강조하고 있다. 하나님이 주어다. 그리스도는 하나님께서 그의 화해의 일을 감당하도록 한 대행자다. 우리는 이러한 좋은 소식, 즉 "하나님과 화해하십시오."라는 복음을 전하는 대사들이다. 알렐루야, 하나님께 감사를!

3줄과 3a에서 우리는 하나님의 화해의 사역에 협조한다. 여기에서 우리는 우리가 일하는 질서가 무엇인지 부여받는다. 즉 화해의 사역자들이 되기 위해 먼저 하나님께 화해의 백성이 되어야 하고, 다음에 서로 화해하는 것이다. 이것은 샬롬을 이루라shalom-making는 부르심, 즉 우리가 사는 세상에서 평화를 이루라는 부르심이다. 하나님은 화해의 말과 능력을 우리에게 부여해 주셨다.

그리고 우리는 그리스도를 선전하는hyper 사람 혹은 그리스도 안에서 대사들이 되었다. 하나님은 우리를 통해 호소하신 것이다. "하나님과 화해하라"는 이 호소는 명령이기도 하다. 하나님은 우리에게 "그리스도를 선전하는hyper 사람"으로 "나와 화해하자" 라고 말씀하신다. 이러한 명령을 마음에 둘 때, 그리고 우리의 삶을 그리스도와 하나님께 드릴 때, 우리는 그리스도께서 하신 일을 존중한다. 이렇게 할 때에만, 우리가 사람들을 하나님과 **화해시키기** 위한 일을 하면서 그리스도인 혹은 신자로서 하나님과 그리스도께 참여할 수 있다.

맨 마지막 줄 1a는 죄를 알지 못하시면서 죄악 된 인간을 위해 오셔서 십자가라는 인간의 폭력에 의해 돌아가신 그리스도를 가리킨다. 이와 같이 예수는 우리를 위해 죄인이 되어, 우리 대신 죄수가 되어 십자가에 달려 죽으셨다. 이러한 모든 것은 "우리가 그리스도 안에서 하나님의 의가 되게 하기 위함이다." 그리스도의 생명과 갈보리 산 위에서의 업적에 드러난 하나님의 주도권은 하나님과 우리를 화해시키기 위한 수단이다. 그런즉 우리는 우리에게 주어진 부르심의 임무를 감당해야 한다. 그리스도인으로서 평화를 이루고자 노력을 기울일 때 이러한 관점을 놓쳐서는 안 된다. 왜냐하면 여기에 평화건설자로서 존재의미가 있으며 화해의 사역을 위한 장기적인 능력이 부여되기 때문이다.

그러므로 시각화된 본문은 "하나님은 세상을 자신과 화해시키시는 그리스도 안에 계신다."는 복음의 거대한 선언이 어떻게 움직여 가는지 보여주고 있다. 하나님께서 그리스도 안에 계신다는 것은 신비중의 신비이며, 기적 중의 기적이다. 그리스도께서 갈보리 산 위에서 돌아가셨을 때, 그리고 다시 부활하셨을 때, 그는 우리의 죄를 모두 다 가져가셨고, 우리 위에 늘 따라다니던 저주를 꺾으셨고, 수치와 죄책감으로부터 자유하게 하셨다. 이것이야말로 영광스런 복음이다. 이것이야말로 모든 교회들이 그들의 공동체와, 이 나라와, 세상의 모든 나라들을 위해 선포해야할 소식이다. 이러한 능력은 인종, 문화, 정치를 초월한다.

디트리히 본훼퍼는 원수를 사랑하라는 설교에서 이러한 일을 가능하게 하시는 하나님의 중대한 행위에 대해 분명히 선언하였다.

> 비록 나는 하나님의 명령을 거스르는 원수로서 행동하지만, 하나님은 나를 향해 친구로 행동하신다. 비록 나는 그에게 악한이지만, 하나님은 나에게 선이시다. 하나님은 나에게 죄가 있다고 고소하지 않으시고, 대신에 쉬지 않고, 화내지 않고 나를 찾으신다. 하나님은 나를 위해 고통당하고 죽으셨지만, 나를 생각하시며 그를 다루시는데 조금도 지나치다

고 여기지 않으셨다. 하나님은 나를 이렇게 설득하셨다. 하나님의 원수는 하나님의 친구가 되었다. 아버지는 그의 아이를 다시 찾으셨다.5

약하고, 죄인 되고, 원수 되었던 우리를 하나님 자신과 화해시키셨음에 대해 우리 존재의 깊은 곳에서 감사를 느낄 때, 우리는 다른 사람들과 화해의 관계를 추구할 수 있다. 몇 해 전에, *Christianity Today*라는 잡지에 "평화를 유지하기Waging Peace"라는 제목의 글이 실렸다. 동성애에 관련된 주제에 대해 진보와 자유주의 교파 사람들이 어떻게 하면 화해할 수 있는가를 다룬 글이었다. 논문의 저자인 더글라스 라브랑크 Douglas LaBlanc는 1974년부터 오랜 기간 동안 어니스트Ernest라는 파트너와 함께 살아온 65세의 루이 크루Louie Crew가 보수주의자인 자신과 어떻게 신뢰의 관계를 발전시켰는지 설명하였다. 라브랑크는 불신에서 신뢰로 전환되는 과정을 자세하게 설명하였고, 이 논문의 주된 본문인 고린도후서 5:18~19이 그들의 관계를 어떻게 바꾸어 나갔는지 이야기하고 있다. 한 화해자의 역할을 보게 되면서 게이를 향한 다른 보수주의자들의 태도가 바뀌어 나가는 모습을 차례대로 이야기해 나갔다. 그는 "나의 특별한 소명에 대해 고린도후서에서 사도 바울이 어떻게 이야기하고 있는지 적용하기 위해 충분한 단계를 밟았음을 느낀다."고 말했다. 그는 그 글을 다음과 같이 정리하였다.

나는 자유진영 친구들이 어떠한 상황에서 우리가 안전에 대한 공포를 느끼는지. 내가 더 잘 이해할 수 있도록 도움을 준 그 토론을 기억하기 원합니다. 왜냐하면 그 토론장에는 뛰어난 "게이 탐지기"를 가진 폭군이 몇 있었기 때문입니다. 내가 보수주의 진영 친구들과 함께 자유주의에 대해 말하였던 그 때 그 토론을 그들이 기억하기 원합니다. 그 토론에 대한 우리의 의도가 사후비판을 받게 됨으로써 보수주의자들에게 얼마나 깊은 상처를 주었는지 나는 자유주의자들이 그 토론을 기억하기 원합니다. 우리가 말로 혹은 글로 써 보낸 파문이 자유주의자들에게 얼마나 큰 상처가 되었는지 나는 그들이 그 토론을 기억하기 원합니다. 우리가 주 예수를 사랑한다는 것 때문에, 그리고 우리가 주님께 순종한다는 사실 때문에, 보수주의자들이 우리에게 무슨 일을 했는지 그 토론을 그들이 기억하고 뼈에 사무치도록 느끼기 원합니다. 나의 자유주의 친구들이 동일한 동기를 표현하였다는 사실을 눈을 뜨고, 귀를 열고 인정하기 원합니다…. 나는 1992년과는 달리 더 이상 게이 커플을 축복할 수 없습니다만, 하나님의 은혜로 말미암아 내가 갖고 있는 신념을 겸손하게 대표하기를 희망합니다. 정치 활동가의 옷보다 평화를 이루는 사람들이 가두시위를 위해 입은 옷이 내게는 더 잘 어울린다는 사실을 알고 있습니다.6

주님께서 당신과 우리 사이, 그리고 우리와 다른 사람들 사이에 충만한 화해의 관계를 경험하도록 우리 믿음의 여정을 인도해 주시기를 기원합니다.7

기도

사랑하는 여러분, 서로 사랑합시다. 사랑은 하나님에게서 난 것입니다. 사랑하는 사람은 다 하나님에게서 났고, 하나님을 압니다. 사랑하지 않는 사람은 하나님을 알지 못합니다. 하나님은 사랑이시기 때문입니다. 하나님의 사랑이 우리에게 이렇게 드러났으니, 곧 하나님이 자기 외아들을 세상에 보내주셔서 우리로 하여금 그로 말미암아 살게 해주신 것입니다. 사랑은 이 사실에 있으니, 곧 우리가 하나님을 사랑한 것이 아니라, 하나님이 우리를 사랑하셔서, 자기 아들을 보내어 우리의 죄를 위하여 화목제물이 되게 하신 것입니다. 사랑하는 여러분, 하나님께서 이렇게까지 우리를 사랑하셨으니, 우리도 서로 사랑해야 합니다. 지금까지 하나님을 본 사람은 없습니다. 그러나 우리가 서로 사랑하면, 하나님이 우리 가운데 계시고, 또 하나님의 사랑이 우리 가운데서 완성된 것입니다.

하나님이 우리에게 자기 영을 나누어 주셨습니다. 이것으로 우리가 하나님 안에 있고, 또 하나님이 우리 안에 계시다는 것을 우리는 압니다. 우리는 아버지께서 아들을 세상의 구주로 보내신 것을 보았고, 또 그것을 증언합니다. 누구든지 예수를 하나님의 아들로 시인하면, 하나님이 그 사람 안에 계시고, 그 사람은 하나님 안에 있습니다. 우리는 하나님이 우리에게 베푸시는 사랑을 알았고, 또 믿었습니다.

하나님은 사랑이십니다. 사랑 안에 있는 사람은 하나님 안에 있고 하나님도 그 사람 안에 계십니다. 사랑이 우리에게서 완성되었다는 사실은 이 점에 있으니, 곧 우리로 하여금 심판 날에 담대함을 가지게 하려는 것입니다. 우리가 이렇게 담대해지는 것은, 그리스도께서 사신 대로 또한 우리도 이 세상에서 그렇게 살기 때문입니다. 사랑에는 두려움이 없습니다. 완전한 사랑은 두려움을 내쫓습니다. 두려움은 징벌과 관련이 있습니다. 두려워하는 사람은 아직 사랑을 완성하지 못한 사람입니다. 우리가 사랑하는 것은 하나님이 우리를 먼저 사랑하셨기 때문입니다. 누가 하나님을 사랑한다고 하면서, 자기 형제자매를 미워하면, 그는 거짓말쟁이입니다. 보이는 자기 형제자매를 사랑하지 않는 사람이 보이지 않는 하나님을 사랑할 수 없습니다. 하나님을 사랑하는 사람은 자기 형제자매도 사랑해야 합니다. 요한일서 4:7~21

후주

1) Deirdre Good, "The New Testament and Homosexuality: Are We Getting Anywhere?" *Religious Studies Review* 26 (2000): 307~12.
2) Ibid., 311.
3) 이 주제에 관련하여 이 용어를 사용한 예를 보려면 Richard A. Karffman, "A Third Way between Fight and Flight," *The Mennonite* (2 May 2000): 6~8을 보라.
4) 이 본문의 자세한 해설에 대해서는 V. George Shillington, *2 Corinthians, Believers Church Bible Commentary* (Scottdale, Pa. Herald Press, 1988), 126~141을 보라.
5) Dirtrich Bonhoeffer, "Loving Our Enemies: Dietrich Bonhoeffer's Sermon on Romans 12:16~21," trans. by Evan Drake Howard, *The Reformed Journal* (April 1985): 18을 보라.
6) Douglas LeBlanc, "Waging Peace," *Christianity Today* (9 July 2001): 42~47.
7) 제임스 앨리슨(James Alison)이 밝히고 있듯이, 도발적이면서 깊은 통찰력으로 쓴 가톨릭 정황 속에서 기록한 책(비록 나는 결정적인 몇몇 부분에 대한 그의 주해에 동의하지 않지만) *Faith Beyond Resentment*이란 제목처럼 회한을 넘는 믿음을 갖기 바란다. 그는 상상력을 통해 우리 모든 사람들이 이 땅의 아버지들을 따라 사는 인종적인 존재가 아니라, 한 아버지의 자녀들이라는 "형제애적 관계"로 나아가도록 인도하고 있다. 그는 또한 아동성도착자로 고소당하는 소외된 사람들의 입장을 공감하도록 요청하고 있다. 그의 글은 매우 대담한 시도이며, 신학적으로 수준이 높고 성서 주해도 예술적이며, 르네 지라르적 주제들이 두루 곁들여져 있다.

부록

1. 창세기 19장 해석

성과 관련이 없는 해석	성적인 해석
예레미야 23:14	베드로후서 2:6~10
에스겔 16:49~50	유다서 7
솔로몬의 지혜서 10:8	주빌리스 (7:20~21); 16:5~6; 20:5~6
에클리시에이스티투스 16:82	에녹 10:4; 34:1~2
주빌리스 13:17	
	T.B. Sanh 109a
바벨론 탈무드	열 두 족장 기록
산헤드린 109a	나프(Napth) 3:4~5; 4:1
케투보스 103a	애서 7:1
바바 바트라 12b	벤자민 9:1
애보트 51.10	레위 14:6
에루빈 49c	마카비 3서 2:3
	필로, De Abr. 26:134~36
	요세푸스 Ant. 1.200; 참조 Aganist Apion 2.199
	Gen. Rabbah 50:7 (미드라쉬)

왼쪽의 자료는 바빌로니아 탈무드의 자료이다. 산헤드린 109a는 비윤리적 행동과 경제적 범죄에 의해 그들의 몸을 더럽히는 것에 대해 언급

부록 · 213

하였다. 탈무드 본문 중 세 곳은 "소돔의 방식을 강요했다실행했다는 뜻이 아님"는 식의 표현이 들어있다. 이러한 구절은 "여물통 속의 개"처럼 전혀 비용을 치루지 않을 때조차 다른 사람을 돕지 않거나, 호의를 거절한다는 의미로 해석된다. 애봇Abot에서의 해석은 네 가지 유형의 특성으로 나타난다: 소돔의 유형은 "내 것은 내 것; 너의 것은 너의 것"이다. 이 유형은 비윤리적인 자기중심적, 독선적, 자기 편향적 생활양식을 말한다.

기원전 130년과 70사이에 기록되었다가 기원후 1세기에 내용이 추가된 「아리스테아스의 편지」*The Letter Aristeas*에는 이방인의 악덕에 대한 유대인의 관점이 설명되어 있는데 로마서 1:18~32에 기록되어 있는 성서적인 본문의 구조를 갖고 있다.

> 대부분의 사람들은 관계에 상처를 주는 심각한 죄를 지음으로써 스스로를 더럽히고 있으며, 온 땅과 도시들이 그것을 자랑하고 있다. 그들은 단순히 남자들을 주선할 뿐만 아니라, 어머니와 딸을 욕보이고 있다. 우리는 이렇게 사는 모습으로부터 분리되어야 한다.1

시빌라인 신탁Sibylline Oracles 3:764~66은 간음을 언급함에 있어서 남자끼리 하는 성행위와 이방세상의 죄로서 유아들을 죽이는 내용이 들어있다. 2:73에는 직접적인 금지 조항이 들어있다: "동성애를 실천하지 말라, 정보를 속이지 말라, 살인하지 말라."2

---

1) J. H. Charlesworth, ed., *The Old Testament Pseudepigrapha*, vol. 2 (New York: Doubleday, 1985, 23.
2) *Idem*, vol. 1 (New York: Doubleday, 1983, 347.

2. "동성애Homosexual" 라는 용어의 명확한 사용

이 글은 1999년 7월 26일 세이트 루이스에서 개최된
메노나이트 교회 총회 세미나에서 발표한 것이다. _ 윌라드 스와틀리

되도록 "동성애homosexual"라는 단어는 명사가 아니라 형용사로 이해되어야 한다. 그러나 이 단어의 통상적인 사용은 본질을 나타내거나 성을 고정된 범주로 제한하는 homosexual〈s〉라는 명사로 전용되어 있다. 이미 5장에서 언급하였지만, 게이나 레즈비언의 권리를 옹호하는 자유주의진영의 작가들은 이 고정된 관점에 대해 반대한다. 이러한 것은 실재에 대한 포스터모던 관점이라는 맥락, 즉 주관적으로 결정되는 것은 아무것도 없지만, 실재를 이루는 어떤 것은 인간이 선택할 때, 있는 그대로 받아들여야 한다는 관점에서 이해되어야만 한다. 모든 의미는 구성되는 것이며 모든 가치는 부여되는 것이다. 그리고 어떤 것은 항상 정치적인 중요성을 갖고 언급된다.

"동성애/동성"과 관련된 이념적인 지도는 그 뜻에 있어 다음과 같은 다섯 가지 의미를 전달한다.

1. 동성애Homosexuality는 사람이 성적으로성서적인 관점인 것처럼 보이지만 성서는 이 용어를 사용하고 있지 않다 뭔가 하는 행동을 의미한다.

2. 동성애는 무엇보다 자신이 선택하지 않았으나 주어진 성적 성향을 의미한다. 행동은 선택과 별개의 문제로 존재한다. 이것은 메노나이트 교회내의 담론에서 주로 사용되는 의미이다

3. 동성애는 존재와 행동이 분리되지 않는 하나의 존재를 의미한다. 성향과 행동 사이의 구분은 인공적이며, 바람직하지 않고, 존재론적으로 불가능하다. 이러한 입장을 옹호하는 진영들은 다음과 같다:

   a. 보수주의: 성향orientation은 주어지는 것이 아니라 윤리적으로 문제를 조작하기 위해 자유라는 이름으로 문제를 "감추는" 것이다. 사람의 욕망은 사람이 전환하려거나, 치료를 받거나, 그리스도 안에서 성장하고자 한다면, 얼마든지 변할 수 있고 변해야만 한다.

   b. 포스트모던 자유주의: 성향은 실재에 있어 고칠 수 없는 것을 함의한다. 게이와 레즈비언 지지자인 성Saint 푸코Foucault는 "우리는 게이, 레즈비언, 성전환자 등을 포함하여, 성적으로 우리가 원하는 모습으로 살아야 한다"라고 했다.

   c. 여성주의자들: 성은 성-정체성이라는 보다 더 폭넓은 시각에서 이해되어야만 한다. 본질과 양육이라는 차원은 성의 형성과 표현에 있어 하나가 되어야 한다.

4. 동성애Homosexuality는 동성애 욕망을 갖고 이를 선택하고 일대일 관계의 언약을 토대로 사는 사람들을 의미한다.

5. 동성애는 아무런 구별 없이 위에 언급한 것 중 한 가지나 모든 것을

의미할 수 있다.

요즈음 우리가 개최하는 강연은 보통 이러한 구분을 명확히 정의한 가운데 이루어지는 것이 아니기 때문에, 어떤 사람이 동성애 주제에 대해 이야기할 때 엄청난 오해의 가능성이 존재한다. 이를 보다 구체적으로 설명하기 위해 이 주제에 대해 발표하면서 나는 위의 3a에 대해 상술하였고, 후에 내가 보수주의, 근본주의, 그리고 성서적 기반을 둔 성향이라는 개념을 부정한 것이라고 이해한 한 청중에 의해 보고되었다. 그러나 실제는 이와 상당히 반대되는 관점이 내가 말하고자 했던 바이며, 이 주제에 대해 자유주의 대학에서 개최한 토론은 더 이상 성향과 행동 사이의 차이를 존중하지 않게 되었다. 한 사람이 성적이 된다는 것은 그 사람의 존재를 만들어가는 것이다. 이러한 관점이 보수적인 관점과 비슷한 모습을 띤다는 것은 매우 얄궂은 일이 아닐 수 없다. 그러나 서구 사상의 역사를 아는 사람들은 이들이 모종의 일을 함께 해온 관계라는 사실을 잘 안다. 예를 들어, 이성론자들은 특히 1920~1950대에, 근본주의자들과 자유주의 신학 모두를 궁지에 몰아세웠었다

이미 1980년대 초부터 있었던 "성향"이라는 개념을 나 자신이 인정하기 주저하는 이유는 보수주의자도 자유주의 사상에서 나왔다는 사실 때문이 아니라, 어떤 사람의 동성애적인 본성을 찬미하는 것이 아주 어렵다는 단순히 실용적인 문제 때문이었고, 또 다른 한편 표현이 금지되었기 때문이었다. 그러나 이것은 독신으로 사는 이성애자들에게도 기대되는 것이며, 숫자적인 면에서는 동성애자들의 수를 훨씬 웃돌고 있다. 우리는 동성애와 이성애자들의 독신주의 생활을 격려하기 위한 사회적 후원을 적극 요청하는 대규모 캠페인을 벌이고, 이에 대해 공적이면서, 의도적이며, 분명히 말할 수 있어야 한다.

이러한 수수께끼 같은 문제의 상식적인 "해결법"으로 "동성애 언약 혼인"을 승인하게 되면서, 이러한 문제가 성서와 이천년이라는 전통을 가진 교회에 정면으로 대치하는 상황으로 발전되었다. 여기에서 나는 고센 대학의 존 로스John D. Roth가 한 말, 즉 교회는 이 문제에 대해 너무 성급한 결정을 내려서는 안 되며, 수백 년 동안 교회가 지켜 온 결혼에 대한 이해와 전통을 존중해야만 한다는 말에 동의한다. 또한 우리에게 필요한 것은 이러한 상황으로 우리를 이끌어온 현 서구사회 문화를 면밀히 검토해보아야 한다고 생각한다. 우리가 문화적으로 이러한 주제를 놓고 어떻게 씨름해야 하는지, 왜 씨름해야 하는지 보여주려는 책임감 있는 저자들은 소수에 불과하다. 데이빗 그린버그David Greenberg와 데이빗 섕크David A. Shank는 이례적인 사람들이다.2 내 판단에 의하면, 이 문제를 갖고 씨름할 때 대부분의 저자들은 이유와 원인이 너무나 많다고 하면서 다양한 동성애 "원인들"에 대해 논쟁한다. 거기에는 많은 이론과 상세한 설명이 있지만 편견이 있기 때문에, 나는 단지 '많다' 라고만 말하고 싶다.

또한 서구 문화적 전통을 일일이 열거하면서 어떤 사람의 동성애의 원인이 한 가지 혹은 몇 가지 요인들에서 비롯되었다고 말함으로써 내가 내린 "문화적 분석"5장을 보라을 사람들이 상당히 잘못 해석하는 것 같다. 그것이 내가 문화적 분석을 한 주요 논점이 아니다. 문화적 전통을 분명하게 살펴보고자 했던 목적은 현재 특별하고 특이한 "서구" 문화에서 발생하는 토론이라는 상황 속에서 왜 그렇게 주제를 잡아야 하는지 이해를 돕기 위해서다. 서구의 문화적 영향이 다른 세계 문화에 수입되는 것과는 별도로, 나는 서구북미 문화 외에 우리가 현재 생각하는 동성애 주제와 비슷한 종류의 범주를 다루는 그 어떤 문화도 알지 못한다. 나는 레위기 18장과 고린도전서 5~6장에 나타나 있는 것처럼 세계에 존재하는 대부분의 문화들이 이 문제를 근친상간과 같은 내용으로 간주하고 있다는 말을 했다. 우리는 이러한 원초적인 관점을 다시 살펴보면서 이 문제를 경시 여겨서는 안 될 것이다.

"위함인가 아니면 반대인가"라는 양상의 현대 밴드왜건에 올라타는 것에 대한 나의 저항이나 그 문제를 정착시키기 위해 어떤 방식을 고안해 내는 것은 근본적으로 문화적 맹인의 상태가 될까봐 두려워하는 모습을 아예 바탕에 깔고 있는 것과 같다. 나는 다양한 논점들에 대해 메노나이트들이 보이는 너무 고집스런 모습 때문에, 이들이 바로 이러한 문화적 영향력의 먹잇감으로 전락하지 않을까 하는 두려움이 있다. 어떤 면에서 나는 1930년대와 40년대에 자유진영의 평화주의자들이 무너진 사례를 통해 이러한 모습을 지켜보고 있다. 문화적 압력이 아주 강할 때, 많은 평화주의자들은 자신의 진영을 바꾸어 사회정의와 민주주의의 이름아래 "자유로운 세상"의 미덕을 변호한다. 현재 우리에게 주어지는 압력은 정의와 포용성이다. 실제로 이러한 것들은 엄청나게 중요한 가치로 작용하고 있다. 그러나 이러한 이슈들에 적용할 때, 그들은 성서 해석, 교회의 역사적 입장, 문화적 분석의 평가에 대해 미리 주의 깊게 연구하고 이에 대해 침묵한다. 이 주제에 대한 밀라드 린드Millard Lind의 글들이 차이를 명백하게 설명하고 있듯이,3 정의에 대한 성서적 이해와 현대의 이해 사이는 다른 특징이 분명하게 존재한다.

또 다른 한편, 성서가 이 문제에 대해 아주 분명한 태도를 보이므로 이러한 문제를 깊이 생각하고 토론해서는 안 된다고 완고히 저항하는 일 또한 똑같이 괴롭고 힘든 일이다. 특별히 이러한 상황이 차별과 증오심을 낳는 영적인 기류와 하나로 연결되거나 동성애자들을 괴롭히는 태도와 연결될 때, 이는 사악한 죄가 된다. 이것은 그리스도인의 예의나 은혜의 변질이며 신자들의 교회 전통에 가장 정면으로 반대되는 일이기도

하다.

동성애의 매력과 싸우고 있는 사람들을 위해 우리 모두가 사랑, 인정, 수용이라는 각 단계마다 그들을 인격으로서 대하길 바란다. 나는 그들을 친구와 동료 신자로 신뢰하기 원한다. 나는 양쪽 진영이 서로 비난하는 것을 반대한다. 나에게 이것은 태도에 관한 기본적인 문제이면서 우리가 서로 책임져야 할 문제이다. 나의 판단에 있어서 이러한 문화적 압력의 "희생자"들은 서구와 후기기독교사회가 만들어 놓은 문화적 "아기"들로 절대 비난의 대상이 되어서는 안 된다.

---

1) *The Mennonite* 2에 실린 John D. Roth, "Binding and Loosing: Why the Menonite Church does not regard same-sex marriages as a Christian option," 의 1부 (1999년 1월 19일자) 4~6과 2부 (1999년 1월 26일자) 5~8을 보라.
2) David Greenberg, *The Construction of Homosexuality* (Chicago: University of Chicago Press, 1988)와 David A. Shank의 미출간 논문 "On the Exegesis of an Ethos." 1993을 보라.
3) Milldad Lind, *Monothesim, Power, and Justice*: Collected Old Testament Essays, Text Reader Series, no. 3 (Elkhart, Ind.: Institute of Mennonite Studies, 1990) 특히 7장을 보라.

3. 어두운 시대: 사랑에 죽다[1]

아모스와 에이즈의 공통점은 무엇일까? 주제가 제안하듯이, 어둠의 세대아모스 5:20라는 것이 공통점이다! 어둠은 옛날 아모스 예언과 현재 우리가 사는 시대의 에이즈의 불길한 위협이 드러내는 공통된 특징이다. 1989년 6월 초 캐나다 토론토에서 개최된 에이즈에 관한 최초의 국제회의 직후,[2] 나는 *Gospel Herald*라는 잡지에 에이즈에 관한 글을 기고했다. 그때 나는 메노나이트 연합성서대학원Associated Mennonite Biblical Seminary —현재는 Anabaptist Mennonite Biblical Seminary로 개명됨, 역자주을 떠나 안식년차 예일대 신학교에 머물고 있었고, New Haven Register에 실린 기사들을 통해 제1차 국제 에이즈 컨퍼런스에서 공개한 뉴스를 접하고 있었다. 당시 의학적·문화적 분석가들은 1990년대 에이즈 사망률이 아홉 배나 뛸 것이라고 예견하였다. 그러나 채 5십만이 안되었던 에이즈 사망자는 1995년에 이미 4백 5십만이 되어 9배로 예견된 사망률을 훌쩍 넘어섰다 1992년 8월 3일자 「타임」*Time*지는 2000년부터 110만 명의 사람들이 에이즈로 죽을 것이라고 예측하였다. 이들 중 미국 내의 사망자 수가 16%에 달하며 이들 중 58%가 남자 동성행위자들이다. 미국 남자 동성애자는 약 1,000만 명이 넘는다.

이러한 경고를 보면서 나의 마음이 동요했고, 한편으로 우리시대가 구약의 예언자들이 이스라엘에게 주었던 그 분명한 단어가 필요한 것은 아닐까? 하는 의구심마저 들었다. 에이즈와 HIV 바이러스가 대부분 남성 동성행위 및 마약 사용에 의해 퍼진다는 것이 알려진 이래로, 게이와 레즈비언 지지자들과 교회와의 대화를 진행해 나가는 일은 매우 민감한 사안이 되었다.

인간에게 닥친 최악의 결과를 정말 피할 수 없는 것일까? 아모스가 예언한 그 메시지는 이스라엘 즉 북 왕국에 주어진 것으로써 곧 포로로 잡혀가 결코 돌아오지 못하게 될 것이라는 내용이었다. 그러면 다음 15년을 위한 에이즈 시나리오는 무엇인가? Christianity Today에 실린 최근의 기사는 냉정하다 못해 울적하기까지 하다.3 2010년에 세계의 사망자 중에 반이 넘는 수가 에이즈 때문에 죽게 될 것이라고 한다. 만약 현재의 기하급수적인 증가가 계속된다면 2015년에 사망자 수는 얼마나 될까? 그 누구도 알고 싶지 않을 것이다!

이러한 어둠의 메시지를 담고 있는 아모스 예언의 본질은 무엇일까? 유명 유대학자인 아브라함 헤셀Abraham Heschel은 이스라엘에서 활동했던 예언자들의 역할을 현대 세속적인 지혜에 정면으로 대립되는 자연과 역사의 사건 속에 임하는 하나님의 심판의 메시지를 선포하는 것으로 보았다. 긍휼이 많은 그리스도인들이 사용하는 마지막 방법은 하나님의 심판으로써 어떤 개인적인 혹은 집단적인 재앙이 임할 것이라고 말하는 일일 것이다.

이러한 구약의 예언적인 맥락에서 내가 질문하고 싶은 것은 다음과 같다. 이러한 역사적·자연적인 사건들은 그냥 발생하는 것인가? 세상의 역사라는 과정에 어떤 의미가 있는 것일까? 만약 있다면, 어떻게 우리가 그 의미를 발견하고 분변할 것인가? 예언자적 역할을 감당할 교회가 하나님의 심판 안에 있는 뜻을 보지 못하는 것은 아닐까?

이러한 질문에서, 나는 외로운 예레미야나 이사야의 입장을 취하지는 않을 것이다. 그렇지만 신자들 중 한 사람으로 나는 이러한 분변을 위한 관점을 갖도록 요청한다.

현재 메노나이트의 예언자적 양심으로 고백하건대 에이즈의 원인을 들어 성적인 "자유"나 "권리"를 반대하기 위해 발언하는 것보다, 다른 사람들을 죽음으로 이끌어가고 박해로 이끌어가는 소수의 경제적, 정치적인 "자유"에 반대하는 발언을 하는 것이 훨씬 더 쉽다. 그러나 만약 그것이 신실하고 예언적이라면 폭탄이 터지는 것에 의해서가 아니라, 우리가 성적인 사랑이라 칭하는 것에 하소연할 것이 아니라, 에이즈로 수백 만 명의 생명들이 죽음을 맞이하고 있고, 죽음을 향해 달음질치고 있다는 사실에 대해 교회가 입을 틀어막을 일이 아니지 않는가?

너무나 많은 고통과 재앙으로 인도하는 그 못된 "사랑"은 우리로 하여금 과연 진정한 사랑이란 무엇인가 다시 생각해 보도록 요청하고 있다. 어거스틴은 그리스도인들의 지배적인 사고방식으로 발전되었으며 현재 많은 사람들이 폭넓게 받아들이는 "정당전쟁론"을 기본적인 예수의 명령인 사랑에 호소하고 있다.4 평화주의 교회 전통을 가진 우리는 이러한 방식으로 성서를 사용하는 것 자체가 온통 결점투성이라고 믿는다. 그러나 사랑이 끔찍한 결과를 몰고 오는 성적인 행위를 정당화하고 있다는 사실을 바라보며, 나는 이러한 결점 투성이의 상황이 발생하고 있다는 사실을 우리가 제대로 보고 있는지 다시 질문하고 싶다. *Christianity Today*는 남부 아프리카지역에서 30년이 넘도록 일해온 한 부부는 1920년대와 30년대의 성도덕 풍조로 에이즈를 제한할 수 있을지 모르지만, 현재의 성 풍조에서는 가능하지 않다고 논평하였다. 성적인 난잡함을 피한다고 해도 개인적으로나 집단적으로 볼 때 파괴적인 결과를 피할 수 없다.

교회는 긍휼, 치유, 사랑, 돌봄의 공동체로 에이즈 희생자를 위해 목회해야 한다. 그러나 이러한 목회가 가장 필요한 것을 채워 줄 수 있을까? 교회의 목회적 돌봄이 "치열한 사랑"을 하는 교회 구성원에게 혼외

정사나 불법적인 마약의 사용이 괜찮다는 생각은 아예 하지도 말라고 분명히 말할 수 있을까? 그렇지 않을 것이다. 다른 생각은 도덕적 기만이다.

난잡한 성특히 동성행위에 있어서과 불법 마약의 사용은 현재 우리 사회에 만연되어 있는 핵무기의 위협처럼단지 핵의 위협이 보다 공적일 뿐 인간의 안전을 위협하는 교활하고 파괴적인 행위로 제도화되고 있다. 그러나 에이즈라는 재앙은 희생되는 범위가 보이지 않기 때문에 모르는 사이에 진행되고 있고, 이미 일어난 일을 다시금 되돌아보는 식으로 밖에 드러나지 않는다. 우리가 느끼는 에이즈 공포의 대부분은 사랑하는 사람들에 대해 그리고 천문학적인 의료비용에 대해 슬퍼하는 수준에 머물러 있다. 그러나 얼마나 많은 사람이 죽게 될 것이며, 얼마나 많은 병원비가 들 것인가에 대한 내용을 신학적으로 분석하는 것은 너무나 진부한 이야기이다. 성서적, 예언적 전통으로 이러한 내용을 고려한다는 것은 너무나 진부한 이야기다. 쉽게 말해서 하나님은 우리 마음의 완고함 때문에 우리를 징계하신다고 말하는 것은 너무나 진부한 이야기이다.

동성애 논쟁은 자연, 양육, 인간의 선택과 관련된 주제에 대해 분노한다. 그러나 이러한 입장 중 어느 것도 예언자적 비판이 져야 할 책임을 그냥 지나치지 않는다. 왜냐하면 예언자들은 우리가 말하는 자연적인 재앙들을 하나님의 심판이라 선언하고 지적하기 때문이다. 예언자들은 자연과 역사가 하나님의 손안에 있다고 믿었다. 우리의 과학적 사상이 직접적이고 즉각적인 원인들을 지적하는 반면 성서의 사상은 궁극적인 원인에 호소하는 것이 그 특징이다. 우리는 에이즈가 바이러스에 의해 촉발되었고 안전하지 않은 성행위와 마약 주사바늘을 함께 사용하여 번지게 되었다고 주장해 왔다.5 그러나 이러한 식의 직접 경험적인 원인들에 대한 우리의 제한적인 분석은 다시 검토하고 재평가해야 한다. 이러한 즉각적인 원인들 뒤에 놓여있는 궁극적 원인은 무엇일까? 어떻게 영적이며 물질적인 것들이 서로 연결되는 것일까?

에이즈 위기는 단지 현재 우리의 생각 속에 있는 도덕의 해체에만 그 원인이 있는 것이 아니라, 보다 궁극적으로는 서구 개인주의라는 철학적 유산에 기인한다. 마치 미래의 인간 삶에 드리운 검은 버섯 우산처럼, 도덕적 가치는 모두 개인이 결정할 문제이고 개인의 권리가 전체 인간의 안녕을 초월하는 문제이며, 내 몸에 관해 내가 뭔가 할 수 있는 권리는 순전히 내 문제라고 본 현대의 가설이 끊임없이 지속되는 에이즈의 폭발적 증가의 복합적인 원인이 되었다. 만약 회심으로의 요청에 귀 기울이지 않고, 우리의 생각을 바꾸지 않는다면, 에이즈 위기는 세계의 인구를 급격히 감소시킬 것이다. 그 어떤 때보다도, 성의 자유와 권리라는 이슈는 이제 공동체, 모두 그리고 전 세계 안녕의 문제가 될 것이다.

다시 한 번 공동체의 안녕과 사회적 건강을 보장하고자 십계명을 주신 하나님의 목적을 생각해보자. **샬롬**-건강을 위협하는 것은 하나님의 이름으로 금지되었다. 그런 까닭에 생명을 구하시고 더 풍성하게 하시려고 오신 하나님과 예수 그리스도의 이름 안에서, 공동체의 존재를 위협하는 개인의 도덕 행동들은 죄이며, 잘못으로 멈추어야 한다. 그렇지 않으면 말할 수 없는 비참한 일을 목도하게 될 것이다.

현재 보도되는 통계들이 무엇을 말하는지 들어보라. HIV와 에이즈로 인해 죽은 사람들이 9배나 증가할 것이라는 예측은 이미 1995년450만 명에 이루어졌다. 2000년에는 HIV와 에이즈로 죽거나 감염된 숫자가 약 3800만 명에 이르러 또 다른 아홉 배가 되었다.6 특히 아프리카 사하라 밑보스와나에는 전체 인구의 36%의7 지역이 가장 높은 HIV 감염 비율을 나타냈다. 2000년도의 숫자를 대략 4000만 명으로 기준할 때, 1990년이래로 매 5년 마다 아홉 배로 에이즈 인구가 증가한 셈이다.8 아마도 인구가 많은 아시아에 번지게 되면 매우 어려운 문제가 될 것이다 어둠의 날이 오리라는 아모스의 예언은 지구를 싹쓸이 할 절대적인 황폐화에 대한 예언일 것이다. 전 세계가 예언의 목소리에 귀를 기울이지 않는다면, 에이즈 감염자 수는 기하급수적으로 증가할 것이며, 지구상에 살아남을 사람들이 많지 않게 될 것이다.9

이렇게 제시된 비극의 범위를 대폭 줄여줄 새롭고 획기적인 의료기술에 대한 희망을 가질 수 있음에 대해 하나님께 감사드린다. 그러나 아프리카 남부의 나라들에는 동성 행위로 인해 상상하지 못할 정도로 높은 에이즈 비율을 보이고 있다. 구약의 예언자들이 우리 시대에 나타나면 이러한 상황은 하나님의 심판 행위이며, 희생자들과 함께 고통을 받고 계시는 하나님호세아의 연민에 대해 언급하였을 것이라고 나는 믿는다. 얄궂게도 현재 우리가 사는 세속 사회는 담배, 술을 비롯하여 안전하지 못한 성행위 때문에 치명적인 질병이 서로 뒤엉켜 있는데도, 교회는 입에 재갈을 문 채 아무런 말도 하지 못하고 있다. 왜 그런가? 과연 이것이 개인의 권리, 개인의 자유를 존중하는 모습인가? 아니면 율법주의라는 비난을 두려워해서인가? 그리고 진실한 삶으로 나아가는 방법들을 제대로 가르치지 못하고, 죽음에 대해 아무런 경고도 하지 못하면서 참된 동정심을 전할 수 있는가? 사탄이 우리의 눈을 가로막고 있는 건가? 아니면 하나님이 우리의 마음을 강퍅하게 하시는 것인가?

에이즈로 고통받는 이들을 위한 기도
메노나이트 중앙위원회의 잡지 *Common Place* 2002년 11월 호에서

자비의 하나님,
에이즈로 인해 고통받는 하나님의 자녀들에게 치유와 평화를 허락해 주십시오.

이해의 하나님,
에이즈로 인해 고통 받고 버려진 삶이 어떤 것인지 경험하지 못한 우리들의 생각과 마음을 열어주십시오.

지식의 하나님,
에이즈의 비극에 대해 열린 마음과 공개적으로 이야기할 수 있도록 도와주십시오. 에이즈에 대하여 다른 사람들에게 배우고 또 가르칠 수 있게 그리하여 무지와 죽음이 창궐하지 않게 도와주십시오.

은혜의 하나님,
겸손하지만 용감하게 병자를 돌보는 이들과 함께 해주십시오.

치유의 하나님,
에이즈를 치료하기 위해 애쓰는 연구원들과 의사들을 인도해 주십시오.

불쌍히 여기시는 하나님,
병자들과 가난한 사람들과 소외된 사람들을 돌봄에 있어 우리가 예수의

길을 따라 걷도록 가르쳐 주십시오.

용서의 하나님,

에이즈로 인해 고통받는 형제, 자매의 상황을 제대로 알지 못한 채로 정죄하는 우리를 용서해 주십시오.

생명의 하나님,

HIV에 아직 감염되지 않은 사람들이 주님의 돌보심으로 안전하게 자신들을 지킬 수 있도록 도와주십시오.

지혜의 하나님,

에이즈와 씨름하고 있는 상황 속에서 우리의 역할이 무엇인지 알게 하여 주시며, 주님의 부르심을 따르기 위한 용기와 담대함을 갖게 해주십시오. 아멘.

---

1) 이 논문을 여기에 포함한 이유는 에이즈라는 비극을 통해 동성애자들을 비난하기 위함이 아니다. 이제까지 나의 글이 제안했던 것처럼, 동성애라는 주제가 우리가 사는 보다 큰 문화의 한 부분이기 때문이다. 이러한 정황 속에서 에이즈가 동성애와 깊은 관련이 있다고 말하는 것은 공정한 일이며 또한 당연히 언급해야할 주제다. 이러한 사실은 미국 내 HIV 감염 특히 13세에서 19세의 남성 감염의 약 50%가 동성애 성행위에 의해 발생한다는 사실 때문이다. *Pediatrics* 92 (1993년 10월호): 632의 청소년 위원회가 발표한 글을 보라. 인간 생명을 소중히 여기는 사람들을 위해 이는 경종을 울리는 신호다.
2) 비록 오십만 명이 넘는 사람들이 에이즈로 죽었다는 소식이 발표되었음에도 불구하고, 편집자가 이러한 수치를 증명할만한 보다 더 많은 자료를 필요로 하다고 느꼈기 때문에 내가 쓴 이 논문은 출판되지 않았다. 그래서 이 논문은 내 서류 안에

출판되지 않은 채로 남겨져 있다. 그러므로 지금 여기에 그 글을 끼워 놓았다고 고백해야 할 것 같다.

3) 2000년 2월 7일자 *Christianity Today*: 34~37페이지에 실린 Timothy C. Morgan, "Have We Become Too Busy with Death?" 글임. *Sojourners* (2000년 7,8월호): 18~23에 실린 Eugene F. Rivers III 와 Jacqueline C. Rivers의 "The Fight for the Living: AIDS, Orphans, and the Future of Africa"라는 글과 *Newsweek* (2001년 6월 11일자): 36~51의 글도 참고하라.

4) *First Things* (2001년 10월): 27~31에 실린 Darrell Cole의 "Good Wars"이란 설득력 있는 논문을 보라. "정의로운 전쟁"에 대한 이론에 대한 탁월한 서평과 분석을 시도한 John D. Roth의 글 *Choosing Against War: A Christian View*: "*A Love Stronger Than Our Fears*" (*Intercourse*, Pa.: Cood Books, 2002), 32~61을 보라. 갈등과 폭력을 어떻게 평화주의적인 관점으로 전환하는지 보려면 전체 책을 일독하라. 이와 관련된 책으로 John Paul Lederach, 『화해를 향한 여정』The *Journey Toward Reconciliation* (Scottdale, Pa.: Herald Press, 1999 KAP 역간)이 있다.

5) 의료 및 건강 관련 자료들 조차 이러한 사실을 의심한다. Jeffrey Satinover의 *Homosexuality and the Politics of Truth* (Grand Rapids: Baker Books, 1996), 49~70을 보라. 그리고 Thomas Schmidt의 *Straight and Narrow* (Downers Grove, Ill.: Intervarsity, 1995)를 보라.

6) 1999년 수치에 근거한 Morgan의 "Have We Become Too Busy"가 3,600만 명이라는 수치를 사용하였다. 2001년 *Newsweek* 기사는 2000년 자료에서 4,200만 명이라는 수치를 사용하였다. *Rivers and Rivers*은 "The Fight for the Living" (각주 3을 보라)이라는 글에서 아프리카만 3,400만 명으로 보았는데, 이는 전 세계의 2/3에 해당한다고 하였다. 이는 곧 이글을 쓰고 있는 현재 전 세계에 HIV 감염자 수가 5,100만 명이나 된다는 이야기다. 동일한 글은 아프리카에서만 1,150만 명이 죽어가고 있다고 보고하고 있다. 2001년 12월 1일, 국제 에이즈의 날은 3,300만 명이 에이즈로 죽어가고 있다고 보고하였고, 현재 HIV감염자수가 3,600만이라고 보고하였다.

7) 이글을 쓰고 있는 2001년 10월 18일자로, "국제 희년 2000"이라는 기관이 미국 상원의원과 국회의원들에게 후원을 요청하기 위해 이메일을 보내왔는데 사하라 남쪽 지역의 AIDS인구를 줄이는데 7조에서 10조 가량의 비용이 소용된다고 나타나 있다. 매일 5,000명이 넘는 사람들이 죽어가고 있다고 되어있다.

8) (2002년 11월 30일) Christopher Bodeen이 연합 통신에 기고한 기사는 2010년 중국의 HIV 감염자를 약 천만 명 정도로 내다봤다. *The (Elkhart) Truth* (2002년 12월 1일자 신문)AA1.

9) 남부지역 아프리카의 상황은 독특하다. 남부 아프리카에는 보스와나 다른 여러 나라들 출신의 사람들이 남아프리카의 광산 지역에서 일을 하는 등, 수많은 남자들이 가정을 떠나 오랜 기간 다른 지역에 머문다. 그들은 합숙소에 머물면서 엄청난 혼외정사(동성애를 포함)의 유혹에 노출되어 있다(Morgan, "Have We Become Too Busy," 38). 집으로 돌아온 후, 어떤 사람들은 여러 아내들에게 HIV를 감염시킨다. 진정으로 나는 에이즈가 기하급수적으로 성장하지 않기를 희망하며, 기금모금과 비용절감을 통해 가능한 빨리 의약품이 제공될 수 있기를 기도한다.

4. 성, 결혼과 독신, 가족과 공동체

제 2, 3, 4장에서 성서의 본문에 나타나 있는 동성애에 대해 언급하면서 성과 결혼에 대해 다루었다. 그러므로 폭넓은 배경이 존재한다는 사실에 주의를 집중할 필요가 있다.1 그리고 현재 우리가 교회 생활을 하면서 보다 더 많은 주의를 기울여야할 일단의 주제들이 있다는 사실을 알 필요가 있다.

이혼에 대한 바리새인들의 대한 질문에 답하시면서 예수께서 선언하셨듯이 결혼은 정말로 거룩하다. 예수는 "그러므로 남자는 아버지와 어머니를 떠나, 아내와 결합하여 한 몸을 이루는 것이다"라는 창세기 2:24절의 말씀을 인용하셨다. 여기에서 우리는 하나님의 공동체삼위일체에 대한 아주 작은 실현 즉 두 사람이 하나가 되는 모습을 목격할 수 있다. 이것이 의미하는 바는 무엇일까? 성서는 이것을 마치 교회와 그리스도의 하나 됨이 신비인 것처럼에베소서 5:21~33 완전히 이해할 수 없는 신비이다. 틀림없이, 이해를 통해 강조하고자 것은 성적인 연합이 성스러운 하나님의 선물이라는 것이다. 또한 남자와 여자가 성적인 연합으로 나아옴으로써 절대로 깨어져서는 안 되는 하나 된 형태를 이룬다는 점이다. 여기에서 우리가 알아야하고, 발견하고, 하나가 되야 하는 것은 신체적인 것 혹은 관념적인 것이 아니다.

연애나 낭만주의의 사랑 혹은 성행위를 단순히 쾌락의 경험으로 축소시키는 모습과는 완전히 다르게, 성서의 관점은 거룩한 언약으로 결합하여 신비하게 하나가 되는 모습이다. 이 위대한 신비는 잠재적으로 연합된 부부, 자녀 출산, 가족, 그리고 후손을 기대한다. 이러한 신비와 경이로움 안에서 인간들은 성에 대한 청지기로서 하나님의 계획의 한 측면을 깨달을 수 있을 것이다. 현대인들이 잘 사용하는 "경이롭군!"이란 뜻 모를 말은 적합한 표현은 아니지만 올바른 개념을 전달하고 있다.

스탠리 하우어어스는 결혼에 관한 상당한 통찰력을 담은 "성의 공적인 특성: 영웅적 제도로서의 결혼"이라는 논문을 기고하였다.

> [결혼]은 교회의 정치적 실재라는 아주 핵심적인 제도중 하나로 세워졌다. 왜냐하면 결혼은 역사의 섭리라는 질서를 통해 우리에게 다가오는 하나님 나라에 대한 우리의 신뢰라는 표시이기 때문이다. 결혼 안에 존재하는 배타적인 관계들에 대한 우리의 헌신은 하나님의 백성, 이스라엘, 그리고 교회에 대해 하나님께 맹세한 증인임을 고백하는 것이다. 즉 그들을 향한 배타적인 헌신을 통해 모든 사람들이 하나님의 나라에 이르게 하는 것이다.
>
> 결혼을 그렇게 이해하는 것은 그런 필요한 성품과 덕을 개발하는 사람들에 의해서만 성취되는 영웅적인 임무이기도 하다. 이러한 덕과 성품의 개발은 우리가 관련되어 있는 싸움과 노력을 어떻게 이해해야 하는지를 돕는 이야기와 서로 연관되어 있다. 그러나 정말로 우리에게 부족한 것은 이러한 이야기다. 보다 정확하게 말하자면, 우리의 원초적인 문제는 결혼에 대한 우리의 경험이 기독교 공동체 내의 결혼의 역할에 대한 이야기가 너무나 부족하거나 곡해되었기 때문일지도 모른다.2

마르바 던Marva Dawn은 *Sexual Character*이라 책에서 기독교 결혼의 목적을 네 가지로 정리해 놓았다. 첫 번째, 결혼이란 그 자체가 목적이기

보다는 하나님의 더 큰 구원을 위한 목적이 있다. 결혼 자체를 목적으로 한다면 대부분 "내부지향적"이 되며, 보다 큰 인생의 목적을 이행하고 싶어하지 않는다. 지속가능한 모습을 위해, 결혼은 무한하면서도 자신들의 관계적 삶에 있어서 하나님의 목적을 이행하고, 성취 가능한 목적을 필요로 한다. 두 번째, 아이들이 결혼이 가져다주는 축복의 일부가 될 때 마르바 던이 자신의 결혼을 지칭하면서, 아이들을 가질 수 없을 때라도 중요한 목적은 믿음 안에서 아이들을 양육하고 다음 세대로 그 믿음을 전수해 주는 것이어야 한다. 세 번째, 한 부부가 자기 자신의 영역을 넘어, 결혼을 했든 하지 않았든 다른 사람을 향해 나아가도록 발돋움하며, 부부의 연합이 드러내는 참다운 강점들이 다른 사람들에게도 축복이 되도록 외연을 추구해야 한다. 네 번째로 결혼 안에서 하나님의 정절의 표시로서 자신들의 연합을 축하할 수 있어야 한다.3

나는 마르바 던의 목록에 우리가 부족하고 실패하더라도 결혼 안에서 하나님의 은혜와 용서를 경험해야 한다는 목적을 더 추가하고 싶다. 이혼이라는 뼈아픈 경험을 하는 경우에, 이 다섯 번째 목적은 결혼을 실패하는 이들에게까지 확장될 필요가 있다.

고린도전서 7:6,7에서 바울은 독신과 결혼을 둘 다 은사 혹은 하나님의 선물로 이야기하고 있다. 바울에 따르면 독신 또한 성스러운 선택이다. 여기에서 하나님 나라를 위해 기울이는 거룩한 헌신이나, 배우자 더 나아가 자녀들을 돌보아야 하는 책임에 마음을 빼앗기지 않고 그리스도께만 자신을 열어놓는 자유로움은 시간, 돈, 섬김에 있어서 자유하다는 것이다. 우리가 아는 바, 예수와 바울은 결혼을 하지 않았다. 예수와 바울은 모두 현대 그리스도인들이 안중에도 두지 않는 내용으로 전례를 만든 것이다. 이 점에 있어서 우리는 로마 가톨릭이 좋은 예를 보여주고 있는데, 왜냐하면 독신이 이러한 진리를 간직해 나가는 모델이기 때문이다. 수도원이나 수녀회는 결혼제도가 우세한 문화 속에서 이러한 모델이 가능함을 보여주고 있다.

　이에 비추어 보아 현대 교회들은 아주 커다란 도전에 직면해 있다. 만약 우리가 잘하면, 회중 내의 독신자들이 교회 안의 결혼한 사람들과 교제하고 여러 가지 활동을 충실히 감당해 나갈 수 있을 것이다. 결혼한 사람이든 독신이든 모두 각자의 존재감 속에서 하나님의 영광을 드러내는 남성과 여성으로 살아가는 방식을 갖게 될 것이다.4 창조 계획안에 존재하는 또 다른 중요한 차원 중 하나는 이성간의 결혼을 통해 자녀들이 태어나고 자녀양육이 주요한 임무가 된다는 점이다. 자녀양육에 있어서, 모든 부부들은 그렇지 않을 수 있지만, 몇몇 결혼한 부부들은 특정한 형태의 성역할을 명확히 발견해야 한다. 어떤 부분들은 같은 이유로 아이들을 포기하고, 어떤 독신자들은 같은 이유로 혼자 살기로 결정한다. 이러한 상황에서 하나님 나라의 일을 추구할 자유가 우선순위로 작용한다. 자녀를 둔 결혼부부들에게 자녀 양육의 책임과 은사는 하나님께 영광을 돌리는 거룩한 소명이다. 자녀 양육에 관한한 우리는 다양한 이론들과 의견들이 들어있는 아주 많은 지침 내용들을 알고 있다. 그러나 성서가 지적하는 바, "하나님을 경외하도록 양육하는 일"을 무시하지 말아야 한다.

　여기에서 나는 대항문화적counter-cultural 도전, 즉 결혼한 사람이 되었든 독신이든 회중 안에 있는 자녀들을 모두가 돌보아야 하는 전체 회중의 자녀양육에 대한 책임을 제시한다. 자녀양육의 책임은 가족과 교회 공동체 모두가 끌어안아야 한다. 나는 이것이 초대교회 공동체가 갖고 있던 결혼에 대한 이해라고 확신한다. 왜냐하면 현대 교회 생활 속에서 이렇게 함으로써 우리가 할 수 있는 것을 실천할 수 있기 때문이다.5

　성서적, 영적 가족에 대한 비전으로 우리는 이 시대에 정말로 필요한 책임이라는 공동의 지평을 열어나가야 한다. 마르바 던이 말한 것처럼 "교회 [공동체] 안에서 우리 모두는 하나님의 백성으로서 우리의 아이들과 젊은이들이 살아가는 더 좋은 방식을 선택하는 모습과 소중한 가치들을 올바로 바라볼 수 있도록 도와야 할 책임이 있다.… 자녀들에게 성교육은 그들이 아주 어렸을 때 시작해야 하며, 하나님의 선하신 계획을 인식하도록 하는 일에서부터 교육을 시작해야 한다."6 그런 면에서 멘토의 역할은 아주 소중하다.

믿음 안에서 그리고 믿음을 위해 자녀들을 함께 양육하는 이러한 책임은 텔레비전, 광고, 인터넷을 통해 우리에게 전달되는 세상의 관심과 정면으로 배치될 수도 있다. 남성이든 여성이든 우리의 성은 가정과 교회가 감당하는 자녀양육과 믿음의 형성과정에 고스란히 반영되어 있다.

성에 대한 이러한 비전을 가족과 교회가 함께 감당해 나가는 것은 이상적이다. 조금도 주저하지 않고 말하고 싶다. 자녀들, 가정 그리고 독신의 성스러움을 파괴하는 세상이 오히려 주저하고 사죄해야 한다. 성을 값싸게 만들어가는 세상이 너무나 자주 성의 거룩성을 소유하고 있는 그리스도인들을 강간해 왔다.

대항문화적이 되는 것은 우리의 영혼을 위한 부르심이다. 우리는 가족이 수많은 천사들의 공격을 받은 시대를 거치며 살고 있다.7

우리는 우리 주변과 우리 안에 유혹, 정욕, 속임수가 너무 강하기 때문에 결코 교만해서는 안 된다. 우리는 육체의 죄, 악의 무리, 그리고 사탄을 거스려 굳게 서며, 겸손해야 한다. 왜냐하면 하나님의 은혜로만 우리가 악에 대항할 수 있고 유혹과 죄를 극복할 수 있기 때문이다.

어떤 면에서 우리는 모두 넘어지기 쉽고 타락하기 쉽다. 그렇기 때문에 우리는 우리 자신을 용서하시는 예수, 예수의 치유하시는 능력에 우리 자신을 열어놓아야 한다. 우리들 중 많은 사람들이 상처 입은 치유자로서 성을 위해 하나님께서 계획하신 이러한 비전을 제시하고 있다.

우리는 고통스런 경험들을 통해 그리고 다른 사람들을 구하고자 하는 열망을 통해 많은 것을 배운다. 하나님께서 주신 거룩한 선물인 우리의 성을 잘 관리하는 청지기가 될 때, 예수 그리스도께서 영광을 받으실 것이다.

---

1) Ulrich W. mauser, "Creation, Sexuality, and Homosexuality in the New Testament," in *Homosexuality and Christian Community*, Choon-Leong Seow (Louisville:Westminster/John Knox Press, 1996), 37~49.
2) Stanley Hauerwas, *A Community of Character: Toward a Constructive Christian Social Ethic* (Notre Dame, Ind.: University of Notre Dame Press, 1981), 184~193.
3) Marva Dawn, *Sexual Character: Beyond Technique to Intimacy* (Grand Rapids: Eerdmans, 1993), 111~115.
4) 로마 가톨릭은 독신을 인정하면서 결혼을 높이 산다. 미국 아이오와주 데스모이네스(Des Moines)에 있는 멋진 성요한 바실리카의 회중석 동편 반원형의 건축물 앞에는 ("남자가 부모를 떠나서…."로 시작되는) 결혼 및 ("너희들 중에 병든 자가 있거든…."이라는)치유에 대한 문구가 적혀있다. 만약 독신을 매우 중요한 가치라고 여기는 로마 가톨릭 교회가 결혼의 문구를 건물 앞에 기록해 놓았다면, 아마도 개신교와 아나뱁티스트 교회들은 다음과 같은 문구를 적어놓아야 하지 않을까 싶다. "나는 모든 사람들이 결혼하지 않아 염려와 세상의 일로부터 자유롭고, 하나님 나라의 일에 보다 마음을 쓸 수 있는 나와 같기를 원합니다"(고린도전서 7:6, 32,33에 근거함).
5) 내가 다녔던 펜실바니아주 도이레스타운(Doylestown)의 교회에 나의 영성을 형성하는데 지대한 영향을 끼친 두 명의 독신 여성이 있다.
6) Dawn, *Sexual Character*, 26.
7) 현대 문화에 있어서 결혼과 가족 해체에 강력한 영향력을 행사한 비평이 무엇인지 보기 원하면, Maggie Gallagher, *The Abolition of Marriage: How We Destroy Love* (Washington, D.D.: Regnery, 1996)을 보라. 그리고 *First Thing* 65(1996), 45~48에 Kari Jenson Gold가 기고한 글 The Abolition of Marriage의 서평을 보라. 가족에 위협적인 영향을 미친 이전의 자료들을 위해서는 Ross T. Bender, *Christians in Families* (Scottdale, Pa.: Herald Press, 1982), 48~56, 109~124를 보라. 이에 대한 기독교 반응에 대한 도움이 될 만한 자료를 위해서는 Rodney Clapp, *Families at the Crossroads: Beyond Traditional and Modern Options* (Downers Grove, Ill.: InterVarsity Press, 1993)을 보라. Don S. Browning, et al, *From Cultura Wars to Common Ground: Religion and the American Family Debate* (Louisville, Ky.: Westminster/John Knox Press, 1997)을 보라. 이 시리즈를 기반으로 다른 책들이 출간되었다.

5. 스테판 바르톤의 「함께 사는 삶」 비평

최근 영국의 뒤렘 대학 신약학 교수인 스테반 바르톤이 가족, 성, 그리고 공동체와 관련하여 잡지에 소개했던 글들을 모아 책을 출간했다. 나는 메노나이트 계간지(Mennonite Quarterly Review 86호.(2002년 4월): 215~17)에 그 책의 서평을 기고하였다. 이곳에 허락을 받고 서평을 실었다.

스테판 바르톤Stephen C. Barton의『함께 사는 삶』*Life Together*은 지난 10여 년간 여러 곳에서 발표한 논문들로 구성되어 있다. 어떤 논문은 이전에 출간한 것이기도 하다. 1부는 세 개의 훌륭한 논문으로 구성되어 있는데 가족에 대한 논문 하나와 성에 관한 두 개의 논문으로 되어있다. 2부는 폭넓은 성서 연구를 근거로 한 공동체에 대한 여섯 개의 논문이 들어있다. 3부는 성서해석에 대한 논문 하나와 함께, 소위 성서 해석을 따라 살기 원하는 사람들이 이루는 공동체 내에서 본문을 이행해 나가도록 새로운 상징과 모델을 보여주는 현시대의 성서해석학적 모델들에 대한 연구이다. 바르톤은 뒤람 대학의 신약학 교수이며『복음서의 영성』*The Spirituality of the Gospels*이라는 훌륭한 책을 포함하여 많은 책을 출간하였다.

바르톤의 업적 중 훌륭한 것은 이러한 주제들에 대해 쓴 글들, 예를 들어 가족과 성에 대해 다른 입장을 견지하는 아드리안 대처Adrian Thatcher의『성해방』*Liberating Sex*과 로드니 크랩Rodney Clapp의『기로에선 가족』*Families at the Crossroad, 1993*와 같은 책들을 자신의 시각에서 분석하였다는 점이다. 바르톤은 각 사람이 기여한 점을 요약한 후, 그들이 생각하지 못한 점들을 지적하였다. 비록 대처는 역사 비평 방법을 사용하여 복종에 대해 문화적인 배경과 함께 성서 본문을 설명하였지만, 바르톤은 그가 다룬 본문들이 충분한 가치를 드러내주지 못하였다고 하면서 그의 논점이 그다지 결정적이지 못하다고 지적하였다. 이러한 글들에 대한 대처의 호방한 판단은 "기독교 신학이 성서적 뿌리로부터도 완전히" 차단하는 모습으로 끝이 난다.23 대처는 어떻게 이러한 본문들을 통해 그들이 기록하였던 문화적으로 수직적이고 가부장적인 규범들을 해체하는 과정으로 시작되었는지 보지 못했다. 이야기를 중시하는 하우어워스의 강조점에 의해 영향을 받은 것으로써 크랩이 멋지게 기여한 점은 현재 세상에서 가족의 생활을 위협하는 특별한 이슈에 대해 이야기하기보다는 아주 많은 성서의 "이야기"들이 가족을 유지하는 이야기로 점철되어 있음을 강조하였다는 것이다. 그의 글은 어떻게 성서가 가족의 가치들에 대해 말하고 있는지 아주 일반적인 설명과 함께 끝이 난다. 3장에서 바르톤은 자신이 이해하는 가족에 대한 신약성서의 관점이 제시하고, 생물학적가족과 교회의 가족사이의 논증적인 관계를 잘 정리하였다. 이 두 가지는 서로의 관계를 강화시킨다.

  가족과 성에 대해 바르톤은 신자들에게 특별한 본문을 연구한 것에만 의존하지 말라고 역설한다. 왜냐하면 가족과 성행위에 관련된 이슈를 다루는데 있어서 한 쪽은 이쪽 본문만을 또 다른 쪽은 저쪽 본문만을 너무나 자주 인용하는 모습이 보이기 때문이다. 바르톤은 보다 폭넓고, 보다 기초적인 신학적 질문들을 고려해 보라고 요구한다. 즉, 우리는 어떤 종류의 사람이 되기 원하는가? 성관계와 가족 관계에 있어서 강하고 성실한 그리스도인이 되며 지적으로 높은 수준의 이해를 형성해주는 창조, 성육신, 삼위일체 등의 교리를 통해 우리가 배울 수 있는 것은 무엇인가? 더 나아가 창조와 성육신의 교리들은 우리의 몸이 선함과 동시에 몸과 관련되어 있는 것들의 기초적인 이해를 형성하는데 본질적인 역할을 한다. 현재 진행되고 있는 수많은 성을 주제로 한 담론의 위험과 부적절성을 언급한 후에, 그는 고린도전서에 기록된 바울의 조언에 집중한다. 즉 우리가 내리는 결정들에 의해 공동체 내의 사람들이 서로를 세워주도록 노력하며 "우리의 몸(창조된 몸과 교회의 몸)으로 하나님께 영광"을 드리도록 노력해야 한다.

2부는 주제를 중심으로 한 글은 아니다. 나는 6~8장을 서평에서 빼놓았다 2부의 끝에는 "바울과 관용의 한계"라는 꽤나 자극적인 논문이 실려 있다. 여기에서 바르톤은 "계몽운동 후에 발생한 세속적 개인주의와 다원주의라는 밴드왜건에 예수 혹은 바울 혹은 초대 기독교를 태운 것은 아닌지" 경고한다.219 그러므로 우리는 이웃사랑이라는 기독교윤리의 자양분과 영적이며 교회의 뿌리인 성서에서 우리 자신을 분리해서는 안 될 뿐만아니라, 기독교 신앙이 본래부터 요구하는 진리의 독특성과 특수성을 침해하는 것은 아닌지 살펴보아야 한다.

바르톤의 "실행으로써 신약성서 해석"에 대한 탁월한 논문은 니콜라스 래쉬Nicolas Lash에게 빚을 지고 있는 것으로서 성서의 해석에 관련된 최근의 강조점이 무엇인지 전개하였다. 본질적으로 실행은 교회의 생활에 있어서 본문의 실행이 진정한 성서해석임을 지적하는 새로운 패러다임이면서 새로운 은유이다. 이러한 개념은 알라스타이어 맥킨타이어Alasdair MacIntyre에 의해 도출된 것이자 바르톤이 요약하고 있는 여러 작가들(래쉬Lash, 로완 윌리암스Rowan Williams, 프란시스 영Frances Young)이 사용하는 개념이기도 하다. 이러한 은유는 음악과 연극 세계에서 도출된 것으로, 음악의 역사에 있어서 전문성과 음악적 작품 분석과는 근본적으로 다른 실행이다. 그러므로 이러한 성서의 실행은 신약성서를 해석하는 그룹들이 사용하는 분석적 성서 해석 방법인 공시적인 방식synchronic이라기보다는 본질적으로 통시적인diachronic-시간을 통해 표현되는 것이다. 더 나아가, 실행은 예배, 성찬 및 일상다반사에서 공동체적으로 표현되어야 한다. 웨인 믹스Wayne Meeks가 "사회적으로 구체화된 해석학"이라고 표현한 것이나, 리차드 헤이스가 "성서말씀에 의해 형성된 공동체"라고 표현한 것은 모두 같은 내용으로, 독창적인 해석이 그 자체로 본문의 의미를 실행시킨다는 풍부한 차원을 더해준다.

전체적으로 볼 때 이 책은 그 내용의 풍부함과 식견에 있어서 세 가지 부제들에 관한한 신약성서 연구에 있어 최신의 관점을 제시해주는 보석이다. 때때로 기독교 신학의 핵심 교리에 대한 바르톤의 강조점이 성서가 표현하는 특별한 도덕 지침으로 대체되는 것처럼 보인다. 즉 선한 사마리아인의 비유가 성서 안의 동성관련에 대해 언급하는 아주 분명한 본문보다 동성애에 대해 더 분명한 지침을 제공하는 것처럼 보일 수 있다. 이러한 것은 대처와 크랩의 글에 대한 바르톤의 비평과 유사하다. 즉, 주어진 문화 배경과 더불어 이러한 본문으로 우리 시대의 윤리 지침에 이바지하는 일반 도덕원리나 "이야기"의 개념을 비평한 것이다. 우리가 아는 창조, 성육신, 삼위일체 등 핵심적인 기독교교리는 가족, 성, 공동체 안에 생명이 있음을 가르치기 위함이다. 그러나 이러한 핵심교리들이 좀 더 구체적인 규칙이나 원리들을 제한하거나 반대하는 모습이어야 할 이유는 없다. "이웃을 사랑하라"는 명령은 원래 공동체에서레위기 19:18 ? 모든 장소에 필요한 거룩한 법으로써 생명을 보호하기 위한 아주 상세한 규칙이었다.

6. 메노나이트 교회를 위한 성서 신학적 틀

이 부록에서 나는 메노나이트 교회(Purdue)와
메노나이트 교단총회(General Conference, Saskatoon)에서 다루었던 동성애 관련
성명서들과 메노나이트 신앙고백에 나타난 사상의 주요 흐름을 스케치해보고자 한다.

1. 성에 대한 성서의 가르침은 교회가 표방하는 도덕적 신념과 실행의 기초이며, 성서는 인간의 성을 위한 윤리를 포함하고 있다. 이러한 것은 매우 분명한 것처럼 보이지만, 당연한 것으로 받아들여지지는 못하고 있다. 몇 년 전 *Christian Century*라는 기독교 잡지에 쓴 월터 윙크Walter Wink의 글이다: "성서적 성 윤리란 **없다**. 성서는 성 도덕이 속해있는 나라, 문화 혹은 시대가 어떻든지 간에, 끊임없이 사랑을 뱉어내는 사랑의 윤리 밖에 알지 못한다."[1] 고딕은 저자 강조 윙크는 자신의 논점을 위해 일부다처제, 역연혼, 독신혐오 등 구약의 문화적 관행을 그 예로 들었다. 그러나 대부분의 그리스도인들, 특히 아나뱁티스트-메노나이트 전통에 속한 그리스도인들은 분명히 성서적 계시의 방향으로 일부일처제를 표준으로 하고 있고, 무엇보다 이성간의 결혼 밖에서 이루어지는 모든 성교는 죄로 간주하는 성서적인 가르침을 따르고 있다.

2. 성에 대한 성서의 윤리는 뒤엉켜 있는 여러 가르침에 그 뿌리를 두고 있다.

a. 인간들은 "하나님의 형상" 안에서 남자와 여자로 창조되었다.창세기 1:26~27 이 성서구절의 두 가지 선언은 27절에서 시적인 병행을 이루고 있기 때문에, 남자와 여자의 몇 가지 측면은 매우 성스러운 것으로 나타나있다. 바르트를 포함한 몇몇 신학자들은 서로 다른 성이 서로를 보완해주는 관계성을 하나님의 형상의 주된 측면으로 본다. 다른 신학자들은 하나님의 형상을 통치하고 다스리는 능력에 초점을 맞춘다.27절 하 나는 연합communion과 다스리는 능력dominion 두 가지 모두가 하나님의 형상을 이루는 요소라고 말해왔다. 이들 중 어떤 하나가 우세하고 다른 것을 누르게 되면, 우리는 하나님-인간의 관계를 왜곡하는 것이다. 나는 하나님의 형상imago dei를 마치 고대 근동에서 사용한 이미지/tselem라는 말이 통치자를 대표했던 것처럼 보다 기능적인 의미로 사용한다. 이처럼 우리는 이 세상에서 하나님의 형상을 반영하고 하나님의 형상을 이루는 임무를 갖고 살도록 부름 받았다.

더 나아가 창조에 있어서 몸과 성은 "매우 좋았더라."고 표현할 만큼 선한 것으로 간주되었다. 남자와 여자의 자연적인 몸의 해부학적 구조는 성적 연합에 있어 이성간의 관계를 예견하도록 되어 있다. 이러한 이유 때문에 이성간의 연합이 창조에 부합한다는 것이 평범하면서도 가장 유력한 관점이다. 비록 이따금씩 인용되는 예외는 있지만, 성서의 가르침과는 별도로 전 세계의 문화를 살펴보더라도 이러한 관점은 확실한 것이다.

b. 남자와 여자 간의 결혼은 성적인 연합과 완성을 위한 하나님의 의도이다. 출산을 통해, 인간들도 창조 이야기에서 반복적으로 언급된 "각기 종류대로"라는 명령을 이루도록 되어 있다. 여기에서 출산은 특권, 책임, 축복이다. 그래서 구약에서 자식이 없다는 것은 축복의

부족으로 비쳐진다.

    c. 그러나 신약에서 독신 또한 하나님의 은사로 기록되어 있다. 사실 바울은 독신을 은사charisma고린도전서 7:6~7로까지 언급하였다. 하나님 나라가 결혼과 가족보다 더 우선하기 때문에 이것은 사실이다.

    d. 결혼언약 밖의 모든 성적인 연합은 간통, 간음, 동성애, 근친상간, 수간 등은 모두 죄다. 나는 메노나이트 신앙고백의 "우리는 하나님께서 결혼이 일생 동안 한 남자와 한 여자 사이의 언약 관계가 되기를 원하신다는 것을 믿는다. 그리스도인의 결혼은 교회 배경 안에서 맺어진 그리스도와의 언약에 대한 상호 관계다. 성서에 의하면 올바른 성적 결합은 오로지 결혼한 관계 안에서 일어난다."2는 내용을 인용했다.

    e. 성윤리는 공동체의 안녕을 위한 것이다. 공동체 내의 명확한 경계는 기대하는 내용에 동의하는 한도 내에서 자유를 제공한다.

3. 우리 인간들에게 죄란 자유롭게 선택하는 행동이 아니라 그것이 상황이든 행동이든 우리 각 사람 안에 있는 타락한 인간성과 뒤엉키는 것이다. 우리는 죄인들이기 때문에 죄를 짓는 것이고, 또 우리가 죄를 짓기 때문에 죄인이다.로마서 5:12~17 모든 사람들이 죄인들인데 그것은 우리가 죄인이기를 선택했기 때문이 아니라, 죄를 너무 즐기기 때문이다. 그렇다. 우리는 그런 방식으로 태어났다.3

4. 비록 정신적, 사회적으로는 정말로 끔찍한 결과를 몰고 오기는 하지만, 성적인 죄가 다른 죄들보다 도덕적으로 더 나쁜 것은 아니다. 내가 이해하는 한, 하나님께서 사탄에게 돌린 것을 제외한 모든 죄는 용서된다. 여기에서 우리는 마틴 루터가 말한 바를 기억해야한다: "한 사람이 죄

인이 되는 일은 매우 드물고도 어려운 일이다. 그러나 우리는 꼭 그렇게 되고 만다." 논점은 우리가 이러한 우리 자신과 우리의 상태라는 실존을 부인하고 숨긴다는 점이고, 그리하여 우리가 하나님의 은혜와 용서를 경험하지 못하게 된다는 것이다. 누가의 복음서는 이러한 점을 주로 지적한다.

5. 죄에 대한 인간의 선택은 우리에게 구원을 가져다주시는 하나님의 은혜와 주도권에 앞서 얼마든지 가능한 일이다. 하나님은 참 인간이자 신실한 하나님의 아들이신 예수 그리스도 안에서 우리에게 자신의 의를 제시하셨다. 이것이 우리의 의지와 실행을 넘어서 죄의 속박으로부터 해방될 수 있는 유일한 희망이다.

6. 동성애 욕구와 다른 중독 욕구를 갖는 성향은 죄가 아니다. 그러나 이를 행동으로 옮기는 것은 죄다. 남/녀 결혼 밖에서 갖는 성적인 연합은 죄다. 이것은 이성간이든 동성간이든 혼전성관계와 혼외정사를 모두 포함한다.

7. 결혼 서약에 대한 충실성은 그리스도인들에게 기대되는 규범이다.4 결혼은 남녀간의 연합이며 자녀들을 갖게 되리라는 교회가 오랫동안 간직해온 관점들은 동성의 두 사람이 맺는 언약의 연합의 개념과 비슷하거나 같을 수는 없다.

8. 교회는 무엇을 묶고 무엇을 풀어야 하는지bound and loose 확인하는 분변의 공동체discerning community가 되어야 한다. 성 도덕은 결코 개인적인 문제가 아니다.5

위에 언급해 놓은 것들과 유사한 관점들을 반영하고 다양한 그룹과 교회가 만들어낸 성명서로 나는 다음의 세 가지 성명서를 언급하고자 한다:

First Thing 41 1994년 3월 15~20페이지에 실린 "동성애 운동: 램세이 전문가회의Ramsey Colloquium의 반응." 폴 램세이프린스턴의 윤리학자 후에 이름을 딴, 이 전문가회의는 도덕성, 종교 및 공적인 삶에 대한 질문에 답하기 위해 정기적으로 회의를 개최한다. 21명의 저명한 미국 유대인 및 기독교 학자들이 서명한 이 성명서는 공공도덕의 영향력에 대해 연설하고, 동성애 운동이 표방하는 기본적인 가정들에 대해 질문한다.

티모디 브래드쇼Timothy Bradshaw가 편집한 *The Way Forward*? London: Hodder & Stoughton, 1997 5~11페이지에 실린 "성 앤드류 날 성명서." 영국에 있는 일곱 명의 교수들과 교회 리더들의 이름이 적힌 이 성명서는 성서적, 신학적 고찰에 초점을 맞추고 있다. 이 책은 이 성명서에 대한 열 세 개의 논문으로 구성되어 있다. 각 논문들은 이 주제에 대해 폭넓고 다양한 입장을 제시한다.

린다 벨빌Linda L. Belleville의 『성에 대한 성서적 관점』*A Biblical Perspective on Sexuality*. Chicago:ECC 1997. 복음주의 언약 교회는 린다 벨빌에게 "성서는 무엇을 말하고 있는가?" 라는 질문에 답하도록 30페이지 분량의 성명서를 작성하도록 임무를 부여했다. 이 성명서는 ECC의 1996년 회의에서 채택한 "인간의 성에 관한 그리스도인의 행동결의안"으로 결론을 맺고 있다. 자료는 미국 3200 West Foster Ave., Chicago, IL 60635에 있는 Covenant Bookstore를 통해 구할 수 있다.

----

1) Walter Wink, Christian Century (7 November 1979):1082, 1085. 이 논문은 Fellowship (March-April 1997):12~15에도 실렸다. 월터 윙크가 편집한 Homosexuality and Christian Faith: Questions for Conscience for the Churches (Minneapolis: Fortress Press, 1999)에 실린 그의 논문에는 그의 강조점이 다소 부드럽게 표현되어 있다.
2) Confession of Faith in a Mennonite Perspective 제 19 조 (Scottdale, Pa.: Herald Press, 1995), 72. (메노나이트 신앙고백, 한국아나뱁티스트 출판사, 2007)
3) Richard B. Hays, The Moral Vision of the New Testament:Cross, Community New Creation (San Francisco: HarperCollins, 1996), 390, 401.
4) 위의 책 401을 보라.
5) John D. Roth, "Binding and Loosing: Why the Mennonite Church does not regard same-sex marriages as a Christian option," 1부와 2부를 보라, The Mennonite 2 (19 January 1999), 4~6; (26 January 1999), 5~8.

7. 성서의 폭넓은 사용: 모델로서 에베소서 연구

이 글은 『안식, 노예, 전쟁 그리고 여성: 성서해석의 사례 연구』 *Slavery, Sabbath, War, and Women: Case Issues in Biblical Interpretation*(Scottdale, Pa.: Herald Press, 1983)에 실린 글을 허락을 받아 다시 실은 것입니다.

이 연구는 한정된 시각으로 성서를 인용하였다. 이 연구는 사회의 질서 안에 존재하는 교회의 신앙과 실천이라는 이슈뿐만 아니라, 전체 사회의 구조적인 질서에 영향을 끼치는 사회적 이슈들을 언급하기 위해 성서를 사용하였다. 그러므로 아주 간단하게나마 교회가 어떻게 성서를 사용하는지에 대한 개괄하고자 한다. 이러한 성서개관은 특히 에베소서와 같은 책을 직접 다루어 보면 알 수 있는데, 에베소서는 소아시아 지역에 있던 여러 교회들의 관심사들을 총체적으로 다루려는 분명한 목적아래 기록되었기 때문이다.

나는 에베소서의 본문을 핵심구조를 따라가면서, 나는 성서의 사용방법을 열두 가지로 정리하였다. 이러한 분석은 성서가 기록된 당시의 기능들을 우리시대에도 수행되도록 해야 한다는 가정아래 정리한 것이다. 이처럼 에베소서는 우리에게 성서를 어떻게 이용해야 하는지 모델이 된다.

1. 성서는 그리스도 안에서 하나님의 구속사역을 찬양하고 있으며 이를 상세하게 기술하고 있다.에베소서 1장 물론 이것은 교회가 성서를 사용하는 원초적인 목적이며, 그 목적을 수행하도록 해야 한다. 교회는 하

나님께서 하신 일과 구원이 의미하는 바가 무엇인지 배우려고 성서를 읽는다. 에베소서 1장은 신약성서 중에서도 하나님의 구원 사역구약의 신명기 26:5~9; 여호수아 24장; 시편 105, 135, 136; 느헤미야 9장이나 신약의 사도행전 7장과 13:13 참조을 보여주는 최고의 모델이다. 성서는 하나님의 백성에게나 하나님의 어떤 일을 하셨는지 기억하도록 도와준다.

이러한 하나님의 구원하시는 행위들을 반복적으로 재연하는 것은 에베소서 1장에 기록되어 있는 것처럼 찬양과 축복의 형태로 나타난다위에서 언급한 시편들과 느헤미야 9장을 참조하라. 회중들은 성서에 의해 하나님의 구원이라는 놀라운 축복을 기뻐하고 찬양하도록 부름을 받는다. 에베소서 1:3~14을 읽으라. 그리고 본문에서 언급하고 있는 모든 축복을 목록으로 작성해 보고 그 축복이 누구를 통해서, 무엇을 통해서 오는지 주의 깊게 살펴보고 이러한 하나님의 능력 있는 행위의 궁극적인 목적이 무엇인지 기록해보라.

2. 성서는 기도를 통해 신자들의 개인적 필요들을 하나님의 통치하시는 목적이라는 정황 속에 두도록 안내한다. 에베소서 1:15~23; 3:14~21; 6:18~20 이것은 교회가 성서를 사용하는 가장 중요한 방식이기도 하다. 성서 안에는 수많은 기도들이 있다. 예:시편과 바울서신의 끝 부분에 나타나는 찬양 시 등 개인이나 공동의 필요를 언급하고 있는 이러한 기도에는 탄원과 찬양의 내용이 들어있다. 성서가 제공해주는 정보에 따르면, 기도는 신자들을 서로 세우는 기능을 하며 온 몸을 세우는 기능을 한다.

기도는 또한 하나님께서 행하신 일을 찬양으로 반응하는 것이라 볼 수 있다. 시편기자들이 쏟아내는 불평불만 중 어떤 것들마음 중심에서 나오는 울부짖음은 결국 감사와 찬양으로 인도하기도 한다. 예, 시편 42,43 이러한 작가들의 관점에서 볼 때 에베소서에 들어있는 기도들은 신자들을 위해 하나님께 외치는 부르짖음이다. 신자들로서 우리 자신들을 위해 드리는 기도라는 관점이 들어있다. 이러한 기도의 양날에는 우리에게 주고자 하는 교훈이 있다. 하나는 하나님께 우리의 관심사, 고민을 부르 짖어야 하는 것이며, 또 다른 하나는 우리의 외침을 통해 우리의 형제와 자매들을 하나님 앞에서 붙들고 있어야 한다는 것이다. 고백, 간청, 찬양 등 다양한 형태의 기도와 더불어, 성서는 교회가 기도할 때 사용해야 하는 진짜 중요한 자료다. 그러므로 성서가 가진 중요한 기능 중 한 가지는 교회가 기도를 통해 표현을 할 수 있고 모양을 갖추도록 기도를 제공해 준다는 것이다.

3. 성서의 세 번째 기능은 신자들인 우리가 "우리의 이야기를 할 수 있도록" 돕는 것이다. 에베소서 2장과 1:11~14이 드러내주는 것처럼, 실제로 그것은 공동의 이야기다. 2:1~10과 2:11~22이 보여주고 있는 것처럼 이 이야기의 전체 윤곽은 우리가 어떤 사람이었는가에서 그리스도 안에서 하나님께서 무슨 일을 하셨고, 지금 우리는 어떤 사람인가로 옮겨가고 있다. 가장 폭넓게 묘사되어 있는 이야기는 우선 하나님 앞에서 구원도 없고 백성으로서 정체성조차 없었던 때를 반영한다. 그리고 두 번째로 하나님께서 다시 주도권을 잡으시고 상황을 변화시키셨던 사건 즉 우리에게 구원, 희망, 정체성을 부여해주신 아주 중요한 사건으로 옮겨간다. 세 번째이자 마지막 단계는 하나님의 백성이 구원의 공동체 안에서 경험하게 되는 새로운 정체성에 초점을 맞추고 기뻐한다. 여기에 드러나 있는 이미지들은 직접 일하시는 하나님, 하나의 새로운 인류, 하나님의 백성으로 모든 사람들이 시민이 됨, 하나님의 권속과 가족들, 성령 안에서 하나님께서 머무시는 거룩한 성전 등으로 아주 풍부하게 묘사되었다. 이러한 공동의 이야기를 암송하는 것은 하나님의 풍성하신 은혜

를 강조하며2:5~7, 이전에 원수였던2:14~17 사이에 새로운 평화가 실존함을 강조하고 있다.

성서를 "우리 이야기를 할 수 도록" 사용하는 것은 기독교 공동체의 지속적인 삶을 위해 매우 중요하다. 특히 온갖 사회 세력들이 우리의 정체성에 영향을 끼치는 다원주의 세상에서 공동의 이야기를 말하는 것은, 전체로서 그리스도의 몸인 교단과 교회의 그룹, 회중의 형성과 성장 발달에 매우 중요한 역할을 한다. 이러한 공동의 이야기를 반복해서 말하지 않고, 요구하지도 않는 것은 현대 경쟁위주의 세상에서 생존하는 진정한 회중을 위험에 내버려 두는 행위이다. 성서의 자료들은 우리가 기독교의 정체성을 회복하고 유지하도록 돕는다. 이러한 자료들은 기독교 공동체 생활을 위해 중요할 뿐만 아니라, 정말로 필수적이다.

4. 성서는 하나님의 구원 안에서 우리가 감당해야 할 개인적인 역할이 무엇인지 말해주고 이해할 수 있게 모델을 제공해 준다.에베소서 3:2~13 여기서 바울은 자신이 이방인을 위한 사도로 부름을 받은 것이 특별한 역할임을 독자들에게 상기시키고 있다. 한편으로 바울의 소명은 하나님의 주도권 안에서 확실히 인정되었다. 그러나 또 한편으로 정사와 권세자들에게 하나님의 다양한 지혜를 간증한 일, 즉 이방인과 유대인을 하나로 연결하는 그의 선교는 직접 하나님 나라의 목적에 공헌하였다.

현대 교회에 속한 그 누구도 바울처럼 독특하고 놀라운 모습으로 개인적인 부르심을 인용한 사람은 없다. 이러한, 성서의 자료들을 근거로 우리는 우리 삶 속의 헌신이 하나님의 주도권에 근거하여 하나님의 목적을 반영하는 것이라고 이해할 수 있다. 우리는 사도 바울이 자신의 소명과 미션을 분변하기 위해 3년을 보냈다는 사실을 기억해야만 한다. 이 3년이라는 기간은 그가 예언자들을 통해 드러난 하나님의 목적과 성서의 목적이 무엇인지 깊이 묵상하는 시간이었음은 두말할 필요가 없다. 성서를 진지하게 연구하고 하나님의 구원의 목적이 무엇인지 이해를 추구하는 것으로 우리 자신의 헌신과 섬김에 대한 부르심의 의미가 무엇인지 분명한 통찰력을 얻을 수 있을 것이다.

5. 성서는 우리의 도덕적 삶과 그리스도인의 정체성이 서로 밀접한 관계가 있음을 보여준다. 에베소서 하반부는 그리스도인의 생활에 초점이 맞추어져 있다. 하나님의 소명을 따라 사는 것의 가치4:1~16, 이방인이 아닌 새로운 백성으로 사는 것4:17~32, 사랑 안에서 사는 것5:1~2, 빛에 거하는 것5:3~14 그리고 지혜롭고 사려 깊은 삶5:15~20에 대한 그림을 그려주고 있다. 그러나 이 부분은 간략한 스케치의 범위를 넘어서 자세하게 분석해 볼만하다. 여기서 핵심사항은 기독교 공동체의 도덕적 삶에 대해 성서가 특별한 주의를 기울였던 그 방식이다. 4:1에 사용된 "그러므로"라는 접속사는 하나님의 구원사역과 새롭게 창조된 공동의 그리스도인이라는 정체성이 그리스도인의 도덕적인 삶을 위한 "책임"의 근간으로 기능한다는 사실을 드러내주고 있다.

4:24이 드러내는 것처럼 성서는 종종 윤리적 명령과 직접적인 경험을 곧바로 연결시킨다. 새롭게 행동하라는 부르심은 하나님의 형상 안에서 재창조가 이루어지는 경험에 뿌리를 두고 있다. "하나님의 백성에게 어울리도록" 살라는 에베소서 5:4절의 표현처럼, 성서는 우선 하나님의 백성이 누구인지 설명하고 축하한 다음, 이에 합당한 삶을 살도록 요구한다. 결정적으로 성서는 이러한 방식으로 윤리 및 도덕적 삶의 동기가 중요한 이슈라고 말한다.

6. 성서는 신자들이 가진 은사들이 무엇인지 분명히 알게 하여 다양한

지체들을 목회로 준비시킴으로써 모든 지체가 성장하고 성숙에 이르도록 돕는다.4:7~16 성서는 은사의 다양한 목록들로마서 12:3~8, 고린도전서 12:17 중에, 회중 안에서 은사를 분변하는 유형이 있음을 제시한다. 이러한 목록들은 소모적인 것으로 볼 것이 아니라, 오히려 몸의 생명을 유지하는데 각 사람의 헌신이 매우 중요한 역할을 한다는 바로 그 방식을 설명하는 것으로 보아야 한다. 성서는 이러한 은사들이 자기 자신을 위한 것이 아니라 목회를 위해 사용되어야 함을 가르친다. 이러한 목회의 목적은 그리스도의 몸을 완성하고 완전하게 하기 위함이다.

현시대의 교회생활을 위해 보다 절박한 몇 가지 임무들은 기도하면서 의도적으로 교회 멤버들이 갖고 있는 은사들을 분변하는 과정을 거치는 것이다. 그러나 자아실현 혹은 자기성취 중심적인 현시대의 심리학적 경향 속에서, 은사를 분변하는 것은 "가장 잘 할 수 있는 일은 무엇입니까?" 라든가 "어떤 일을 하면 자아성취를 느낍니까?"라는 식의 개인적인 질문들을 통해 지나치게 일방적이거나 한쪽으로 치우쳐있다. 뒤집어서 말하자면, 교회라는 몸의 필요들이 개인적인 은사의 개발을 좌절시켜서도 안 되고, 인간의 성장을 방해해서도 안 된다. 오히려 각 사람의 은사 분변과 은사 사용은 몸을 세우기 위한 공동의 성취라는 섬김 안에서 온전히 이루어져야 한다.

7. 성서는 우리의 가치와 행동의 패턴을 형성하는 중요한 자료다.4:17~5:18 성서는 요즘 흔히 말하는 영성의 형성이 하나님의 능력이라는 무한한 자원에 터를 박고 뿌리를 내리는 과정이라고 말한다. 이는 인간의 의사결정무엇을 택하고 무엇을 버릴 것인지에 대한 소명과 직접 연결되어 있으며 그 자체로 그리스도인의 성품이 어떤지 구체적인 특징을 드러내준다.4:31~32 영성 형성을 위한 주제는 어떤 한 사람의 대부분의 인생 내

내 이루어 질만큼 광범위한 주제이다. 그러므로 한 본문에 대한 묵상이 우선은 우리 자신의 정신 안에서 그리고 거룩한 성령의 임재를 비추는 행동유형이라는 측면에서 새로운 삶의 속성을 개발하는데 엄청난 자료가 된다.

지금까지 언급한 교회 생활을 위해 사용하는 모든 성서의 자료들이 시간과 헌신을 요구한 내용이라면, 특별히 이번 성서는 그 사람의 총체적 헌신을 요구한다. 기도, 묵상, 자기 평가, "매고 풀기"마태복음 18:15~18의 훈련은 평생 동안 우리 자신을 하나님의 형상으로 만들기 위해 꼭 필요한 구성요소들이다.

8. 성서는 우리에게 그리스도인의 정체성과 행동유형을 형성하는데 동기를 부여해주는 다양한 시각적 이미지를 보여주고 있다4:4~6, 5:1~2. 이러한 이미지들의 예는 에베소서에서도 발견된다. 예를 들어 "몸도 하나이요, 성령도 하나입니다….소망도 하나요, 주님도 한 분이요, 믿음도 하나요, 세례도 하나요, 하나님도 한 분이요, 우리 모두를 위한 아버지도 한 분이십니다. 그러므로 여러분은 사랑을 받는 자녀답게 하나님을 본받는 사람들이 되십시오. 그리스도께서 여러분을 사랑하셔서, 우리를 위하여 하나님 앞에서 향기로운 예물과 제물로 자기 몸을 내어주셨습니다." 성서는 이러한 이미지들로 가득하다. 그리고 이러한 이미지들은 우리의 정체성을 형성하고, 우리에게 믿음 생활을 할 수 있도록 동기를 부여하며, 보다 충실하고 의미 있는 회중의 삶을 살며 하나님나라 일을 할 수 있도록 헌신케 한다.

윤리적 행동에 세세한 영향을 끼치는 이러한 이미지들의 중요성은 수비게 과대평가 될 수 없다. 다양한 저자들이 지적하였듯이, 윤리적 결정이란 주어진 정황 속에서 쉽게 이루어지는 것이 아니다. 오히려 성품의 형성되는 패턴, 의지를 사용하게 된 의도, 그리고 자기 정체성을 이루는 자원들이 주어진 상황 속에서 그 사람이 특수한 결정을 내리는데 크게 영향을 미친다. 성서적 모델은 상황윤리가 아니기 때문이다. 오히려 기독교적 가치들 안에서 어떤 사람의 결정은 성서적 이미지들과 동기에 의해 감흥을 받은 그 사람의 성품이 어떻게 형성되었는가와 그 사람이 갖고 있는 신념에 의해 이루어진다.

9. 성서는 성령 충만하도록, 시편과 찬송과 신령한 노래로 서로 말하고 찬양하도록, 그리고 모든 것으로 하나님께 감사하는 가운데 예배를 드리도록 인도한다.5:18~20 이러한 구절들이 예배의 기본적인 요소들에 대해 언급하는 동안, 또 다른 성구들은 우리에게 찬송과 감사특히 시편과 요한계시록로 예배하라고 말한다.

교회는 오랜 세대 동안 이렇게 성서를 사용해 왔다. 그러나 교회의 예배는 일요일 아침에 일어나는 어떤 활동보다 훨씬 더 크고 광범위하다. 성서가 공동의 예배를 위해 매우 유용한 한편, 이 본문에서 설명하는 것처럼 하나님께 드리는 예배는 신자들이 직장에서, 가정에서, 그리고 휴가지에서 자연스럽게 표현되어야 한다.

10. 성서는 우리에게 그리스도 안에서 누리는 새로운 삶의 복음적인 측면이 소위 말하는 세상에 만연해 있는 사회 구조와 패턴들과 어떻게 밀접한 연관을 갖는지 가르쳐준다.5:21~6:9 이 본문에서 바울은 아내와 남편, 자녀와 부모, 그리고 종과 주인에 대해 말하고 있다. 이러한 문화적 유형을 만나면서 드러나는 복음의 가장 독특한 방식은 사회 구조 속에 존재하는 복종의 입장에서 살아가는 사람들에게 우선순위와 가치를 부여해 준다. 복음은 아내, 자녀 그리고 종에 대해 직접 언급하며 그들

을 실제 인격적인 존재로 인정하고, 특히 그들의 고통에 지대한 관심을 갖고 있다. 사회 구조 안에서 그들에게 지배적인 권력을 행사하는 상대자들에게 권력을 올바로 사용하도록 언급한다. 이러한 상대자들에게 주어진 상세한 조언은 권력을 행사하는 지위를 그 위에 있는 권세를 위해 사용하라고 방향을 바꾼다. 상호관계성 안에서 남편과 아내에게 지시사항을 제시한다. 그리스 본문은 5:22에 동사가 없고, 5:21의 동사에 의존한다. 이처럼 복음은 그 관점을 상호관계성으로 옮겨 놓았다.

더 나아가, 예수 그리스도가 사회 구조 속에 있는 신자들의 행동을 위한 권위의 근거가 됨을 밝히며, 사회 구조 안에서 서로 짝을 이루는 상대자들은 그리스도께 직접적인 상호책임을 지도록 요청한다. 구조가 아니라 그리스도의 영이 도덕적인 삶이 무엇인지 알려주는 것이다.

이 본문은 사회적인 이슈에 대해 교회가 어떻게 성서를 이용해야 하는지 도와주는 가장 중요한 본문이다. 이 연구에 할당된 많은 페이지들이 이러한 분야에 있어 교회가 어떻게 성서를 사용해야 하는지에 대해 말하고 있는 동안, 사회적 이슈들에 대해 교회가 하나님의 뜻에 얼마나 신실한지 보여주는 방법은 이 본문을 주의 깊게 고찰하고 지속적으로 고찰함으로써 더욱 보강되고 강화될 수 있을 것이다. 틀림없이 다른 본문들 또한 동일한 종류의 통찰력을 제공해 줄 것이다. 중요한 것은 성서를 주의 깊이 듣고, 성서 본문이 강조하는 점에 대해 겸손히 헌신하며, 하나님의 백성들에게 본문이 제시하는 방향을 따라 헌신하는 것이다.

11. 성서는 우리를 악과 한바탕 치러야할 전쟁을 준비하도록 돕는다. 6:10~17 정경의 시작부터 마지막까지 들어있는 많은 다른 성서구절과 함께, 이 성서구절은 우리에게 그리스도인의 삶 그 자체가 전투임을 상기시켜 준다. 성서는 악을 아주 진지하게 다루며, 그리스도인들이 유혹

에 빠지지 않기 위해 방심하지 말아야 하며, 악을 행하지 말도록 가르친다. 성서는 이 점에 있어서 매우 낙관적으로 기록하고 있다. 여기에서 그리스도인들에게 제공된 자원으로써 여러 가지 방식으로 묘사되고 있는 장비들은 단지 악의 세력에 저항하는데 뿐만 아니라, 악을 정복하고, 평화의 복음을 전하는데 효과적이고 강력한 방법이다.

비록 구약 성서에 기록된 전쟁의 실재는 신약 교회가 그대로 따르기 어려운 것임에도 불구하고, 그리스도인들을 위해 제시해주고자 하는 구조적인 개념은 예수의 영과 함께하는 것으로 전혀 이상한 것이 아니다. 복음은 분명히 예수께서 악의 세력과 전투를 치르신 것으로 묘사하고 있다. 또한 서신들도 신자들에게 악을 거스르며 싸우라고 요청하고 있다. 요한계시록은 신자들에게 신실한 순교자이자 죽임당한 어린양이신 예수 그리스도를 따를 때, 전투에서 승리할 것이라는 약속을 제시하였다. 평화주의 신자들은 특별히 성서의 전쟁 이미지들로부터 많은 것을 배워야 한다. 단지 수동적으로 전쟁에 임해 그들의 생명을 구할 것이 아니라, 평화주의적인 믿음에 닻을 내리고, 행동 또한 성서의 증거하는 방식에 대해 확신을 가져야 한다.

12. 성서는 우리에게 우리가 만나고 헤어질 때 인사하는 방식에까지도 새로운 모습을 제시한다.1:2, 6:23~24 바울은 은혜와 평화charista and shalom로 따뜻하게 그리고 자신의 인격을 동원해 인사를 하였을 뿐 아니라, 이러한 인사를 통해 사람들을 하나님 아버지와 주 예수 그리스도로부터 온 은혜와 평화로 연결시켜 주었다. 그의 끝 인사에서, 샬롬은 하나님과 예수 그리스도로부터 시작된 사랑과 믿음으로 연결되어 있다. 하나님의 은혜는 특히 영원한 사랑이신 주 예수 그리스도와 연결되어 있는 사람들에게로 넓혀졌다. 하나님의 실재로 충만한 이러한 통상

의 인사법은 기독교 정체성, 기독교 가치 및 헌신에 의해 형성된 개인의 자아의식 안에서 놀라운 방식으로 증거 되었다. 다른 바울 서신에서 발견되는 "거룩한 입맞춤으로 서로 문안하라"는 권고를 여겨 쉽게 지나쳐서는 안 될 것이다. 이전 것은 지나갔고 온전히 새로운 창조가 시작되었다.

BIBLIOGRAPHY

동성애에 대한 다양한 입장의 논문집은 *로 표시하였다.

Achtemeier, Paul. *Inspiration and Authority: Nature and Function of Christian Scripture*. Peabody, Mass.: Hendrickson, 1999.

Adler, Margot. *Drawing Down the Moon*. Rev. and expanded, New York: Penguin, 1977.

Ali, Lorraine and Julie Scelfo. "Choosing Virginity." *Newsweek* (9 December 2001): 60-71.

Alison, James. *Faith Beyond Resentment: Fragments Catholic and Gay*. New York: Crossroad Publishing, 2001.

Bailey, Derrick Sherwin. *Homosexuality and the Western Tradition*. London: Longmans, Green & Co., 1955.

*Balch, David L., ed. *Homosexuality, Science*, and the "Plain Sense " of Scripture. Grand Rapids: Eerdmans, 2000.

Balswick, Judith K. and Jack O. *Authentic Human Sexuality: An Integrated Approach*. Downers Grove, Ill.: InterVarsity Press, 1999.

Barnhouse, Ruth Tiffany. *Homosexuality: A Symbolic Confusion*. New York: Seabury Press, 1977.

Barth, Karl. *The Doctrine of Creation*. Vol. 3, pt. 4 of Church Dogmatics. Translated by G. w. Bromiley. Edinburgh: T. & T Clark, 1961.

------. *Church Dogmatics: A Selection*. Selected by Helmut Gollwitzer and translated by G. W. Bromiley. New York: Harper and Bro., 1961.

Barton, Stephen C. *Life Together: Family, Sexuality, and Community in the New Testament atld Today*. New York: T. &: T. Clark, 2001.

Bassler, Jouette M. "Divine Impartiality in Paul's Letter to the Romans." *Novum Testamentum* 26 (1984): 43-58.

*Batchelor, Edward, ed. *Homosexuality and Ethics*. New York: The Pilgrim press, 1980.

Bellah, Robert N., et al. *Habits of the Heart: Individualism and Commitment in American Life.* New York: Harper &: Row, 1985.

Belleville, Linda L. *A Biblical Perspective on Sexuality.* Chicago: Evangelical Covenant Church, 1997.

Bellis, Alice Ogden and Terry L. Hufford. *Science, Scripture, and Homosexuality.* Cleveland: Pilgrim Press, 2002.

Bender, Ross T. *Christians in Families.* Scottdale. Pa.: Herald press, 1982.

Berger, Peter L. and Thomas Luckmann. *The Social Construction of Reality.* New York: Doubleday, 1966.

Biesecker-Mast, Gerald J. "Mennonite Public Discourse and the Conflicts over Homosexuality." *Mennonite Quarterly Review* 72 (April 1998): 275-300.

Birk, Lee. "The Myth of Classical Homosexuality." In *Homosexual Behavior: A Modern Appraisal*, edited by Judd Marmor, 376-90. New York: Basic Books, 1980.

Blount, Brian K. "Reading and Understanding the New Testament on Homosexuality." In *Homosexuality and Christian Community*, edited by Choon-Leong Seow, 28-38. Louisville: Westminster/John Knox Press, 1996.

Boa, Kenneth. *Conformed to His Image: Biblical and Practical Approaches to Spiritual Formation.* Grand Rapids: Zondervan, 2001.

Boers, Arthur Paul. *Lord, Teach Us to Pray.* Scottdale, Pa.: Herald Press, 1992.

Bonhoeffer, Dietrich. "Loving Our Enemies: Dietrich Bonhoeffer's Sermon on Romans 12:16-21." Translated by Evan Drake Howard. *The Reformed journal* (April 1985): 18-21.

Borg, Marcus. *Jesus: A New Vision.* San Francisco: HarperSanFrancisco, 1987.

Boswell, John. *Christianity, Social Tolerance, and Homosexuality.* Chicago: University of Chicago press, 1980.

------. *Same Sex-Union in Premodern Europe.* New York: Villard Books, 1994.

Boughton, Lynne C. "Biblical Texts and Homosexuality: A Response to John

Boswell." *Irish Theological Quarterly* 58:2 (1992): 141-53.

*Bradshaw, Timothy, ed. *The Way Forward?: Christian Voices on Homosexuality and the Church*. London: Hodder & Stoughton, 1997.

*Brawley, Robert L., ed. *Biblical Ethics and Homosexuality: Listening to Scripture*. Louisville: Westminster/John Knox Press, 1996.

Brooten, Bernadette J. *Love Between Women: Early Christian Responses to Female Homoeroticism*. Chicago: University of Chicago Press, 1996.

_____. "Patristic Interpretations of Romans 1:26." *Studia Patristica* 18:1 (1985): 287-91.

Brown, William p., ed. *Character and Scripture: Moral Formation, Community, and Biblical Interpretation*. Grand Rapids: Eerdmans, 2002.

Browning, Don S., et al. *From Culture Wars to Common Ground: Religion and The American Family Debate*. Louisville, Ky.: Westminster/John Knox Press, 1997.

_____. "Rethinking Homosexuality." Review of David Greenberg, The Construction of Homosexuality. In *The Christian Century* (11 October 1989): 911-13.

Charles, J. Daryl. 1-2 Peter, Jude. *Believers Church Bible Commentary*. Scottdale, Pa.: Herald Press, 1999.

Clapp, Rodney. *Families at the Crossroads*. Downers Grove Ill.: InterVarsity press, 1993,

Coleman, Gerald D. *Homosexuality: Catholic Teaching and Pastoral Practice*. Mahwah, N.J.: Paulist Press, 1995.

Coleman, Peter. *Christian Attitude to Homosexuality*. London: SPCK, 1980.

Committee on Adolescence, for the American Academy of Pediatrics. "Homosexuality and Adolescence." *Pedatrics* 92 (October 1993): 631-34.

Confession of Faith in a Mennonite Perspective. Scottdale, Pa.: Herald Press, 1995.

Cort, John C. "The Unwelcome Ex-'Gay' Phenomenon." *New Oxford Review* (October 2001): 33-36.

Cosgrove, Charles H. *Appealing to Scripture in Moral Debate: Five Hermeneutical Rules*. Grand Rapids: Eerdmans. 2002.

Countryman, William. Dirt, *Greed, and Sex: Sexual Ethics in the New*

Testament and Their Implications for Today. Philadelphia: Fortress press, 1988.

Davies, Bob and Lori Rentzel. *Coming Out of Homosexuality*, Downers Grove, Ill.: InterVarsity, 1994.

Dawn, Marva. *Sexual Character: Beyond Technique to Intimacy*. Grand Rapids: Eerdmans, 1993.

Dean, Tim and Christopher Lane, eds. *Homosexuality and Psychoanalysis*. Chicago: University of Chicago Press, 2001.

Douglas, Mary. Purity and Danger: *An Analysis of the Concepts of Pollution and Taboo*. Rev. ed. London: Routledge & Kegan Paul, 1966.

Elias, Jacob. *1 & 2 Thessalonians, Believers Church Bible Commentary*. Scottdale, Pa.: Herald Press, 1995.

Ellul, Jacques, 『머리둘 곳 없던 예수-대도시의 성서적 의미』 *The Meaning of the City*. 대장간 역간, 2011.

Edward, George R. *Jesus and Divorce: A Biblical Guide for Ministry to Divorced Persons*. Scottdale, Pa.: Herald Press, 1991.

Firestein, Beth A., ed. *Bisexuality: The Psychology and Politics of an Invisible Minority*. Thousand Oaks, Calif.: Sage Publishing, 1996.

Fogleman, Ron. Review of Robert Goss, J*esus Acted Up: A Gay and Lesbian Manifesto*. In Critical Review 7 (1994), 508-11.

Foucault, Michel. *The History of Sexuality*. Vol. 1, Introduction. Translated by Robert Hurley. New York: Pantheon Books. 1978.

Fowl, Stephen E. and L. Gregory Jones. *Reading in Communion: Scripture and Ethics in Christian Life*. Grand Rapids: Eerdmans, 1991.

Fredrickson, David E. "Natural and Unnatural Use in Romans 1:24-27: Paul and the Philosophic Critique of Eros." In *Homosexuality, Scienc*e, and the "Plain Sense" of *Scripture*, edited by David L. Balch, 197-222. Grand Rapids: Eerdmans, 2000.

Fredriksen, Paula. *Jesus of Nazareth, King of the Jews*. New York: Alfred Knopf, 1999.

Friesen, Walter. "My Witness about Biblical Faith and Homosexuality." In *On Biblical Interpretation*. Booklet 4,5-40. Goshen, Ind.: N.p, n.d.

Furnish, Victor P. *The Moral Teaching of Paul: Selected Issues*. Rev. ed.

Nashville: Abingdon, 1985.

Gagnon, Robert A. *The Bible and Homosexual Practice: Texts and Hermeneutics*. Nashville: Abingdon Press, 2001.

_____. "A Comprehensive and Critical Review Essay of *Homosexuality, Science*, and the 'Plain Sense' of Scripture." Part 1. *Horizons in the Biblical Theology* 22 (December 2000): 174-243.

_____. "Are There Universally Valid Sex Precepts? A Critique of Walter Wink's Views on the Bible and Homosexuality," *Horizons in Biblical Theology* 24:1 (June 2002): 72-125.

_____. "The Bible and Homosexual Practice: Theology, Analogies, and Genes." *Theology Matters* 7 (November-December 2001):1-15.

Gallagher, Maggie. *The Abolition of Marriage: How We Destroy Lasting Love*. Washington, D.C.: Regnery, 1996.

*Geiss, Sally B. and Donald E. Messer, eds. *Caught in the Crossfire: Helping Christians Debate Homosexuality*, Nashville: Abingdon Press, 1994.

Gnuse, Robert. *The Authority of the Bible: Theories of Inspiration, Revelation and the Canon of Scripture,* Mahwah, N.J.: Paulist Press, 1985.

Good, Deirdre. "The New Testament and Homosexuality: Are We Getting Anywhere?" *Religious Studies Review* 26 (October 2000): 307-12.

Gross, Robert. *Jesus Acted Up: A Gay and Lesbian Manifesto*. San Francisco: HarperCollins, 1994.

_____. *Queering Christ: Beyond "Jesus Acted Up."* Cleveland: Pilgrim Press, 2002.

Greenberg, David. *The Construction of Homosexuality*. Chicago: University of Chicago Press, 1988.

Greene-McCreight, Kathryn. "The Logic of the Interpretation of Scripture and the Church's Debate." In *Homosexuality, Science*, and tbe "Plain Sense" of *Scripture*, edited by David J. Balch, 253- 59. Grand Rapids: Ecrdmans, 2000.

Grenz, Stanley I. *Welcoming, But Not Affirming: An Evangelical Response to Homosexuality*. Louisville: Westminster/John Knox Press, 1998.

Grieb, A. Katherine. *The Story of Romans: A Narrative Defense of God's Righteousness*. Louisville: Westminster/John Knox Press, 2002.

Grimsrud, Ted. "Six Perspectives on the Homosexuality Controversy." In *To Continue the Dialogue: Biblical Interpretation and Homosexuality*, edited by C. Norman Kraus, 187-208. Telford, Pa.: Pandora Press. U.S., 2001.

_____. "What Would Jesus Do?" In On *Biblical Interpretation*. Booklet 4, 41-55. Goshen, Ind.: N.p., n.d.

Hauerwas, Stanley. *A Community of Character: Toward a Constructive Christian Social Ethic*. Notre Dame, Ind.: University of Notre Dame Press, 1981.

_____. *The Peaceable Kingdom: A Primer in Christian Ethics*. Notre Dame, Ind.: Notre Dame University Press, 1983.

Hays, Richard B. "Awaiting the Redemption of Our Bodies: The Witness of Scripture Concerning Homosexuality." *Sojourners* 20 (July 1991): 17-21.

_____. *The Moral Vision of the New Testament: Cross, Community, New Creation*. San Francisco: HarperSanFrancisco, 1996.

_____. "Relations Natural and Unnatural: A Response to John Boswell's Exegesis of Romans I." *Journal of Religious Ethics* 14 (1986): 184-215.

*Hershberger, Anne and Willard Kraybill, eds. *Sexuality: God's Gift*. Scottdale, Pa.: Herald Press, 2000.

Hershberger, Guy F. 『전쟁, 평화, 무저항』 *War, Peace and Nonresistance*. 대장간 역간, 2012.

Human Sexuality in the Christian Life: A Working Document for Study and Dialogue. Newton, Kan., and Scottdale, Pa.: General Conference Mennonite Church and Mennonite Church, 1985.

Jersild, Paul. *Spirit Ethics: Scripture and the Moral Life*. Minneapolis: Fortress Press, 2000.

Jeschke, Marlin. *Disciplining in the Church: Recovering a Ministry of the Gospel*. 3rd ed. Scottdale, Pa.: Herald Press, 1988.

Jewett Robert. "The Social Context and Implications of Homoerotic References Romans 1:24-27." In *Homosexuality, Science,* and the "Plain Sense" of *Scripture*, edited by David L. Balch, 223-41. Grand Rapids: Eerdmans, 2000.

Johnson, Luke Timothy. *Decision Making in the Church: A Biblical Model*. Philadelphia: Fortress Press, 1983.

_____. *Scripture and Discernment: Decision Making in the Church.* Nashville: Abingdon Press, 1996

Jones, Stanton L. "The Loving Opposition: Speaking the Truth in a Climate of Hate." *Christianity Today (*19 July 1993)

_____. Mark A. Yarhouse. *Homosexuality: The Use of Scientific Research in the Church's Moral Debate.* Downers Grove, Ill.: InterVarsity Press, 2000.

_____. "The Use, Misuse, and Abuse of Science in the Ecclesiastical Homosexuality Debates." In *Homosexuality, Science*, and the "Plain Sense" of Scripture, edited by David L. Batch, 73-120. Grand Rapids: Eerdmans, 2000.

Kauffman, Richard A. "A Third Way between Fight and Flight." *The Mennonite* (2 May 2000): 6-8.

Keener, Carl S. and Douglas E. Swartzendruber. "The Biological Basis of Homosexuality." In *To Continue the Dialogue: Biblical Interpretation and Homosexuality*, edited by C. Norman Kraus, 148-73. Telford, Pa.: Pandora Press U.S., 2001.

Koenig, John. *Rediscovering New Testament Prayer.* New York: HarperSanFrancisco, 1992.

*Kraus. C. Norman, ed. *To Continue the Dialogue: Biblical Interpretation and Homosexuality.* TelforcL, Pa.: Pandora Press U.S., 2001.

Kraybill, J, Nelson. *On the Pilgrim's Way.* Scottdale, Pa.: Herald Press, 1999.

Kreider, Alan. *Journey Toward Holiness.* Scottdale, Pa.: Herald Press, 1987.

LeBlanc, Douglas. "Waging Peace." *Christianity Today* (9 July 2001): 42-47.

Lederach, John Paul. *The Journey Toward Reconciliation.* Scottdale, Pa.: Herald Press, 1999.

Leland, John. "Bisexuality." *Newsweek* (17 July, 1995): 44-50.

Lind, Millard. *Monotheism, Power, and Justice: Collected Old Testament Essays.* Elkhart, Ind.: Institute of Mennonite Studies, 1990.

_____. *Yahweh Is a Warrior.* Scottdale, Pa.: Herald Press, 1980.

MacIntyre, Alasdair. *Whose Justice? Which Rationality?* Notre Dame, Ind.: University of Notre Dame Press, 1988.

Malick, David F. "The Condemnation of Homosexuality in Romans 1:26-

27." *Bibliotheca Sacra* 151 (1993): 327-40.

_____. "The Condemnation of Homosexuality in 1 Cor. 6:9." *Bibliotheca Sacra* 151 (1993): 479-92.

*Marmor, Judd, ed. *Homosexual Behavior: A Modern Appraisal.* New York: Basic Books, 1980.

Marshall, Christopher D. *Beyond Retribution: A New Testament Vision for Justice, Crime*, and Punishment. Grand Rapids: Eerdmans, 2001.

Martin, Dale B. "Arsenokoit?s and Malakos: Meanings and Consequences." In *Biblical Ethics and Homosexuality: Listening to Scripture*, edited by Robert L. Brawley, 117-36. Louisville: Westminster/John Knox Press, 1996.

_____. *The Corinthian Body*. New Haven, Conn.: Yale University Press, 1995.

McClymond, Michael J. "The Last Sexual Perversion: An Argument in Defense of Celibacy." *Theology Today* 57:21 (July 2000): 217-31.

McNeill, John. *The Church and the Homosexual. Kansas City*: Sheed, Andrews, & McMeel, 1976.

Middleton, J. Richard and Brian J. Walsh. Truth Is Stranger Than It Used to ?& Biblical Faith in a Postmodern Age. Downers Grove, Ill.: InterVarsity Press, 1995.

Miller. Keith Graber. "Guidelines from the Gift-Giver: Sexuality and Scripture." In *Sexuality: God's Gift*, edited by Anne Hershberger and Willard Kraybill, 33-48. Scottdale, Pa.: Herald Press, 2000.

Miller, Patrick D. "What the Scriptures Principally Teach." In *Homosexuality and Christian Community*, edited by Choon-Leong Seow, 53-63. Louisville: Westminster/John Knox Press, 1996.

Minear, Paul S. *The Obedience of the Faith: The Purposes of Paul in the Epistle to the Romans*. Studies in Biblical Theology, Second Series 19. Naperville, Ill.: Alec R. Allensen Inc., 1971.

Moberly, Elizabeth. *Homosexuality: A New Christian Ethic?* Cambridge: James Clark &: Co. Ltd., 1983.

_____. "Homosexuality and Truth." *First Things* 71 (March 1997): 30-33.

Moberly, Walter. "The Use of Scripture in Contemporary Debate about

Homosexuality." *Theology* 103 (July-August 2000): 251-58.

Moskala, Jir?. "Categorization and Evaluation of Different Kinds of Interpretation of the Laws of Clean and Unclean Animals in Leviticus 11." *Biblical Research* 46 (2001): 5-41.

Mulholland, M. Robert, Jr. *Shaped by the Word: The Power of Scripture in Spiritual Formation*. Nashville: The Upper Room, 1985.

Nation, Mark Thiessen. "Fruit of the Spirit or Works of the Flesh? Come Let Us Reason Together." In *To Continue the Dialogue: Biblical Interpretation and Homosexuality*, edited by c. Norman Kraus, 223- 44. Telford, Pa.: Pandora press U.S., 2001.

Nelson, James B. Embodiment: A*n Approach to Sexuality and to Christian Theology.* Minneapolis, Augsburg Press, 1978.

Heuhaus, Richard John. "The Public Square: In the Case of John Boswell." *First Things* 41 (1994): 56-58.

_____. "The Public Square: Scandal time." Part 1 and 2. *First Things* 122 (April 2002): 61-64; 124 (June-July 2002): 75-85.

Nicolosi, Joseph. "What Does Science Teach Us About Human Sexuality? In *Caught in the Crossfire: Helping Christian Debate Homosexuality,* edited by Sally B. and Donald E. Messer, 67-77. Nashville: Abingdon Press, 1994.

Nissinen, Martti. *Homoeroticism in the Biblical World: A Historical Perspective*. Translated by Kirsi Stjerna. Minneapolis: Fortress Press, 1998.

Nolland, John. "Romans 1:26-27 and the Homosexuality Debate." *Horizons in Biblical Theology* 22 (June 2000): 32-57.

Packer, J. I. "Why I Walked." *Christianity Today* 47 (January 2003): 47-50.

Payne, Leanne. *The Broken Image: Restoring Personal Wholeness Through Healing Prayer*. Grand Rapids: Baker Books, 1996.

Powell, Mark Alien. *Chasing the Eastern Star*. Louisville, Ky.: Westminster/ John Knox, 2001.

Pronk, Pim. *Against Nature? Types of Moral Argumentation Regarding Homosexuality*. Grand Rapids: Eerdmans, 1993.

Ramsey Colloquium. "The Homosexual Movement: A Response by the

Ramsey Colloquium." *First Things* 41 (March 1994): 15-20.

Reimer, A. James. "Homosexuality: A Call for Compassion and Moral Rigor." In *To Continue the Dialogue: Biblical Interpretation and Homosexuality*, edited by C. Norman Kraus, 174-86. Telford, Pa.: Pandora Press U.S., 2001.

Rogers, Eugene F., Jr. Sexuality and the Christian Body: Their Way Into The Triune God. Oxford: Blackwell, 1999.

Rosner, Brian s. *Paul, Scripture and Ethics: A Study of 1 Corinthians* 5-7. Grand Rapids: Baker Books, 1999.

Roth, John D. "Binding and Loosing: Why the Mennonite Church does not regard same-sex marriages as a Christian option." Part 1 and 2. *The Mennonite* (19 January 1999): 4-6; (26 January 1999): 5-8.

_____. *Choosing Against War: A Christian View: "A Love Stronger Than Our Fears."* Intercourse, Pa.: Good Books. 2002.

Satinover, Jeffrey. *Homosexuality and the Politics of Truth*. Grand Rapids: Baker Books, 1996.

Schoedel. William R. "Same-Sex Eros: Paul and the Greco-Roman Tradition." In *Homosexual, Science, and the "Plain Sense" of Scripture*, edited by David L. Balch, 43-72. Grand Rapids: Eerdmans, 2000.

Schroeder, David. "Homosexuality: Biblical, Theological, and Polity Issues." In *To Continue the Dialogue: Biblical Interpretation and Homosexuality*, edited by C. Norman Kraus, 62-75. Telford, Pa.: Pandora Press U.S., 2001.

Schmidt, Thomas E. *Straight and Narrow: Compassion and Clarity in the Homosexuality Debate*. Downers Grove, Ill.: InterVarsity, 1995.

Sch?ssler Fiorenza, Elisabeth. *In Memory of Her*. New York: Crossroad, 1983.

Scroggs, Robin. *The New Testament and Homosexuality*. Philadelphia: Fortress Press, 1983.

*Seow, Choon-Leong, ed. *Homosexuality and Christian Community*. Louisville: Westminster/John Knox Press, 1996.

_____. "Textual Orientation." In *Biblical Ethics and Homosexuality: Listening to Scripture*, edited by Robert L. Brawley, 17-34. Louisville:

Westminster/John Knox Press, 1996.

Shank, David A. "Change Is Possible." *Mennonite Weekly Review* (29 February 1996).

_____. "On the Exegesis of an Ethos." *Unpublished paper*. 1993.

Shillington, V. George. *2 Corinthians. Believers Church Bible Commentary*. Scottdale, Pa.: Herald Press, 1998.

Shrock-Shenk, Carolyn. "Commanded to Keep Wrestling and Wrestling and Wrestling." In *To Continue the Dialogue: Biblical Interpretation and Homosexual*, edited by C. Norman Kraus, 245-55. Telford, Pa.: Pandora Press U.S. 2001.

_____ and Lawrence Ressler, eds. *Making Peace with Conflict: Practical Skills for Conflict Resolution*. Scottdale, Pa.: Herald Press, 1999.

Sider, Ronald. "Loving people the way Jesus loved people." *Gospel Herald* (21 November 1995): 2.

*Siker, Jeffrey S., ed. *Homosexuality in the Church: Both Sides of the Debate*. Louisville: Westminster/John Knox Press, 1994.

_____. "How to Decide? Homosexual Christians, the Bible, and Gentile Inclusion." *Theology Today* 31 (July 1994): 219-34.

Skinner, Douglas B. "Is Homosexuality a Sin? An Evangelical Perspective." *Lexington Theological Quarterly* 35 (Fall 2000): 157-68. See counterpoint article by Wray.

Smith, Abraham. "The New Testament and Homosexuality." *Quarterly Review* 11:4 (1991): 18-32.

Smucker, Marcus. "Psychological Dynamics: Being Gay or Lesbian." In *To Continue the Dialogue: Biblical Interpretation and Homosexuality,* edited by C. Norman Kraus, 45-61. Telford, Pa.: Pandora Press U.S., 2001.

Soards, Marion. *Scripture and Homosexuality: Biblical Authority and the Church Today*. Louisville: Westminster/John Knox Press, 1994,

Spitzer, Robert L. "Commentary: Psychiatry and Homosexuality." *Wall Street Journal* (23 May 2001).

Stott, John R. *Same-sex Partnerships? A Christian Perspective*. Grand Rapids: F. H. Revell, 1998.

Stuhlmacher, Peter. *Historical Criticism and the Theological Interpretation of*

Scripture: Toward a Hermeneutics of Consent. Translated by Roy A. Harrisville. Philadelphia: Fortress Press, 1977.

Swartley, Willard M. "The Church and Homosexuality: Review Essay." *Mennonite Quarterly Reuiew* 76 (April 2002): 215-30.

_____. *Israel's Scripture Traditions and the Synoptic Gospels: Story Shaping Story*. Peabody, Mass.: Hendrickson. 1994.

_____. *Slavery, Sabbath, War, and Women: Case Issues in Biblical Interpretation*. Scottdale, Pa.: Herald Press. 1983.

_____. ed. *Essays on Biblical Interpretation: Anabaptist-Mennonite Perspectives*. Elkhart, Ind.: Institute of Mennonite Studies, 1984.

_____, ed. *The Love of Enemy and Nonretaliation in the New Testament*. Louisville: Westminster/John Knox Press, 1992.

Switzer, David K. Pastoral Care of Gays, *Lesbians, and their Families*. Minneapolis: Fortress Press, 1999.

Taylor, J. Glen. "The Bible and Homosexuality." *Themelios* 21 (October 1995), 4-9, 105-10.

Thielicke, Helmut. *The Ethics of Sex*. Translated by John w. Doberstein. New York: Harper &: Row, 1964.

Thiselton, Anthony C. *The First Epistle to Corinthians. The New International Greek Commentary*. Grand Rapids: Eerdmans, 2000.

_____. "Can Hermeneutics Ease the Deadlock? Some Biblical Exegesis and Hermeneutical Models." In *The Way Forward?: Christian Voices on Homosexuality and the Church*, edited by Timothy Bradshaw, 145-96. London: Hodder &; Stoughton, 1997.

Throckmorton, Warren. "Attempts to Modify Sexual Orientation: A Review of Outcome Literature and Ethical Issues." *Journal of Mental Health Counseling* 20 (October 1998): 283-304.

Toews, John E. *Romans. Believers Church Bible Commentary Series*. Scottdale, Pa.: Herald Press, forthcoming.

Van Leeuwen, Mary Stewart. *Gender & Grace: Love, Work & Parenting in a Changing World*. Downers Grove, Ill.: InterVarsity Press, 1990.

_____. "To Ask a Better Question: The Heterosexuality- Homosexuality Debate Revisited." *Interpretation* 51 (April 1997): 143-58.

Volf, Miroslav. *Exclusion and Embrace: A Theological Explanation of Identity, Otherness, and Reconciliation*. Nashville: Abingdon, 1996.

Waetjen, Herman C. "Same-Sex Sexual Relations in Antiquity and Sexuality and Sexual Identity in Contemporary American Society." In *Biblical Ethics and Homosexuality: Listening to Scripture*, edited by Robert L. Brawley, 106-16. Louisville: Westminster/John Knox Press, 1996.

Webb, William J. *Slaves, Women, and Homosexuals: Exploring the Hermeneutics of Cultural Analysis*. Downers Grove, Ill.: InterVarsity Press, 2001.

Wheeler, Barbara G. "Living Together in the Light of Christ." *Theology, News, and Notes* [Fuller Theological Seminary] 50:2 (Winter 2003): 7-11.

White, John and Ken Blue. *Healing the Wounded: The Costly Love of Church Discipline*. Downers Grove, Ill.: InterVarsity Press, 1985.

White, Mel. *Stranger at the Gate: To Be Gay and Christian in America*. New York: Penguin Books: 1995.

Willard, Dallas. *The Divine Conspiracy: Rediscovering Our Hidden Life with God*. San Francisco: HarperSanFrancisco, 1998.

Williams, Michael. "Romans 1: Entropy, Sexuality and Politics." *Anvil* 10:2 (1993): 105-10.

Willimon, William H. "Matthew 5:43-48." *Interpretation* 57 (2003): 60-63.

Wink, Walter. *Engaging the Powers*. Minneapolis, Fortress Press, 1996.

*_____, ed. *Homosexuality and Christian Faith: Questions for Conscience for the Churches*. Minneapolis: Fortress Press, 1999. Earlier influential versions of this article appeared in *The Christian Century* (7 November 1979): 1082-86, and the FOR publication, *Fellowship* (April 1997): 12-15.

Wold, Donald J. *Out of Order: Homosexuality in the Bible and the Ancient Near East*. Grand Rapids: Baker Books, 1998.

Wray, Judith Hoch. "Is Homosexuality a Sin: What Do We Discern?" *Lexington Theological Quarterly* 35 (Fall 2000): 169-75.

Wright, David E "Early Christian Attitudes to Homosexuality." *Studia Patristica* 18:2 (1989): 329-34.

_____. "Homosexuals or Prostitutes? The Meaning of ARSENOKOITAI (1 Cor. 6:9, 1 Tim 1:10)." *Vigiliae Christianae* 38 (1984): 125-53.

Wright, J. Robert. "A Case Undemonstrated." *Anglican Theological Review* 66 (1984): 79-94.

Yarbrough, O. Larry. *Not Like the Gentiles: Marriage Rules in the Letters of Paul.* Atlanta: Scholars Press, 1985.

Yoder, John H. 『교회, 그 몸의 정치』 *Body Politics: Five Practices of the Church before the Watching World.* 대장간 역간, 2011.

_____. "Binding and Loosing." *Concern.* A Pamphlet Series for Questions of Renewal. No. 14. Scottdale, Pa.: Herald Press, 1967.

Yoder Neufeld, Thomas. *Ephesians. Believers Church Bible Commentary.* Scottdale, Pa.: Herald Press, 2002.

Young, Robin Darling. "Gay Marriage: Reimagining Church History." *First Things* 47 (November 1994): 43-48.

색인

ㄱ

가부장적 문화 95
가부장제 94, 127
가치 24, 27, 39, 59, 75, 94, 115, 116, 117, 119, 122, 123, 124, 140, 143, 148, 154, 164, 168, 171, 174, 178, 193, 195, 215, 219, 225, 234, 235, 237, 250, 251, 253, 256
간음 48, 61, 64, 65, 74, 89, 99, 138, 176, 214, 242
감사 3, 7, 20, 21, 61, 72, 92, 96, 160, 188, 189, 198, 203, 207, 226, 247, 253
거룩 33, 35, 41, 42, 49, 50, 53, 66, 67, 70, 73, 79, 92, 101, 124, 136, 146, 160, 161, 164, 172, 173, 184, 188, 190, 199, 230, 232, 233, 234, 235, 239, 248, 252, 256
거룩한 입맞춤 173, 256
게이 25, 27, 28, 29, 34, 56, 66, 96, 105, 106, 123, 124, 127, 132, 133, 134, 135, 140, 141, 146, 150, 157, 172, 174, 178, 181, 182, 186, 190, 194, 195, 196, 197, 199, 209, 210, 215, 216, 221
결혼 9, 36, 44, 47, 49, 53, 61, 62, 63, 64, 70, 90, 96, 110, 119, 121, 122, 123, 127, 128, 140, 146, 148, 149, 154, 155, 171, 172, 174, 176, 177, 187, 189, 195, 199, 218, 230, 231, 232, 233, 235, 240, 241, 242, 243
결혼언약 242
겸손 4, 7, 162, 166, 188, 210, 227, 234, 254
경험 18, 19, 27, 30, 33, 61, 89, 103, 123, 129, 132, 158, 159, 163, 171, 181, 187, 189, 192, 193, 196, 200, 203, 205, 210, 224, 227, 230, 231, 232, 235, 243, 248, 250
계시 30, 38, 50, 59, 84, 107, 135, 136, 145, 147, 150, 211, 226, 240, 253, 255
공동체 9, 27, 33, 40, 41, 43, 44, 65, 71, 74, 77, 105, 110, 116, 117, 128, 144, 149, 154, 159, 160, 161, 175, 176, 189, 190, 192, 196, 197, 200, 208, 223, 225, 230, 231, 233, 234, 236, 238, 239, 242, 243, 248, 249, 250
과학 110, 116, 117, 128, 129, 139, 141, 152, 158, 159, 163, 171, 193, 194, 200, 224
관계 24, 26, 28, 36, 40, 41, 42, 43, 45, 47, 48, 49, 50, 51, 52, 54, 56, 59, 61, 64, 68, 71, 76, 78, 85, 86, 87, 88, 89, 90, 91, 92, 93, 94, 95, 96, 97, 98, 100, 101, 102, 103, 104, 105, 106, 109, 111, 114, 119, 121, 122, 126, 128, 134, 138, 139, 141, 143, 144, 147, 148, 149, 151, 152, 153, 154, 155, 162, 163, 166, 167, 172, 173, 176, 179, 183, 186, 187, 190, 192, 195, 196, 197, 200, 201, 203, 209, 210, 212, 216, 217, 231, 232, 237, 241, 242, 243, 250, 254
교회의 사명 165
구속적 운동 164, 166
권리 25, 52, 90, 117, 124, 127, 132, 154, 215, 223, 225, 226
권위 20, 25, 29, 30, 31, 32, 33, 57, 59, 63, 89, 95, 97, 115, 134, 158, 159, 163, 164, 178, 191, 192, 193, 195, 197, 200, 203, 254
규칙들 97, 159, 171
근본주의자 20, 202, 217
근친상간 51, 97, 101, 111, 182, 186, 219, 242
금욕 64, 120, 122, 123, 176
기도 4, 20, 21, 25, 32, 35, 47, 56, 66, 67, 72, 73, 75, 76, 97, 102, 106, 113, 119, 122, 125, 130, 136, 137, 141, 156, 160, 163, 164, 169, 172, 181, 182, 183, 184, 185, 186, 194, 197, 198, 201, 202, 207, 210, 219, 227, 229, 231, 236, 238, 247, 248, 251, 252

기독교 윤리 26, 71, 148, 155, 163

ㄴ
난잡한 70, 71, 149, 179, 224
노예 3, 23, 24, 25, 26, 27, 33, 37, 45, 60, 61, 64, 70, 76, 93, 112, 121, 145, 154, 164, 165, 199, 246

ㄷ
다원주의 115, 117, 238
도덕 37, 38, 39, 47, 50, 54, 59, 60, 63, 72, 74, 76, 77, 80, 84, 86, 89, 92, 96, 98, 100, 101, 103, 104, 105, 110, 111, 119, 125, 126, 163, 164, 165, 166, 171, 172, 176, 178, 186, 190, 192, 193, 195, 200, 201, 203, 223, 224, 225, 239, 240, 242, 243, 244, 250, 254
독신 9, 44, 54, 64, 75, 90, 106, 122, 127, 132, 133, 149, 154, 155, 156, 161, 177, 187, 217, 230, 232, 233, 234, 235, 240, 242
동등한 52
동성 관계 45, 49, 52, 54, 197
동성애공포증 124
동성애적 3, 24, 47, 53, 86, 93, 121, 123, 126, 132, 148, 155, 157, 158, 174, 176, 202, 217

ㄹ
램세이 전문가회의 244
레즈비언 24, 25, 27, 28, 29, 34, 56, 66, 76, 95, 96, 105, 106, 111, 120, 123, 124, 127, 132, 133, 135, 140, 141, 146, 150, 157, 174, 178, 181, 182, 186, 190, 194, 195, 196, 197, 199, 215, 216, 222

ㅁ
만민평등 94
매춘 45, 52, 104, 155
명령 43, 61, 70, 84, 90, 97, 115, 148, 155, 159, 164, 165, 171, 172, 185, 195, 201, 207, 208, 241, 250
목회적 돌봄 128, 139, 179, 180, 181
묵상 18, 33, 35, 194, 203, 250, 252

문화적인 동화 194
물질주의 117
믿음의 공동체 33, 74, 105, 117, 159, 200

ㅂ
방법론 159, 164
변화 34, 59, 63, 65, 66, 71, 72, 74, 76, 89, 93, 94, 105, 122, 123, 128, 129, 130, 131, 140, 147, 152, 153, 156, 157, 162, 168, 176, 180, 184, 186, 203, 216, 248
보수적인 217
복음 9, 26, 27, 38, 41, 59, 60, 61, 62, 64, 65, 66, 67, 68, 69, 70, 71, 72, 73, 74, 75, 76, 79, 82, 90, 96, 100, 108, 110, 111, 118, 127, 138, 146, 147, 149, 154, 156, 160, 183, 198, 203, 207, 208, 236, 243, 244, 252, 253, 254, 255
분별 3, 17, 30, 32, 59, 147, 180, 188, 189, 190, 191, 193, 201, 222
불의 81, 99, 118, 138, 148, 158, 175
비순응 27

ㅅ
사회 구조 253, 254
사회적 이슈 246, 254
상호책임 121, 182, 254
새창조 50, 206
생명 3, 50, 116, 118, 198, 208, 223, 225, 228, 251, 255
서구문화 9, 114, 115, 153
성 기관 85
성령 32, 33, 71, 72, 79, 84, 101, 105, 107, 125, 161, 172, 192, 194, 196, 248, 252, 253
성서해석학 9, 19, 21, 24, 28, 37, 143, 145, 146, 147, 149, 151, 153, 155, 157, 159, 161, 163, 165, 167, 169, 171, 173, 236
성윤리 37, 72, 89, 90, 96, 97, 119, 178, 242
성의 신학 39
성적 19, 24, 26, 27, 34, 42, 43, 45, 47, 48, 51, 52, 53, 54, 58, 59, 61, 62, 63, 64, 74, 75, 81, 85, 86, 88, 89, 92, 93, 94, 95, 96, 97, 98, 100, 101, 102, 103, 104, 105, 106, 110, 112, 117, 119, 120, 121, 123, 126, 128, 129, 130, 131, 132, 133,

135, 138, 139, 141, 146, 147, 151, 152, 153, 154, 155, 156, 157, 158, 160, 163, 164, 167, 172, 176, 177, 179, 186, 190, 194, 195, 197, 203, 213, 215, 216, 217, 223, 230, 241, 242, 243
성품 203, 231, 251, 252, 253
성향 3, 23, 24, 28, 47, 66, 70, 71, 76, 82, 87, 94, 98, 111, 123, 128, 129, 130, 131, 132, 133, 141, 151, 152, 162, 163, 175, 176, 177, 185, 216, 217, 243
소돔 47, 48, 53, 68, 167, 168, 214
소비주의 38, 117
순리 83, 84, 85, 88, 89, 109, 162, 167
신뢰 3, 18, 26, 30, 32, 41, 45, 48, 118, 163, 175, 196, 209, 220, 231
신앙 30, 31, 32, 33, 81, 114, 120, 124, 127, 137, 238, 240, 242, 245, 246
신학적 7, 9, 18, 20, 28, 29, 36, 50, 53, 59, 63, 77, 82, 84, 85, 91, 94, 95, 111, 128, 143, 144, 145, 146, 149, 159, 160, 166, 171, 186, 189, 191, 195, 196, 201, 212, 224, 237, 240, 244
실용적 150, 159, 217
십자가 159, 160, 161, 207, 208

ㅇ

알코올 중독 157
양성애 132, 135, 141, 182
언약 42, 52, 59, 62, 70, 87, 97, 98, 148, 149, 187, 189, 194, 196, 198, 216, 218, 230, 242, 243, 244
에이즈 221, 222, 223, 224, 225, 226, 227, 228, 229
여성의 역할 26, 93, 97, 145, 154, 164, 165, 166
역리 84, 85, 88, 109, 162
예루살렘 총회 189
예배 32, 33, 50, 81, 176, 239, 253
예외 구절 62
왕권 71, 76, 155
용서 35, 65, 66, 68, 69, 70, 73, 93, 137, 144, 172, 175, 178, 188, 205, 228, 232, 234, 242, 243
원리 27, 28, 50, 76, 110, 145, 146, 147, 148, 154, 159, 163, 164, 189, 199
윤리 5, 6, 12, 14, 17, 18, 20, 22, 24, 26, 27, 28, 30, 32, 33, 34, 36, 37, 38, 39, 40, 42, 44, 46, 48, 50, 52, 54, 56, 58, 59, 61, 63, 65, 66, 67, 69, 71, 72, 73, 75, 78, 80, 82, 84, 86, 88, 89, 90, 92, 94, 96, 97, 98, 100, 102, 103, 104, 105, 106, 108, 110, 111, 112, 114, 115, 116, 118, 119, 120, 122, 124, 126, 128, 130, 132, 133, 134, 136, 138, 140, 142, 143, 144, 145, 146, 147, 148, 150, 152, 153, 154, 155, 156, 158, 159, 160, 162, 163, 164, 166, 168, 170, 172, 178, 188, 189, 193, 195, 197, 213, 214, 216, 218, 220, 222, 224, 226, 228, 230, 232, 234, 240, 242, 244, 250, 252, 253, 272, 274
은혜 26, 27, 42, 72, 84, 92, 96, 110, 123, 124, 148, 175, 177, 184, 197, 203, 210, 219, 227, 232, 234, 243, 248, 255
이성 40, 47, 52, 59, 61, 71, 83, 85, 86, 89, 102, 113, 122, 123, 124, 126, 127, 128, 129, 130, 131, 135, 138, 140, 141, 148, 152, 155, 157, 159, 161, 163, 164, 176, 177, 179, 186, 187, 193, 195, 200, 217, 233, 240, 241, 243

ㅈ

자기 부정 118
자본주의 158
자비 17, 27, 63, 65, 67, 68, 69, 70, 72, 123, 146, 172, 176, 183, 227
자유주의 62, 102, 202, 209, 210, 215, 216, 217
자치성 117
재혼 34, 50, 71, 123, 154, 155, 171, 183, 187
전 세계 문화 20
전쟁 3, 23, 24, 26, 27, 33, 37, 60, 61, 64, 70, 71, 75, 76, 94, 97, 137, 145, 155, 199, 200, 223, 229, 246, 254, 255
전통 4, 19, 31, 33, 36, 39, 44, 45, 58, 64, 68, 91, 94, 103, 113, 116, 118, 123, 141, 147, 148, 149, 159, 163, 168, 170, 182, 192, 196, 199, 218, 219, 223, 224, 240
정의 25, 26, 27, 42, 43, 44, 46, 61, 65, 67, 68, 75, 87, 91, 111, 116, 119, 123, 124,

125, 127, 128, 146, 149, 181, 192, 195, 200, 219, 229
정체성 19, 47, 49, 106, 116, 117, 119, 120, 121, 126, 131, 132, 134, 135, 140, 141, 154, 194, 197, 203, 216, 248, 249, 250, 252, 253, 256
지배 26, 112, 125, 126, 133, 139, 188, 223, 254

ㅊ

축복 22, 65, 144, 166, 167, 172, 173, 184, 189, 197, 210, 232, 241, 247
출산 54, 139, 143, 148, 167, 187, 231, 241
치유 72, 117, 128, 131, 141, 144, 145, 147, 180, 182, 185, 223, 227, 234, 235

ㅌ

탐욕 88, 99, 101, 104, 110, 118, 126, 139, 141, 157, 158

ㅍ

패러다임 159, 163, 238
평생 36, 152, 252
평이한 의미 83, 109
평화 4, 17, 20, 22, 26, 27, 74, 79, 137, 153, 155, 169, 172, 188, 198, 207, 208, 209, 210, 219, 223, 227, 229, 249, 255, 262
평화의 주님 22
평화의 하나님 198
폐지 25, 26, 27
포르노 122, 126, 133
포스트모던 36, 116, 133, 135, 138, 216
포용성 219

ㅎ

하나님 사랑 194
하나님의 형상 31, 40, 41, 42, 148, 156, 241, 250, 252
하나님이 허락하신 뜻 63
할례 155, 189, 190
해석 3, 5, 6, 9, 12, 14, 18, 19, 20, 21, 22, 24, 26, 27, 28, 29, 30, 31, 32, 33, 34, 36, 37, 38, 39, 40, 42, 44, 45, 46, 48, 50, 51, 52, 54, 56, 57, 58, 60, 61, 62, 63, 64, 65, 67, 69, 70, 71, 72, 73, 75, 78, 80, 82, 83, 84, 86, 87, 88, 90, 92, 94, 96, 97, 98, 100, 102, 104, 106, 108, 110, 111, 112, 113, 114, 115, 116, 118, 120, 122, 124, 126, 127, 128, 130, 132, 134, 136, 138, 140, 142, 143, 144, 145, 146, 147, 148, 149, 150, 151, 152, 153, 154, 155, 156, 157, 158, 159, 160, 161, 162, 163, 164, 165, 166, 167, 168, 169, 170, 171, 172, 173, 175, 186, 192, 199, 213, 214, 216, 218, 219, 220, 222, 224, 226, 228, 230, 232, 234, 236, 238, 239, 246, 272, 274
혁명 19, 25, 34, 95, 115, 118, 119, 122, 168, 193
형성 20, 24, 30, 33, 38, 39, 76, 103, 116, 126, 131, 133, 135, 158, 163, 172, 173, 196, 216, 234, 235, 237, 239, 249, 251, 252, 253, 256
화해 68, 183, 184, 191, 201, 204, 205, 206, 207, 208, 209, 210
환경적 114, 152, 200
훈련 32, 176, 179, 252
희망 18, 22, 35, 72, 74, 76, 130, 137, 155, 180, 184, 210, 226, 229, 243, 248